RUDOLPH CHIMELLI

WIE DER NAHE OSTEN WURDE, WAS ER IST

MORGENLAND

© Süddeutsche Zeitung GmbH, München
für die Süddeutsche Zeitung Edition 2015

Projektleitung: Sabine Sternagel
Lektorat: Daniela Wilhelm-Bernstein
Art Director: Stefan Dimitrov
Gestaltung: Sibylle Schug und Astrid Shemilt
Infografik: Michael Mainka
Herstellung: Herbert Schiffers, Hermann Weixler
Druck und Bindearbeiten:
Westermann Druck Zwickau GmbH
Printed in Germany
ISBN: 978-3-86497-296-6

Titelfoto: imago stock & people

RUDOLPH CHIMELLI

WIE DER NAHE OSTEN WURDE, WAS ER IST

MORGENLAND

Herausgegeben von
Joachim Käppner und Ronen Steinke

Süddeutsche Zeitung Edition

INHALT

Blick vom Pavillon der Mohammed-Ali-Moschee, Kairo 1979

Westliches Tigrisufer bei Mossul, 1964

Zweiter Golfkrieg 1991: Luftangriff der USA auf Bagdad

EIN AUTHENTISCHER ZEUGE

von Kurt Kister

Der Theodor-Wolff-Preis für Journalisten ist nicht nur hoch reputierlich, sondern nahezu ehrwürdig. Es nimmt also nicht Wunder, dass Rudolph Chimelli diesen Preis schon 1986 erhielt. Damals meinte man noch den Krieg zwischen Irak und Iran, wenn man vom „Golfkrieg" sprach. Im Mai 1986 hatte das Kuratorium für die Vergabe des Theodor-Wolff-Preises den Korrespondenten der *Süddeutschen Zeitung* für eine Reportage geehrt, die Chimelli im August 1985 geschrieben hatte. Die Ortsmarke hieß „Howeisah-Sümpfe", und solche leicht exotischen, leicht gruseligen Ortsmarken waren lange ein Charakteristikum vieler Geschichten, die Chimelli für die *SZ* schrieb. In den Howeisah-Sümpfen war Chimelli gewesen, weil sich dort Iraker und Iraner in nahezu archaischer Art beschlichen, sich aber dann mit modernsten Waffen bekämpften.

Chimelli war nie einer jener Kriegsreporter aus Neigung, die es wirklich und nicht nur in einschlägigen Filmen gibt. Nein, Chimelli besuchte vielmehr, halb aus Pflichtgefühl, halb aus Interesse, auch häufiger jene Schauplätze, an denen das Versagen von Politik am augenscheinlichsten wurde – er reiste also fast zwangsläufig auch dahin, wo Menschen Krieg führten.

Als geborener Münchner des Jahrgangs 1928 lernte Chimelli schon als Jugendlicher kennen, was Krieg bedeutet. Er entstammt jener Trümmer- und Aufbau-Generation, die ihre Zukunft in einem gänzlich anderen Leben suchte als ihre Eltern das taten. Für Chimelli war dieses andere Leben, die Existenz in so weit gehender Freiheit wie nur möglich, der Journalismus. Er volontierte beim *Freisinger Tagblatt* und besuchte 1956 den Jahreskurs des Werner-Friedmann-Instituts in München. Dieses Institut, benannt nach dem einstigen *SZ*-Chefredakteur und Verleger Friedmann heißt heute Deutsche

Journalistenschule. Von 1957 an arbeitete Rudolph Chimelli dann für die *Süddeutsche Zeitung* in der Nachrichtenredaktion. 1964 begann für den damals 36-Jährigen das Korrespondentenleben, dem er bis heute treu geblieben ist. Über Beirut (bis 1972) führte sein Weg nach Moskau (bis 1979) und dann nach Paris (bis 2015), von wo aus Chimelli nicht nur über Frankreich und die frankophonen Länder schrieb, sondern auch und vor allem die gesamte muslimische Welt zwischen dem Maghreb, der Rub al Khali Saudi-Arabiens und den iranischen Hochwüsten „coverte".

Chimelli ist einer jener wenigen Auslandskorrespondenten, die für ihre Leserschaft über Jahrzehnte hinweg das Bild einer Region, eines Kulturkreises vielleicht nicht bestimmt, aber dennoch mitgeprägt haben. Bis in die Neunzigerjahre hinein schien die Welt weniger für jeden verfügbar zu sein, als sie das heute ist. Heute kann man jederzeit auf YouTube, per Twitter, SMS oder Facebook mit Menschen in den entlegensten Teilen der Welt kommunizieren. Die Digitaltechnologie und das Netz haben Verbindungen geschaffen, die es vorher nicht gab. Sie tragen aber auch zu jenem gewaltigen Rauschen bei, das es so schwierig macht, die Überfülle der Informationen zu ordnen, zu bewerten und aufzubereiten.

Korrespondenten wie Rudolph Chimelli haben über Jahrzehnte hinweg genau das geleistet: Sie haben geordnet, bewertet, erklärt, aufbereitet. Und sie haben selbst gesehen, waren Augen- und Ohrenzeugen, haben mit Machthabern und von der Macht Bedrückten geredet, sie haben ihre Erkenntnisse mit Erfahrungen verglichen, die sie anderswo zu anderer Zeit gemacht haben. Sie haben analysiert, oft nüchtern und kühl. Manchmal waren auch sie von Not und Elend berührt, gehörten aber dennoch zumeist jener Denkschule an, die Hajo Friedrichs jenen, zu oft zitierten Satz sprechen ließ, dass sich ein guter Journalist mit nichts gemein mache, nicht einmal mit einer guten Sache.

Doch, Rudolph Chimelli hat sich immer mit Einem gemein gemacht: mit dem Leser. Er sollte von alledem profitieren, was Chimelli sah, erlebte, verglich und ordnete. Weil Chimelli Pathos fremd ist, fasste er seine Berufung so zusammen: „Ich hatte das unverschämte Glück, mich beruflich mit den Themen beschäftigen zu können, die mich faszinieren und dafür auch noch bezahlt zu werden." Das ist zwar Understatement, aber angenehm, weil der

Hang zu Understatement im Journalismus nicht übermäßig verbreitet ist.

Es gibt niemanden, der so konstant, so lange und von so vielen verschiedenen Plätzen aus für die *Süddeutsche Zeitung,* ja für irgendeine deutsche Tageszeitung überhaupt, geschrieben hat wie Rudolph Chimelli. Er ist ein Augenzeuge der Veränderungen in der zweiten Hälfte des 20. und zu Beginn des 21. Jahrhunderts. Er hat diese Zeit der Ideologien und der gewaltigen Umbrüche, der Kriege und Katastrophen, aber auch der Aufbrüche und Modernisierungen miterlebt, beschrieben und erklärt. Er tut dies bis heute.

Das ist wahrlich eine bemerkenswerte Lebensleistung für einen Journalisten. Übrigens hat das auch die Jury des Theodor-Wolff-Preises so gesehen. 2014 hat sie Rudolph Chimelli diesen raren Preis ein zweites Mal verliehen – eben für sein Lebenswerk.

In diesem Buch, das eine Art Kompendium der langen Berufszeit Rudolph Chimellis ist, können die Leser selbst mit erleben, wie der Korrespondent Chimelli die Welt sah und sieht. Wer diese Stücke liest, wird die Welt, Chimellis Welt, vielleicht sogar besser verstehen. Viel mehr kann sich ein Journalist nicht wünschen.

STAUNEN UND VERSTEHEN

von Joachim Käppner
und Ronen Steinke

Zu den gefürchteten Fragen in Zeitungsredaktionen gehört jene des Chefs, der wissen möchte: „Haben wir das allein?" Sprich: Ist das wirklich exklusiv oder kann man das morgen überall lesen, was Sie da versprechen? Trotz Informationsflut und sozialer Netzwerke, trotz Internet und Fernsehen: Die exklusive Geschichte, die Nachricht, die wir wirklich alleine haben – das ist immer noch etwas, worauf Journalisten mit Recht stolz sein können, denn meist ist sie das Ergebnis gründlicher Recherche und guter Kontakte.

Als Rudolph Chimelli 1967 glaubte, den Scoop seines Lebens zu landen, lag es an beidem. Er sprach dank guter Kontakte mit dem richtigen Mann zur richtigen Zeit. Chimelli, weiland Korrespondent der *Süddeutschen Zeitung* im Nahen Osten, hörte in Beirut von einem Gewährsmann, dass Israels Kampfflugzeuge binnen weniger Stunden die Luftwaffen der arabischen Nachbarstaaten am Boden zerstört hatten und dass der Krieg, kaum das er begonnen hatte, schon entschieden war. Rudolph Chimelli erfuhr dies aus, wie man sagt, „gut unterrichteten Kreisen", in diesem Fall von einem so gut unterrichteten Diplomaten, dass der Reporter ihn für einen Geheimdienstmann hielt. Und die News stimmte. Israel, von drei Seiten bedroht, hatte zuerst losgeschlagen, seine arabischen Feinde erlitten ein demütigende Niederlage, die bis heute nachwirkt.

Chimelli gelang es sogar, seine Story sogleich über einen Fernschreiber an der Militärzensur vorbei in die Münchner Redaktion zu übermitteln. Die saß damals noch im alten Pressehaus an der Sendlinger Straße und nahm das Schreiben mit Erstaunen zur Kenntnis. Israel siegt? Also, davon stand doch gar nichts in den Agenturen. Die Redakteure beschlossen, den Bericht ihres Korrespondenten lieber zu ignorieren. Als er später fassungslos Erklärungen verlangte, sagte man ihm verlegen: „Wir haben gedacht, Sie als Einzelkämpfer würden die Lage nicht so überschauen. Da haben wir lieber die Agentur genommen" – die allerdings nicht im Bilde war. Später hat Chimelli die Sache mit Humor genommen. Er schrieb einmal darüber: „Gegenüber eigenen Leuten neigte die *SZ* zu der Haltung: Der ist einer von uns. Mit ihm kann es nicht weit her sein."

Noch heute schreibt er für seine Zeitung kenntnisreiche, weitsichtige Beiträge über das große Thema seines Journalistenlebens: den Nahen Osten und die muslimische Welt. Heute freilich, fast 50 Jahre nach dem Sechs-Tage-Krieg 1967, lässt der Blick auf diese Region oft verzweifeln, verdrießen, resignieren. Israelis und Palästinenser scheinen sich ineinander festgebissen zu haben, derart, dass sich seit Jahren nichts bewegt. Was sich noch steigert, ist die Wut, mit der die wechselseitigen Vorwürfe weiter ausgetauscht werden, wie auch die Frequenz der Kriege, in denen sich die Anspannung zwischen ihnen regelmäßig entlädt. Und rundherum belauern und bekriegen sich in den muslimischen Staaten Gruppen, die sich immer weiter ausdifferenzieren, wie es scheint, entlang von Konfliktachsen, die sich verknäulen, verfilzen und immer weiter verknoten: iranisch gegen saudisch, arabisch gegen kurdisch, schiitisch gegen sunnitisch, säkular gegen islamistisch, autoritär gegen halb-autoritär, seltener demokratisch, und von all dem natürlich stets mehreres zugleich. Erst vor dem Hintergrund der Historie wird manches Bild klarer, das verstehen wenige Autoren so klug und so dankenswert einladend zu zeigen wie Rudolph Chimelli. Vor allem aber gibt es keinen zweiten Autor im deutschsprachigen Raum, der noch so sehr aus eigener Anschauung wüsste, wovon er spricht.

Rudolph Chimelli hat auch aus anderen Weltregionen berichtet als aus dem „Morgenland", wie wir dieses Buch genannt haben. Aber die islamische Welt hat sein langes Berufsleben am stärksten bestimmt, sie tut es noch heute. Das Buch ist keine akademische Arbeit und kein Handbuch zur jüngeren Geschichte des Nahen und Mittleren Ostens. Aber es enthält Reportagen und Berichte eines Korrespondenten, der genau das tat, was eine gute Geschichte ausmacht: Fremde Welten und Menschen vorurteilsfrei zu betrachten, das Bemühen, ihre Handlungen und Motive zu verstehen und sich nicht als Partei zu begreifen, aber Partei zu nehmen – gegen Willkür und Terror, für Werte und Menschenrechte. Viele der Texte in diesem Buch mögen vor langer Zeit verfasst worden sein. Aber man kann heute noch viel daraus lernen.

Unser Dank gilt Cornelius Esau, Maximilian Hartung, Michael Mainka, Sabine Sternagel, Daniela Wilhelm-Bernstein, Dirk Vollhardt und Sibylle Schug. Sie alle haben großen Anteil am Zustandekommen dieses Entwirr-Buches, wobei natürlich alle Verantwortung für etwaige Fehler bei den Herausgebern bleibt, insbesondere dann, wenn solche sich in den Teilen finden sollten, bei denen die Herausgeber selbst als Autoren fungiert haben, nämlich in den Einführungen zu den einzelnen Kapiteln.

Kairo, 1970

TAXIFAHRT NACH BAGDAD

Erinnerungen eines Korrespondenten
von Rudolph Chimelli

A n einem schönen Septembertag des Jahres 1964, also vor etwas mehr als 50 Jahren, stieg ich in München in mein vollgepacktes Auto, um mich auf den langen Weg in ein neues Berufsleben zu machen, das des Korrespondenten in Beirut. Ich fuhr durch Titos Jugoslawien auf der berüchtigten Nord-Süd-Schnellstraße, dem Avtopat, der so unfallträchtig war, dass ihn Mitglieder der amerikanischen Botschaft in Belgrad nachts nicht benutzen durften, Bulgarien war mit einer Tankfüllung praktisch ohne Aufenthalt zu bewältigen. Dann begann mit Istanbul und der Türkei, über die ich künftig auch berichten sollte, der erfreuliche, gemächliche und interessante Teil der Reise. Das Tor zu Arabien war für mich Aleppo, das damals ein historisches Juwel war, frei von Konflikten und Zerstörungen. Zwei Tage später war ich in der quirligen Metropole Beirut.

Mein Vorgänger hatte den Posten schon Monate zuvor geräumt. Es gab weder eine Wohnung, noch ein *SZ*-Büro, ein Archiv oder ein Adressbuch. Also liess ich mich in einer Pension in einer ruhigen Nebenstrasse nahe am Zentrum nieder. Das erwies sich als Glücksfall, denn die Pension hatte eine gepflegte Bar. Sie war das Stammlokal der Journalisten des Reuters-Büros für den gesamten Nahen Osten, das gleich um die Ecke lag. Für einen Anfänger wie mich waren die britischen und arabischen Kollegen eine große Hilfe. Rasch freundete ich mich mit einem Schotten an, dem ich die heikle Frage stellen konnte: „Ich bin jetzt Korrespondent. Aber wie macht man das eigentlich?" „Don't you worry, laddie", antwortete er. „Just try to cultivate some sort of inspired mediocrity." (Mach dir keine Sorgen, Bursche. Versuch einfach eine Art von inspirierter Mittelmässigkeit zu kultivieren.)

Alles war anders als gewohnt. Vor meinem Aufbruch hatte mir ein Freund in München folgendes Experiment vorgeschlagen: „Geh die Kaufingerstraße (oder irgendeine Hauptstraße einer deutschen Stadt) entlang und lächle die Entgegenkommenden an. Dann mach das gleiche in Beirut!" In Deutschland stieß ich auf verschlossene Gesichter, die an meiner geistigen Gesundheit zweifelten. Im Libanon lächelten fast alle zurück. Jeder war freundlich. Das Wort „nein" galt als Unhöflichkeit. Eines Tages fand ich einen Strafzettel an meiner Windschutzscheibe. Ich fragte die Verwalterin des Hotels, eine energische libanesische Dame, was ich damit machen sollte. Sie nahm ihn an sich und sagte: „Der Polizist muss sich bei Ihnen entschuldigen." Er kam wirklich. Kurz zuvor waren Verkehrsampeln eingeführt worden. Ein empörter Taxifahrer beschwerte sich bei mir: „Die hat unsere Regierung bei den Russen gekauft!" Sicher irgendwo im Ausland, räumte ich ein. „Nein, in Russland", insistierte er, „wenn unsere Regierung uns vorschreiben will, wann wir fahren dürfen und wann nicht, ist das Kommunismus!"

Es gab im Beirut jener Zeit etwa drei Dutzend Zeitungen. Jede brachte den Standpunkt einer Partei oder eines arabischen Regimes zum Ausdruck. Das machte die Stadt zu einem einmaligen Beobachtungsplatz für die Region. Verpflichtet aber fühlten sich die Medien nicht der Suche nach abstrakter Wahrheit, sondern den Interessen und dem Standpunkt ihrer Auftraggeber. „Wir sind das zweitälteste Gewerbe der Welt", sagten libanesische Journalisten mit bitterer Selbstironie. Im Blätterwald wuchsen auch einige gute Publikationen in englischer oder französischer Sprache. Und es gab einen geschickt gemachten Übersetzungsdienst der arabischen Presse, den ein Bote jeden Morgen ins Haus brachte. Alle Korrespondenten waren Abonnenten. Damit konnte man für den Anfang arbeiten.

Doch es blieb das Problem der arabischen Sprache. In München hatte ich bei einem palästinensischen Studenten Unterricht genommen, der mir arabische Schrift sowie die Grundregeln von Grammatik und Syntax samt einem kleinen Vokabular beibrachte.

Bagdad im Jahr 1962: Die US-Firma Pepsi hatte ihre Cola bereits seit den Fünfzigerjahren im Irak vertrieben, die Werbung glich der im Westen.

Ich dachte, das sei ein bescheidener Grundstock. Es war gar nichts, wie ich bald merkte. Also nahm ich drei Mal in der Woche Stunden bei einem syrischen Professor, einem hoch gebildeten Mann, der seine Sprache nicht nur beherrschte, sondern auch weitergeben konnte und mir zu diesem Zweck reichlich Aufgaben und Übungen verpasste. Als erstes begriff ich, wie schwierig Arabisch ist, als zweites, dass ich entweder in den nächsten Jahren Arabisch lernen oder für die *Süddeutsche Zeitung* Berichte recherchieren und schreiben konnte. Beides hätte jeweils die ganze Zeit verlangt. Also hängte ich das systematische Erlernen der Sprache nach ein paar Monaten an den Nagel: Ich konnte Zeitungsüberschriften lesen, mich notdürftig verständigen, einiges wuchs mir noch in der Praxis zu. Aber den qualitativen Sprung zum Ausdruck und Verständnis abstrakter Gedanken habe ich nie geschafft. Zum Glück entdeckte ich bald danach noch ein Drittes: Die meisten Araber gingen, wenn man sich bei ihnen mit einigen Floskeln ihrer Sprache eingeführt hatte, selber zu Englisch oder Französisch über.

Hotels zieren die berühmte Hafenpromenade in Beirut, hier im Jahr 1970. Die Stadt, eine liberale Oase, zieht Besucher aus aller Welt an.

Sie fanden, sie könnten ihre Gedanken und Meinungen einem Westler damit besser verständlich machen. Auch gegenüber besseren Arabisten als mir verfuhren sie gern so. Es waren paradiesische Zeiten, wie es sie wohl nie mehr geben wird. Man kam zwischen Istanbul, Kabul, Aden und Khartum fast überall hin. Visa waren leicht erhältlich oder wurden bei der Einreise erteilt. In Beirut stieg man an der Hauptpost in ein Kollektivtaxi, zahlte umgerechnet fünf Mark für einen Platz, oder zehn Mark für zwei Plätze, wenn man komfortabel reisen wollte und war zweieinhalb Stunden später in Damaskus. Von dort kam man für zehn Mark weiter nach Bagdad. Als Regionalkorrespondent war ich etwa fünf Monate im Jahr unterwegs, um alle meine Länder abzudecken. Schon ganz am Anfang verschwand ich für fünf Wochen in Saudi-Arabien, dessen Regierung mich gerade eingeladen hatte, und im Jemen. Niemand in München fragte nach mir. Telefonate waren schwierig oder unmöglich. Von Zeit zu Zeit schickte ich ein „Kabel", um der Redaktion mitzuteilen, wo ich war. Berichte – von einer heute nicht mehr erwünschten Ausführlichkeit – kamen erst danach. In Riad entdeckte ich bei meinem ersten Basargang schöne alte arabische Dolche aus Silber. Sie sollten etwa 80 Mark kosten, was mir nicht teuer vorkam. Aber ich dachte, es sei besser, einen Saudi dabei zu haben. Wenn ich es mit einem Begleiter des Informationsamtes versuchte, war immer gerade Gebetszeit. Aber bei der Abreise, nachdem ich von König Feisal empfangen worden war, überreichte mir der Begleiter einen Dolch aus solidem 18-karätigem Gold. Dem Monarchen sei zu Ohren gekommen, dass ich gern einen arabischen Dolch hätte, wurde mir erklärt. Er liegt seither die meiste Zeit im Safe.

Das Geschenk war weder als Bestechung gedacht noch wurde es so empfunden. Wäre ich ein arabischer Journalist gewesen, hätte ich nach der Begegnung mit dem König einen Gutschein für eine Limousine erhalten, einzulösen bei der Chrysler-Vertretung in Beirut. Schon bald nach meiner Ankunft im Libanon hatten mir die Presse-Attachés seiner kaiserlich-iranischen Majestät und der Arabischen Republik Ägypten angeboten, doch ihre Büros zu benutzen, solange ich noch nicht installiert sei. Ich lehnte freundlich ab. Der einzige Versuch des Bundesnachrichtendienstes, mich anzuheuern, verlief plumper. Niemand sonst hat es danach je versucht. Als ich mit den Jahren der levantinischen Betriebsamkeit von Beirut etwas müde wurde, verliebte ich mich in Istanbul, die Stadt. Ich hatte sogar schon ein altes türkisches Holzhaus in einer Obstwiese am Bosporus gefunden und ließ in München einen Versuchsballon steigen. „Ist doch Peripherie, mein Bester", winkte Hans Ulrich Kempski ab, der in Personaldingen viel zu sagen hatte – was heute wohl niemand mehr fände. Nicht nur für Kempski war Kairo das Zentrum der arabischen Welt. Auch ich war so oft dort, dass die Idee aufkam, die Zweitwohnung eines ebenfalls in Beirut tätigen deutschen Kollegen zu teilen. Die Sache ging doppelt schief. Die Wohnung lag über dem Gemüsemarkt am Bab-el-Luk-Bahnhof, den es längst nicht mehr gibt, und war unerträglich lärmig. Zweitens mussten sowohl der Kollege als ich, von denselben Anlässen getrieben, meistens gleichzeitig hin.

Die arabisch-islamische Welt faszinierte mich und ich kam nicht mehr von ihr los. Als Korrespondent in Moskau reiste ich so oft wie möglich in die zentralasiatischen Republiken. Dass ich mich in religiösen Bräuchen und Formeln auskannte, öffnete mir viele Wege und Türen. Geplante Unternehmen, denen die sowjetischen Behörden in Moskau die Genehmigung verweigert hatten, wurden an Ort und Stelle lächelnd bewilligt. Bei der sowjetischen Presseagentur *Nowosti*, unter Kollegen auch als Public Relations Office of the KGB bekannt, hatte ich mir zu Zentralasien Informationsmaterial besorgt. Darunter war eine Propaganda-Reportage mit dem Titel „Der letzte Derwisch" und Fotos, die einen zerlumpten alten Mann mit Zahnlücken und Bettelschale zeigten. Gleichsam der erste Mensch, der mir in Samarkand begegnete, war ein leibhaftiger Derwisch, der an den Türen rund um das Mausoleum Tamerlans klopfte. Er war überhaupt nicht zerlumpt und wurde als Relikt der alten, eigenen Kultur überall freundlich und mit Ehrerbietung aufgenommen. Und er blieb nicht der einzige. Auf dem historischen Gräberfeld Samarkands entdeckte ich alsbald, dass es nur wenig Gedenksteine mit dem roten Stern gab. Fast alle trugen in arabischer Schrift die Gebetsformel: „Im Namen Gottes, des Gnädigen, des Erbarmenden." Mit einem eingeschmuggelten Koran – unentbehrlich für Hochzeiten und andere Feste – erwarb ich Vertrauenskapital.

In der Region, in der ich mich bewegte, wurde schon immer viel geschossen, auch auf Journalisten. Meine Kugel war offenbar nicht gegossen, denn nie ist mir das Geringste passiert. Meinen gefährlichsten Augenblick erlebte ich an keiner Front, sondern in einem Bagdader Nachtclub. Ich sass zusammen mit mehreren deutschen Technikern, die an der Wadi-Thartar-Talsperre arbeiteten, wir redeten über die Lage im Irak und tranken. Einer von ihnen, ein Bayer von 1,90 Meter Gardemaß wurde unruhig. „Das schau ich mir nicht länger an", sagte er und deutete auf einen der nächsten Tische. Dort sassen irakische Offiziere, die ihre weinenden Begleiterinnen mit vorgehaltener Pistole zwangen, ein Glas nach dem anderen ex zu trinken. Vergeblich versuchte ich, den Landsmann zu beruhigen. Er stand auf und schritt bedrohlich auf die Iraker zu. „Listen", redete er sie an, „these are our girls. You leave them alone!" Ich stand einen halben Schritt hinter ihm, denn in widerstrebender Solidarität war ich mitgegangen.

Hier wirst du sterben, schoss es durch meinen Kopf, in einem blöden Nachtclub, für nichts. Etwa 30 Sekunden lang eisiges

Schweigen. Dann stand einer der Iraker auf und sprach: „Yes Sir, alright Sir!" Alle steckten ihre Pistolen weg und gingen.

Auf fast jedem Posten erreicht ein Korrespondent den Punkt, an dem er sich zunehmend mit seiner Umgebung identifiziert oder sich bewusst abgrenzt. In beiden Fällen müsste er eigentlich gehen. Wann dies eintritt, hängt von der Person und vom Ort ab. Im Nahen Osten sagte man über Kollegen, die das letztere Stadium erreicht hatten: „Kann keine Schnurrbärte mehr sehen." Mit mir kam es nie so weit. Aber auch ich schrieb gern über andere Menschen und Themen. Ich war nicht ungern in Moskau und bin gern in Paris. Einmal in Paris, gehörte freilich der Maghreb – wieder mit seinen Schnurrbärten – zu meinem Einzugsgebiet. Dabei wuchs mir automatisch mit den Jahren die Reputation des Islam-Kenners zu. War bei einem internationalen Konflikt der Islam im Spiel, fragte man in der Zeitung Chimelli. Gab es einen mörderischen Konflikt zwischen Muslimen und Hindus, wandte man sich an Chimelli. Später genügte auch der mörderische Konflikt allein, besonders wenn Täter und Opfer Französisch sprachen wie in Ruanda oder Haiti, und schon war es ein Auftrag für Chimelli. Es gab Zeiten, da schrieb ich in geringen Zeitabständen aus Tanger und Teheran, aus Bombay und Port-au-Prince, aus Korsika und Kaschmir. Ein *SZ*-Ressortleiter, der mich einmal auf einem Fest in München kennenlernte, fragte erstaunt: „Ach, es gibt sie wirklich?" Er hatte meinen Namen für den eines Syndikats gehalten, unter dem viele schrieben.

ZYPERN

LIBANON

Mittelmeer

SYRIEN

2015

von Israel besetzte Gebiete

Grenzverlauf vor dem Sechs-Tage-Krieg 1967

israelische Sperranlagen (zum Teil Mauer)

Golan-Höhen

Haifa

Nablus

Tel Aviv

West-jordanland

Ramallah

Jerusalem

Gaza

Gaza-Streifen

Hebron

Beersheba

ISRAEL

JORDANIEN

ÄGYPTEN

Eilat

SAUDI-ARABIEN

50 km

ISRAEL

Die Chancen auf Frieden
wurden früh verspielt.

Steine, Feuer, Krieg: Der Gaza-Streifen ist seit 70 Jahren nahezu ununterbrochen einer der unwirtlichsten Orte der Erde.

Ein Kind in Gaza, das heute neun Jahre alt ist, kann sich bereits an drei Kriege erinnern. Das Kind mag zum Beispiel im Stadtviertel Schedschaiya stehen, im Osten von Gaza-Stadt, den Blick auf verbogene Eisenstäbe gerichtet, auf Berge von Schutt und Steinen, über die sich der Staub senkt. Das Kind mag sich wundern, welche Macht wohl diese Zerstörung gebracht hat und warum. Es ist dann möglicherweise einerlei, welche Antworten es von den Erwachsenen bekommt – ein solches Kind, befürchtet der *New-York-Times*-Kolumnist Roger Cohen betrübt, „braucht nicht erst indoktriniert zu werden, um zu hassen."

Alle zwei bis drei Jahre ein Krieg: In diesem heillosen Zustand ist der Konflikt zwischen Palästinensern und Israelis inzwischen angekommen, bald siebzig Jahre nachdem die Vollversammlung der Vereinten Nationen empfahl, zwei unabhängige Staaten auf dem kleinen Gebiet des heutigen Israel zu errichten, einen jüdischen und einen arabischen.

Verhandelten Israelis und Palästinenser in den Neunzigerjahren noch über den genauen Verlauf ihrer gemeinsamen Grenze, auf deren beiden Seiten es sich friedlich leben lassen sollte, so haben die Extremisten auf beiden Seiten inzwischen erfolgreich alle Verhandlungen sabotiert. Da sind in der einen Ecke die Islamisten der palästinensischen Hamas, eine Gruppe, welche die alte Formel „Land für Frieden" ins Extreme weitergedreht hat. Erst wenn Israel das ganze Land geräumt hat, will die Hamas sich zufriedengeben und ihre Waffen niederlegen; einen Kompromiss auf halber Strecke, eine Teilung des Territoriums wie von den UN vorgesehen, lehnt sie ab. Diese Haltung mag unrealistisch sein. Israels Armee ist haushoch überlegen. Auch im Lager der Palästinenser schütteln viele darüber den Kopf. Aber die Hamas ist gar nicht darauf angewiesen, dass die Sinnhaftigkeit ihrer harten Haltung jemandem einleuchtet. Sie weiß, wie man politische Annäherungsversuche der Moderaten schon mit geringen Mitteln torpediert. Es genügen terroristische Nadelstiche – schon heulen die Sirenen auf im Heiligen Land, und Kompromissgespräche verstummen.

In der anderen Ecke stehen radikale jüdische Siedler, eine zwar zahlenmäßig kleine Randgruppe der israelischen Gesellschaft, aber fest entschlossen, alle Kompromisse, zu denen sich die politische Mitte im Land durchringt, zu durchkreuzen. Die Mitte mag gewillt sein, besetztes palästinensisches Land zurückzugeben, wenn dafür endlich die Kinder beider Seiten ohne neue Kriege aufwachsen können. Doch unterdessen machen sich die Siedler das Land der Anderen bereits kurzerhand zu eigen: Sie bauen israelische Städte dort, wo dem UN-Teilungsplan zufolge der palästinensische Staat entstehen soll.

Ein besonders verwirrender, verdrießlicher, verworrener Streit? Ein besonders giftiger Zankapfel der Weltpolitik? Wer den israelisch-palästinensischen Konflikt verstehen will, in einem schmalen, dürren Landstrich, um den schon europäische Kaiser, Päpste und kleinasiatische Sultane Kriege geführt haben und der Jahrtausende alten Weltreligionen als „Land von Milch und Honig" heilig ist, der landet schnell bei der Historie. Es ist gewiss auch etwas dran: Man muss hier mindestens bis 1967 zurückblicken, besser noch bis 1948.

Israelische Soldaten an der Klagemauer, Juni 1967

DER SIEBZIGJÄHRIGE KRIEG

2012

*Die Chancen für eine friedliche Koexistenz
von Juden und Palästinensern wurden schon bald nach
der Gründung des Staates Israel verspielt*

Zwischen Abendessen und Schlafenszeit drangen am 28. Februar 1955 fünf Dutzend israelische Fallschirmjäger durch unbewachte Orangenhaine und einen Friedhof in das damals noch kleine Gaza vor, das von den Ägyptern besetzt war. Sie stürmten im Handstreich eine ägyptische Kaserne sowie den Bahnhof und verschwanden wieder in der Finsternis.

Das Unternehmen wurde als Vergeltung für Überfälle palästinensischer Freischärler nach Israel deklariert, obgleich die Waffenstillstandslinie monatelang ruhig gewesen war. Ihre eigenen Verluste, acht Tote und 13 Verwundete, nahmen die Israelis mit. „Zurück blieben 37 tote oder sterbende Ägypter und ein siebenjähriger Bub, der tote Sohn des Bahnhofsvorstehers", schrieb später der Kairoer Korrespondent der *New York Times*, Kenneth Love. Und mit prophetischer Klarsicht fügte er hinzu: „Auf der Strecke blieb auch jede Hoffnung auf Frieden mit den Arabern für die Dauer eines Menschenlebens."

Israels Ministerpräsident zu dieser Zeit hieß Mosche Scharett. Schon als Kind war er im Jahre 1906 mit seinen Eltern aus der Ukraine eingewandert, hatte zeitweise in einem Palästinenserdorf gelebt, sprach fließend Arabisch und Türkisch, hatte arabische Freunde und war vertraut mit Kultur und Geschichte der Region. Im Ersten Weltkrieg wurde Scharett – der noch Schertok hieß – nach einem begonnenen Jurastudium in Istanbul osmanischer Offizier, dolmetschte in Palästina für die deutschen Verbündeten der Türken und bekam das Eiserne Kreuz.

Bereits 1914 hatte Scharett im Gegensatz zu anderen Zionisten begriffen, „dass wir nicht in ein leeres Land gekommen waren, um es zu erben, sondern in ein Land, das wir durch Eroberung einem Volk abnehmen mussten, das es bewohnte". Er erkannte, dass es jene undurchdringliche „eiserne Mauer" zwischen Siedlern und „eingeborener Bevölkerung" gab, die der Vordenker der israelischen Rechten, Wladimir Jabotinsky, zum Titel eines programmatischen Buches gemacht hatte. Scharett empfand es als Tragödie, dass diese Wand immer höher wurde. Als er die Regierung übernahm, war Israel erst fünf Jahre alt – und noch keineswegs die militärische Vormacht zwischen Nil und Euphrat, von der zionistische Chauvinisten sangen. Auch waren die Israelis noch lange nicht das „Elitevolk, selbstbewusst und dominierend", als die Charles de Gaulle sie ein Jahrzehnt und zwei Kriege später beschrieb. Für die arabischen Nachbarstaaten war die Niederlage von 1948 demütigend gewesen. Aber sie hatte noch nicht das traumatische Gewicht, das der inzwischen siebzigjährige Krieg für die arabische Welt gewonnen hat.

SYRIEN MACHTE DEN ISRAELIS FRÜH EIN ANGEBOT

Erste Friedensfühler hatte es bald gegeben. Der syrische Präsident Husni al-Saim, kurdischer Herkunft und einst osmanischer Offizier wie Scharett, machte eine Offerte, nachdem er sich 1949 mit amerikanischer Billigung ans Ruder geputscht hatte: Er stellte die Ansiedlung von 300 000 palästinensischen Flüchtlingen in Syrien in Aussicht – gegen Grenzkorrekturen entlang der Waffenstillstandslinie, dabei die Hälfte des Sees Genezareth für sein Land. Bei den Amerikanern revanchierte er sich, indem er den Bau der Trans Arabian Pipeline für den Öltransport von Saudi-Arabien ins libanesische Saida durch syrisches Territorium förderte. Doch der prowestliche al-Saim wurde bald von Offizierskameraden gestürzt.

Jordaniens König Abdallah I., der Urgroßvater des jetzigen Herrschers, hatte immer erkennen lassen, dass er nur wenig an Palästina interessiert war. Er träumte von der Errichtung eines haschemitischen Groß-Syrien mit der Hauptstadt Damaskus, wo sich am Ende des Ersten Weltkriegs sein Bruder Feisal als König installiert hatte, bevor er von den Franzosen vertrieben wurde. Weder die diversen Teilungspläne für Palästina noch die Idee eines jüdischen Staates erregten bei Abdallah Anstoß. Mehrmals traf er sich insgeheim mit Golda Meir, die zu den Unterzeichnern der israelischen Unabhängigkeitserklärung gehören sollte. Dass der König sich bei dieser Gelegenheit als verschleierte Frau verkleidet haben soll, ist allerdings bloß eine Legende.

Im gleichen Sinn notierte Scharett im Mai 1949 nach einem Treffen mit Abdallah: „Transjordanien sagte – wir sind zum sofortigen Frieden bereit. Wir sagten – natürlich wollen wir auch den Frieden. Aber wir können nicht rennen. Wir müssen im Schritt gehen." Dem späteren General Mosche Dajan, der von Anfang an für israelische Expansion bis zum Jordan plädierte, entgegnete Scharett 1950: „Israel wird sich nicht auf militärische Abenteuer einlassen und vorsätzlich die Initiative ergreifen, um Gebiete einzunehmen und sich auszudehnen. Wir können uns nicht leisten, von der Welt als Angreifer beschuldigt zu werden, und im Interesse der Sicherheit und unserer Gesellschaft können wir nicht eine erhebliche arabische Bevölkerung in unserer Mitte absorbieren."

Noch waren das Westjordanland und die Altstadt von Jerusalem arabisch. Internationale Vermittlung zur großräumigen Beilegung des Konflikts erschien nicht aussichtslos. Der amerikanische Präsident Dwight D. Eisenhower ernannte 1953 Eric Johnston zum Sonderbeauftragten für einen Plan zur Teilung der Wasservorräte des Jordan und seiner Zuflüsse zwischen Israel, Transjordanien, Syrien und dem Libanon. Das Projekt, das sich ans Vorbild der amerikanischen Tennessee Valley Authority anlehnte, war als erster Schritt zu einem arabisch-israelischen Frieden gedacht. Zwei Jahre lang reiste Johnston zwischen den Hauptstädten hin und her und feilschte um Wasserquoten, wobei die Betroffenen durch ihre Beteiligung immerhin anerkannten, dass es zwischen ihnen gemeinsame Perspektiven und Koexistenz geben könnte.

Durch die Vertreibung – von den Palästinensern al-Nakba (die Katastrophe) genannt – hatten 750 000 von ihnen in der Zeit der ersten Auseinandersetzung zwischen 1947 und 1949 ihre Heimat verloren. Viele von ihnen flohen nach Gaza, einige auch aus dem obskuren Flecken Nadschd. Er wurde eingeebnet. An seiner Stelle

Israelische Soldaten in Geländefahrzeugen durchqueren während des Sechstagekrieges im Juni 1967 die Wüste Sinai im heutigen Ägypten.

errichteten die Israelis ihre grenznahe Stadt Sderot – auf die heute die Raketen der Hamas fallen. David Ben-Gurion, Scharetts Vorgänger und Nachfolger im Amt des Premierministers, handelte immer nach dem Motto: keinen Quadratmeter hergeben, keinen Flüchtling zurücknehmen.

Wie Ben-Gurion war auch Scharett als überzeugter Zionist der Meinung, dass Israel als jüdischer Staat eine massive Rückkehr der Palästinenser nicht überstehen würde. Er jedoch wollte das Problem anders lösen, „durch kühne und konkrete Angebote von unserer Seite für Entschädigung, durch Herstellung guter Beziehungen zu den Großmächten, durch ständige Anstrengungen zur Verständigung mit Ägypten", schrieb Scharett 1953. Zu Scharetts Ideen gehörte die einvernehmliche Ansiedlung von Flüchtlingen jenseits der Grenzen mit großzügiger internationaler Hilfe – um zu verhindern, dass eine Spirale von Terror und Gegenterror zur Lebensform der Region würde. Damals bestand für Israel noch die historische Option, von seiner arabischen Umwelt nach einer friedlichen Periode schrittweiser Annäherung akzeptiert zu werden – als kleiner Staat an der Levante, nicht als Hegemon. Der Schlüssel dazu lag, wie Scharett richtig sah, in Ägypten, dem ersten Land, das einen Waffenstillstand geschlossen hatte. Dort hatte die Gruppe der Freien Offiziere unter Führung von Oberst Gamal Abdel Nasser und General Mohammed Nagib im Sommer 1952 König Faruk gestürzt und die Monarchie abgeschafft. Die Freien Offiziere waren fast alle Veteranen des Krieges von 1948, in dem die Israelis Gaza erstmals erobert hatten. Indessen war das Offiziers-Komitee nahezu geschlossen gegen die Intervention zugunsten der Palästinenser gewesen.

Auch einigen Israelis imponierte der Ägypter. Hauptmann Yeruham Cohen von der Elite-Formation Palmach berichtete über seine Begegnung mit Nasser: „Gamal lastete es den Briten an, dass sie Ägypten zum Eintritt in den Krieg bewogen hätten. Er glaubte, dies sei ein britischer Trick gewesen, um den wachsenden ägyptischen Nationalismus von den Briten auf Israel abzulenken. Sein wahrer Hass blieb für die Briten reserviert. Wir trennten uns in der Hoffnung, dass wir uns eines nicht mehr fernen Tages als Freunde wiedersehen würden, nicht mehr durch Stacheldraht getrennt."

Einen ähnlichen Eindruck hielt der amerikanische Außenminister John Foster Dulles im Mai 1953 aus einem Gespräch mit Nagib fest: „Nagib hat das Gefühl, es werde nicht allzu schwer, zu einem Arrangement mit Israel zu kommen, wenn erst die Probleme mit den Briten geregelt sind. Er wird auf einem Korridor bestehen, der Ägypten mit den anderen arabischen Staaten verbindet." Dem kanadischen General Eedson L. Burns, der die UN-Soldaten entlang der Waffenstillstandslinie befehligte, sagte wiederum Nasser: „Wir wollen Frieden, um das Geld, das jetzt für Verteidigung ausgegeben wird, für wirtschaftliche und soziale Zwecke verwenden zu können."

Einen Monat vor dem Gaza-Überfall erklärte Nasser dem britischen Labour-Abgeordneten Richard Crossman, er halte Israel nicht für eine militärische Bedrohung und werde selber Rüstungsausgaben so gering wie möglich halten. Gegenüber dem Labour-Abgeordneten Maurice Orbach, der nach Israel weiterreiste, brachte Nasser gleichzeitig „Hoffnungen" und „lebhafte Sympathien für Herrn Scharett" zum Ausdruck. Die behutsamen Versuche jener Labour-Politiker, eine Brücke zu schlagen, wurden mit Ben-

Gurions Rückkehr in die Regierung als Verteidigungsminister im Februar 1955 brüsk zunichte gemacht. Ben-Gurion, den der Historiker Isaac Deutscher „den bösen Geist des israelischen Chauvinismus" nannte, hatte die beiden letzten Jahre im selbstauferlegten inneren Exil in einem Wüsten-Kibbuz verbracht, grollend und unzufrieden mit dem vermeintlichen Beschwichtigungskurs seines Nachfolgers Scharett.

Ben-Gurions strategisches Konzept beruhte nicht auf Aussöhnung mit den unmittelbaren Nachbarn, sondern auf Allianzen mit den peripheren Nahost-Mächten Türkei und Iran sowie auf Versuchen, im Libanon einen Maroniten-Staat mit nicht-arabischer Identität zu zaubern. Die Araber sollten, wann immer sich Widerstand regte, durch brutale Einschüchterung in Schach gehalten werden. Der Angriff auf Gaza, den Ben-Gurion inszenierte, führte direkt in das israelisch-britisch-französische Suez-Abenteuer von 1956 und in den Sechstagekrieg von 1967. „Gaza war Rache für nichts", sprach Nasser, und Ben-Gurions Angriff war für ihn der „Wendepunkt" in den Beziehungen zwischen Ägypten und Israel.

Der deutsche Sozialdemokrat Fritz Erler traf noch Jahre nach Gaza israelische Genossen, die der verpfuschten Chance nachtrauerten und weiter von einer Föderation mit Nassers Vereinigter Arabischer Republik fantasierten. Doch das hatte keinen Bezug zur Realität mehr. „Warum sollten die Araber Frieden schließen?", fragte Ben-Gurion damals. „Wäre ich ein arabischer Führer, würde ich mich nie mit Israel verständigen. Wir haben ihnen ihr Land genommen. Klar, Gott hat es uns versprochen, aber was bedeutet das ihnen? Unser Gott ist nicht der ihre. Wir kamen aus Israel, aber vor 2000 Jahren, und was heißt das für sie? Es hat Antisemitismus gegeben, die Nazis, Hitler, Auschwitz, aber war das ihr Fehler? Sie sehen nur eines: Wir kamen hierher und stahlen ihr Land. Warum sollten sie das akzeptieren?"

Erschienen am 21. Februar 2012

EIN JUNGER MANN
NAMENS YASSIR ARAFAT

1965
Immer wieder dringen arabische Attentäter
via Jordanien nach Israel ein

Die Reifen des türkisgrünen amerikanischen Wagens krei-
schen in jeder Kurve. Die Straße, die sich aus dem transjor-
danischen Hügelland von Amman und Es-Salt in die Jor-
dansenke hinunterwindet, führt durch eine großartige Landschaft. Von der Sonne ausgedörrt, von winterlichen Sturzbächen
ausgewaschen, schimmern die Hügel des antiken Gilead in mine-
ralischen Farben. Tief unten, 1300 Meter tiefer als der Rand des
Plateaus, die salzweiße Mondlandschaft der Wüste Ghor, durch-
schnitten von den Windungen eines schmalen, grünen Bandes:
der Fluss. Und jenseits, zur gleichen Höhe ansteigend, die wasser-
armen Berge von Judäa und Samaria, im Süden, zum Toten Meer
hin jordanisch, im Norden gegen den See Genezareth israelisch.

Der arabische Chauffeur, der die Strecke im Schlaf kennt,
nimmt die Serpentinen mit Gleichmut. Seine Hand wandert auf der
Suche nach einem gefälligen Programm zwischen dem Schalthebel
und den Knöpfen des Autoradios hin und her und kommt erst zur
Ruhe, als aus dem Lautsprecher die kehlige Stimme einer Sänge-
rin dringt. Aus der Gleichförmigkeit der Strophen, deren Reiz sich
dem Europäer nur schwer erschließt, hebt sich der Refrain hervor:
„Bukra, bukra, Falastin", so singt die samtene Stimme, und ein
Männerchor wiederholt die gleichen Worte: „Morgen, morgen, Pa-
lästina – morgen werden wir kommen und dich von den fremden
Eindringlingen erlösen!"

Diese Weise, von der offiziellen Propaganda seit 17 Jahren
mit allen Mitteln moderner Suggestionstechnik variiert, wird in

Arafat, der in Kairo geboren wurde und zeitlebens mit ägyptischem Akzent sprach, bei einem Treffen mit Ägyptens Präsidenten Nasser, 1970.

jüngster Zeit von einer Gruppe Desperados, sowie jugendlicher Abenteurer, Romantiker und Idealisten wörtlicher genommen, als es einigen arabischen Regierungen lieb ist. Es sind ausgebildete Saboteure, Mitglieder eines Geheimbundes, die sich bei Nacht und Nebel über die Grenze schleichen, um in Israel Versorgungseinrichtungen zu zerstören. Jenes neueste Kapitel in einem alten Streit kündigte sich erstmals in einem unscheinbaren Kommuniqué an, das am 11. Januar den arabischen Zeitungen ohne Absender zuging. „Das Oberkommando der palästinensischen Sturmtruppen", so meldete sich eine obskure Organisation zu Wort, „gibt bekannt, dass eine Gruppe unserer Streitkräfte Einrichtungen des Feindes zur Ableitung des Jordans angegriffen und Treffer am Aylabun-Tunnel und im Sutuf-Tal erzielt hat. Einer unserer Männer fiel während der Operation und wurde zum Märtyrer. Ferner stieß eine Kampfgruppe der ersten Abteilung auf der Straße zwischen Beerscheba und Eilat mit feindlichen Truppen zusammen. Drei feindliche Soldaten wurden dabei getötet. Unsere Gruppe kehrte sicher zu ihrem Stützpunkt zurück." Drei Tage später bestätigte ein offizieller israelischer Sprecher, dass Sabotageversuche stattgefunden hätten. Zwar sagte er, es seien weder Verluste noch Schäden eingetreten, aber auch so machte seine Feststellung dem skeptischen Kopfschütteln westlicher Beobachter über das Kommuniqué mit einem Schlag ein Ende.

Die Organisation, die jenes erste Unternehmen dirigierte, ist seither in den arabischen Ländern als al-Asifa (der Sturm) bekannt geworden. In etwa 30 Kommuniqués hat sie sich seit Jahresbeginn gerühmt, dass ihre al-Fatah (die Invasion) benannten Truppen Dutzende von israelischen Soldaten getötet und zahlreiche Wasserleitungen, Pumpstationen, Brücken und Stromleitungen gesprengt hätten.

DIE MEISTEN SEINER MÄNNER SIND MUSLIMBRÜDER

Alles spricht dafür, dass al-Asifa bisher der arabischen Seite nicht weniger Ärger bereitet hat als den Israelis. Die Hauptleidtragenden sind die Jordanier. Die Grenze dieses zwei Millionen Einwohner zählenden Landes gegenüber Israel ist 530 Kilometer lang. Sie führt durch Wüsten, dünnbesiedelte Gegenden, Berge und Orangenhaine und ist durch die 35 000 Mann starke jordanische Armee niemals zu kontrollieren. „Der sicherste Beweis, den ich Ihnen dafür geben kann, ist, dass wir ja die israelischen Kommandotruppen in aller Regel erst entdecken, nachdem es gekracht hat", so sagte mir einmal ein jordanischer Offizier. Den Israelis geht es nicht anders. Sie erwischen die Leute von al-Fatah nicht in flagranti, sondern stellen am Morgen mit Spürhunden fest, dass die Fährten der Saboteure zur jordanischen Grenze führen. Wegen der leichten Passierbarkeit der Demarkationslinie in Jordanien wählen die arabischen Freischärler in neun von zehn Fällen den Weg durch dieses Land. Israel hat das mehrmals zum Anlass zu sogenannten Warnungen oder Repressalien gegen jordanische Grenzsiedlungen genommen, bei deren schwerster im vergangenen Mai mehrere Zivilpersonen, darunter auch Kinder, getötet wurden.

Tatsächlich ist aber Jordanien nicht die Basis von al-Asifa. Seine Regierung ist in der Vergangenheit gegen illegale Grenzgänger, auch wenn es sich nur um Schmuggler oder um Leute handelte, die ihre in Israel lebenden Verwandten besuchen wollten, immer energisch vorgegangen. Mitte Oktober hat der syrische Generalmajor Fahd al-Schaer in einer Sitzung des Revolutionsrats König Hussein von Jordanien beschuldigt, er wolle die Befreiung Palästinas nicht. Gleichzeitig verurteilte der Offizier die „Maßnahmen der jordanischen Behörden gegen palästinensische Kommandos". Wenige Tage zuvor hatte die Beiruter Zeitung *al-Ahrar,* das Sprachrohr der in Syrien herrschenden Baath-Partei, geschrieben, die jordanische Regierung unterdrücke diejenigen, welche die palästinensischen Partisanenoperationen gegen Israel unterstützten. Mehr als 1000 Jordanier dürften als „Befreiungskampfverdächtige" nicht ins Ausland reisen.

Dies bestätigt alte Vermutungen, dass es in Wahrheit die Regierung in Damaskus ist, welche al-Asifa unterstützt. Eine solche Politik steht in Übereinstimmung mit der revolutionären These „Befreiungskrieg jetzt", die Syrien bis zur letzten Konferenz der arabischen Staatschefs vertreten hat. Dagegen scheidet Ägypten als Stützpunkt für Al-Fatah-Kommandos aus. Zwar haben die Freischärler vor dem Suezkrieg von 1956 in erster Linie von der Sinai-Halbinsel aus operiert, doch wird diese Grenze seither von UN-Truppen gesichert. Die weitgehend von Kairo abhängige, palästinensische Befreiungsorganisation Achmed Schukeiris hat sich von al-Asifa von Anfang an distanziert und behauptet, jener „Sturm" werde von unsauberen Elementen angefacht. Die meisten Mitglieder der Sturmtruppen gehörten der Moslembruderschaft an, und ihr Ziel sei es, durch ihre Sabotageakte in Israel Präsident Nasser zur Unzeit in einen Krieg zu verwickeln. Nasseristische Kreise Beiruts nennen einen aus Ägypten ausgewiesenen Moslembruder namens Yassir Arafat als Anführer von al-Asifa.

Die libanesische Regierung hält seit Juni neun Palästinenser in Haft, die beschuldigt werden, unberechtigt und bewaffnet die Grenze nach Israel überschritten zu haben. Die Veröffentlichung der Kommuniqués von al-Asifa wurde der Beiruter Presse im September verboten. Trotzdem haben israelische Truppen, mit der Begründung, seit 2. Juni seien dreimal Infiltrationen von libanesischem Territorium aus erfolgt, in der vergangenen Woche zwei Ortschaften nahe der Grenze angegriffen. Die Israelis drangen ohne Widerstand vor und sprengten in einem der beiden Dörfer ein Wasserreservoir, im anderen das Haus des Ortsvorstehers in die Luft, nachdem sie seine allein anwesende Frau evakuiert hatten. Durch die Explosion stürzte auch das Nachbarhaus ein und begrub eine 30-jährige Frau unter den Trümmern.

In diesem wie in den meisten ähnlichen Fällen wird die UNO-Waffenstillstandskommission Israel verurteilen, da die Repressalien von regulären Truppen verübt wurden. Beschwerden Israels gegen die Taten von al-Asifa werden dagegen in der Regel verworfen, da die gemischte UN-Kommission – gegen die Stimme des israelischen Mitglieds – die Regierung Jordaniens bisher nicht für verantwortlich hielt.

Ein ganz anderes Kapitel sind die Gefechte zwischen regulären Truppen, wie sie am vergangenen Wochenende um das Niemandsland nahe dem jordanischen Latrun stattfanden. Bis die rasch alarmierten UN-Beobachter per Jeep aus Jerusalem erscheinen, lässt sich regelmäßig nicht mehr feststellen, wer begonnen hat. Ihnen und der Welt werden zwei völlig widersprüchliche Versionen präsentiert, auch was die Verluste und sogenannten Erfolge betrifft. Am Wochenende beispielsweise meldeten die Jordanier 20 gefallene israelische Soldaten, die Israelis meldeten einen Verwundeten, behielten jedoch offenbar das strittige Gelände in der Hand.

Schwerwiegender als die Frage, wer im einzelnen Fall schuld hat und wer recht behält, ist die Erbitterung, die sich auf beiden Seiten der unruhigen Grenze aufstaut. „Unter dem Donnern der Geschütze kann keine Friedensbereitschaft aufkommen, bei uns nicht, und drüben auch nicht. Das Nachsehen haben die 13 Millionen Flüchtlinge, die bei uns nicht heimisch werden können und nun schon 17 Jahre darauf warten, dass sie morgen zurückkehren können", so vertraute sich neulich ein heimlicher Anhänger Burgibas einem leitenden UN-Angestellten an. Die Zeit, da man in Palästina für morgen den Frieden erwarten kann, scheint so fern wie je.

Erschienen am 6. November 1965

SYRIENS GEFÄHRLICHES SPIEL

1966

Damaskus steht hinter den Aktionen
arabischer Terroristen gegen Israel

Einige Kilometer südlich vom See Genezareth, dort wo der Fluss Jarmuk seinen Felscanyon verlässt und sich in der Wüste Ghor mit dem Jordan vereinigt, stoßen Syrien, Jordanien und Israel aneinander. Im Verhältnis dieser drei Staaten – der revolutionären Republik, des haschemitischen Königreiches und des Siedlungslandes der Zionisten – treffen sich heute alle Spannungslinien, welche die politische Szene des Orients beherrschen.

Seit der Teilung Palästinas im Jahre 1948 sehen sich Araber und Israeli unversöhnt in unsicherer Waffenruhe gegenüber. National-arabische Sozialisten, die das Leitbild für die Zukunft mehr in Moskau oder Peking als in Kairo sehen, streben nach der Konfrontation mit den feudalen und bürgerlichen Regimen. Das konservative Misstrauen islamischer Schriftgelehrter steht gegen unterschwelligen Laizismus. Die beiden Großen der Weltpolitik, Washington und Moskau, suchen ihre neueste Stellung durch finanzielle und diplomatische Protektion eines prowestlichen Königs und einer nahezu schon nicht mehr blockfreien Republik auszubauen.

Seitdem im Februar in Damaskus der radikale Flügel der regierenden Baath-Partei die Macht an sich riss, haben sich in Syrien tiefgreifende Veränderungen vollzogen. Die syrische Hauptstadt, in deren konspirativen Hinterzimmern während der Spätzeit des osmanischen Reiches der Gedanke des arabischen Nationalismus geboren wurde, war immer die eigentliche Heimat der Erneuerungsbewegung. Baath heißt Wiedergeburt, und es entsprach der politischen Tradition Syriens, dass die neuen Machthaber um Premierminister Zayyen, Präsident Atassi und General Jadid den ägyptischen Präsidenten an revolutionärer Konsequenz zu übertreffen suchten, da sie Kairos spät errungene Position als Mittelpunkt der arabischen Revolution und Nassers internationales Prestige als deren Führer nicht mehr in Frage stellen konnten.

Der Politik der friedlichen Koexistenz mit den „Reaktionären", deren Ausdruck die regelmäßigen Konferenzen arabischer Könige und Staatschefs waren, wurde abgeschworen, der innerarabische Burgfrieden aufgekündigt. Man erinnerte sich daran, dass der Name Syrien vor noch nicht langer Zeit das ganze Land am Ostufer des Mittelmeeres bedeutet hatte, und dass die Staaten, die heute an seiner Stelle die Landkarte bedecken, nach Damaszener Lesart nur „künstliche Gebilde des westlichen Imperialismus" sind. Etwa so: Die heutige Republik Syrien und der Libanon entsprechen den Interessen der seinerzeitigen französischen Mandatsmacht. Jordanien ist das Produkt diplomatischer Ränke Londons und britisch-amerikanischer Subsidien. Israel als trennender Teil an der Nahtstelle Asiens und Afrikas ist nur lebensfähig durch amerikanische Waffen und deutsches Geld.

MEHR ALS SECHZIGMAL ZOGEN DIE SABOTEURE LOS

König Hussein von Jordanien ist für uns nichts anderes als Ben Gurion, so zeichnete kürzlich der syrische Außenminister Makhos die Marschroute zur Wiedergewinnung Palästinas vor. Sie führt für die revolutionären Nationalisten nicht mehr direkt nach Haifa und Tel Aviv, sondern zuerst nach Amman, der Hauptstadt Jordaniens. War es über eineinhalb Jahrzehnte lang die offizielle These der Arabischen Liga, die Niederlage von 1948 sei zu einem günstigeren Zeitpunkt durch einen Feldzug verbündeter arabischer Armeen im klassischen Stil in zweiter Runde wettzumachen, so haben die Syrer auch hier eine neue Strategie entwickelt: den revolutionären Volkskrieg nach den Lehren Mao Tse-tungs und nach dem Vorbild Vietnams.

„Die Zeit arbeitet gegen uns. Projekte wie die Abteilung der Jordanzuflüsse sind Augenauswischereien. Wir müssen zur Offensive übergehen." So konnte man schon vor über einem Jahr in Damaskus hören. Das Ergebnis dieses Missbehagens der Radikalen an der bislang defensiven arabischen Linie ist die Förderung der Sabotagekommandos einer Untergrundorganisation, die sich al-Asifa (Der Sturm) nennt, durch das Baath-Regime.

Der gezielte Terror der Freischärler soll die überlegene Rüstung des Gegners einschließlich künftiger Atomwaffen neutralisieren. Er soll nach Ansicht seiner Urheber israelische Repressalien provozieren, damit in der Steigerung von Schlag und Gegenschlag die widerstrebenden anderen arabischen Staaten in einen Krieg verwickelt werden, den sie nicht wollen. Der Terror und seine Unterdrückung, sie sollen schließlich unter der palästinensischen Bevölkerungsmehrheit Jordaniens, die dem beduinischen Königsregime stets ablehnend oder reserviert gegenüberstand, jene revolutionäre Bereitschaft erzeugen, aus der allein sich der Volkskrieg entwickeln kann. Die 250 000 Araber, die noch in Israel leben, sind für ihn keine Basis.

Seit Januar letzten Jahres haben al-Asifa und andere Untergrundgruppen mehr als sechzigmal ihre Saboteure nach Israel geschickt. Sie sprengten Wasserleitungen und Transformatorenhäuschen, verminten grenznahe Wege und Eisenbahnschienen und schossen gelegentlich auf israelische Patrouillen. Schwere Anschläge wie derjenige vom vergangenen Wochenende, bei dem ein israelischer Militärwagen auf eine Mine fuhr und drei Soldaten den Tod fanden, waren selten. Der materielle Schaden, den die Freischärler anrichteten, blieb meist gering, aber die Wirkung ihres Sprengstoffes wurde umso größer, je eindeutiger und offener die Verantwortlichen für Syriens Politik ihre Sympathie bekundeten. „Wir sind nicht Israels Hüter", so beantwortete Zayyen während der jüngsten Beschwerde Israels an den UN-Sicherheitsrat die Forderung, Damaskus solle die Aktivität der Asifa unterbinden. Israel antwortete, indem es seine Soldaten mit Panzern, Artillerie und Flugzeugen über die Grenze schickte – über die Jordaniens.

Jordanien arbeitet mit der UN-Waffenstillstands-Kommission loyal zusammen. Seine Regierung ist gegen illegale Grenzgänger, auch wenn es sich nur um Schmuggler handelte oder um Leute, die ihre Verwandten in Israel besuchten, immer energisch vorgegangen. Die Bombenleger werden vom jordanischen Geheimdienst so mitleidlos verfolgt, dass sich König Hussein von den Nationalisten vorwerfen lassen muss, er tue die Arbeit der „Zionisten". Zwei Informanten der jordanischen Geheimpolizei, welche die Bewegung der

Terroristen verfolgten, wurden im Oktober im Jordan-Tal von Asi-fa-Terroristen ermordet. Zwischen Militär und Freischärlern sollen wiederholt Kugeln gewechselt worden sein. Trotzdem wählen die Asifa-Leute wegen der leichten Passierbarkeit der Demarkations-linie in Jordanien in neun von zehn Fällen diesen Weg. Trotzdem hat auch Israel für seine jüngste Repressalie wieder, wie schon in der Vergangenheit, Jordanien zum Ziel genommen.

Es ist der erklärte Zweck solcher Aktionen, die Bewohner der Grenzdörfer in Zukunft davon abzuhalten, in Syrien beheimateten Terroristen Hilfe und Unterschlupf zu gewähren. Ob jene Unterneh-men aber auf arabischer Seite die Bereitschaft fördern, Israel zu ak-zeptieren und einzusehen, dass Gewalt im Streit um Palästina seit 1948 kein zulässiges Mittel mehr ist, darf bezweifelt werden. Nach jedem Überfall steigen erfahrungsgemäß Bitterkeit und Rache-durst, wird die Basis des jordanischen Königsregimes geschwächt, das heute dank Prosperität und dem abschreckenden Beispiel der benachbarten Republiken an sich viel stärker ist als in den Wirren von 1956 und 1958.

Als kürzlich bei Hebron die Kanonen donnerten, gab es in der nahöstlichen Politik ein neues Element. Zehn Tage vorher hatten Ägypten und Syrien einen Beistandspakt geschlossen. Die Inter-pretation, Nasser habe damit das radikale Baath-Regime gebändigt und die Revolutionäre von Damaskus hätten als Gegenleistung für die Anerkennung als gleichberechtigter Partner den „Volkskrieg" abgeblasen, hat einiges für sich. Stimmt diese Deutung, dann war die Mine, die den israelischen Wagen in die Luft fliegen ließ, nur ein Nachkrepierer in einem schon beendeten Gefecht. Dann dürfte auch die israelische Repressalie die letzte gewesen sein. Führt jedoch Da-maskus, gedeckt durch die Beistandsverpflichtung Kairos, seine aggressive Strategie fort, dann steht es schlecht um den Frieden im Nahen Osten.

Erschienen am 19. Juni 1966

AUFMARSCH AN ISRAELS GRENZEN

1967
Arabische Heere fahren schweres
Geschütz auf, doch glauben die meisten
Beobachter an einen Bluff

Es ist heiß geworden in Damaskus, aber es ist die Hitze des nach einem langen, regnerischen Frühling plötzlich hereingebrochenen Sommers, die über der Stadt liegt, nicht die der politischen Krise. Auf der Ringstraße um die Altstadt, nahe der Stelle, an der das kleine Häuflein der Getreuen den Paulus nächtens von der Mauer ließ, damit er den jüdischen Häschern entging, stehen ein paar Militärlastwagen mit aufgesessenen Soldaten im Tarnanzug und warten auf den Marschbefehl „zur Front". Im Herzen der Stadt, am Eingang zu der im Gewirr der Basarstraßen versteckten Zitadelle, steht eine Bäuerin in biblischer Tracht und hält die Hand ihres Sohnes, der traurig, gutmütig und verlegen lächelt und das unkleidsame Khaki des Rekruten trägt. Sonst ist von Kriegsvorbereitungen oder Mobilmachung nichts zu sehen.

Wenn Syriens Außenminister Makhos in der letzten Woche bei seiner Rückkehr aus Kairo sagte, beide Länder seien „wie eine einzige Kaserne", so kann er sich nur schlecht umgesehen haben. Auch in Kairo ist, abgesehen vom demonstrativen Durchmarsch der Truppen zum Sinai und von gelegentlichen Sirenenproben nichts von der Krise zu bemerken. Jordanien hat die Feiern zum Tage der Armee und zum Unabhängigkeitstag, die in dieser Woche fällig gewesen wären, angesichts der politischen Spannungen abgesagt und seine Armee in Alarmzustand versetzt. Der Strom der Touristen ins Heilige Land ist jedoch dadurch nicht dünner geworden, und auch der einzige legale Übergang nach Israel, das Mandelbaumtor in Jerusalem, ist geöffnet geblieben. Libanon, Israels vierter Nachbar, hat über seine kleine Berufsarmee eine Urlaubssperre verhängt und Truppen nach Süden in Marsch gesetzt. Die Straßen waren jedoch am Krisenwochenende, das durch heißen Wüstenwind einen Temperatursprung brachte, von den Autokolonnen badelustiger Beirutis verstopft, nicht von Militärtransporten, die an den Feind eilten.

„Der Krieg? Wer will ihn denn? Vor allen Dingen, wer kann denn?", sagt mir ein Damaszener Geschäftsmann. Nach einem raschen Blick zur Ladentür fährt er gar nicht so leise fort: „Unser Militär und das der Ägypter ist doch von den Lieferungen der Russen genauso abhängig wie die drüben von denen der Amerikaner. Die beiden Großen wollen aber keinen Krieg. Wenn die Israelis bei uns einfallen sollten oder die Ägypter bei den Israelis, so würden die Großen nach ein paar Stunden den Hahn zudrehen, und alles wäre wieder aus."

In der Tat käme wahrscheinlich jeder nahöstliche Konflikt, solange nicht die Großmächte Öl ins Feuer gießen, wenn nicht nach Stunden so doch in relativ kurzer Zeit nach Verbrauch der Erstausstattung durch Mangel an Nachschub und Ersatzteilen sowie wegen des Fehlens strategischer Reserven zum Stehen, so wie vor zwei Jahren der indisch-pakistanische Krieg. Die Erstausstattung der Armeen, die sich heute gegenüberstehen, ist allerdings beträchtlich:

Ägypten hat reguläre Streitkräfte von rund 190 000 Mann, von denen die besten Truppen, etwa 50 000 an der Zahl, im Jemen stehen. Nach Mobilisierung der Reserven, die Vizepräsident Marschall Amer zum Wochenbeginn verkündet hat, werden 120 000 Mann hinzukommen. Das Heer umfasst vier Infanterie- und zwei Panzerdivisionen. Es ist ausgerüstet mit etwa 1300 Panzern, darunter eine unbekannte Zahl des modernsten sowjetischen Modells T 10, 50 Stalin 3, 100 vom Typ SU 100, 450 vom Typ T 54 und 500 der aus dem Zweiten Weltkrieg bekannten T 34. Die ägyptische Luftwaffe hat 22 000 Mann mit ungefähr 600 Maschinen. Wiederum ist die Anzahl des modernsten sowjetischen Jägertyps Sokhus 7 unbekannt. Daneben gibt es 130 MiG 21, 100 MiG 19, 150 MiG 17, 30 Langstreckenbomber vom Typ Tupolev 16 und 70 Bomber vom Typ Iljuschin 28. Die Marine besteht aus vier Zerstörern sowjetischer Herkunft, sechs Begleitschiffen britischen Baumusters, neun sowjetischen U-Booten, fünf leichten, mit Raketen bestückten Zerstörern, 60 Torpedo- und Patrouillenbooten, sechs Minensuchern. Die Raketenwaffe hat eine unbekannte Zahl von Mittelstreckengeschossen, wobei die Qualität des Steuersystems zweifelhaft ist. Ferner gibt es sowjetische Flugabwehrraketen vom Typ Sam.

Syrien hat etwa 75 000 Mann unter Waffen, die Panzerwaffe besteht aus 500 sowjetischen T 54 und T 34. Die Luftwaffe hat 30 MiG 21, 20 MiG 19, 20 MiG 17 und 30 Iljuschin-28-Bomber. Die irakischen Streitkräfte zählen etwa 70 000 Mann und sind gut bewaffnet. Sie haben 800 Panzer der Typen T 54, T 34 und Centurion sowie 150 Flugzeuge der Modelle MiG 21, MiG 19, MiG 17, Tupolev 16, Iljuschin 28 und Hunter. Die Armee Jordaniens gilt als die diszipinierteste und am besten ausgebildete innerhalb der arabischen Staaten. Sie ist mit westlichem Material ausgerüstet, hat aber die wenigsten modernen Waffen. Die Luftwaffe besteht augenblicklich aus 15 Vampir, 25 Hawker Hunter und 16 Starfightern. 20 weitere Starfighter sind in den USA bestellt. Das Heer hat etwa 250 Panzer, darunter 100 Centurion. Saudi-Arabiens Streitkräfte sind erst im Aufbau begriffen und kommen für offensive Operationen noch nicht in Frage. Die Palästinensische Befreiungsarmee, die ihren Schwerpunkt mit etwa 5000 Mann im Gazastreifen hat, besitzt kaum schwere Waffen. Weitere 400 Soldaten sind in Syrien, etwa 1500 sind im Irak.

Israels reguläre Armee umfasst nur 30 000 Mann. Sie lässt sich jedoch durch Aufruf von 260 000 Reservisten und Reservistinnen innerhalb 48 Stunden auf fast 300 000 Soldaten bringen. Die Panzerwaffe besteht aus 1100 Fahrzeugen, davon 200 Patton, 400 Sherman, 200 AMX und 30 Centurion. Hinzu kommen 1800 Geschütze bis zum Kaliber von 15,5 Zentimetern, 5500 Fahrzeuge, panzerbrechende Raketen und schwere Flakgeschütze. Die Luftwaffe hat 400 Maschinen, darunter 96 Mirage III C, 24 Super-Mystere, 60 Mystere, 48 Skyhawk-Bomber und 25 leichte Bomber vom Typ Vautour, jedoch keine Langstreckenbomber. Ebenso hat Israel nach arabischen Informationen bisher keine Mittelstreckenraketen. Die Raketenwaffe besteht nur aus drei Bataillonen von Flugabwehrgeschossen des Typs Hawk.

Da die politischen und militärischen Führer beider Seiten wissen, dass sie trotz dieses Riesenarsenals ohne die Rückendeckung der Großmächte nicht lange kämpfen können, stellt sich die Frage, was die Eskalation des Bluffs, welche der Aufmarsch darstellt, bezwecken soll. Möglicherweise hat Israel gehofft, durch einen raschen Handstreich oder auch nur durch die Drohung mit Gewalt, das unbequeme Regime in Damaskus zu Fall zu bringen. Möglicherweise hoffte man in Israel aber auch, durch propagandistisches Hinaufspielen des Terrors unter dem Druck der Weltmeinung an der Nordostgrenze nach dem Sturz des Baath-Regimes den gleichen Schutz durch UN-Truppen zu erhalten, den man nach der Suezkrise ein Jahrzehnt lang an der Sinaigrenze hatte.

IN SCHARM EL-SCHEICH STEHEN KANONEN

Auf Seiten Kairos wird das Ziel der Machtdemonstration deutlicher sichtbar. Indem er den Abzug der UN-Truppen vom Sinai verlangte, ist es Nasser durch einen Federstrich gelungen, die strategische Situation von vor 1956 wiederherzustellen: von Gaza aus drohen Israel wieder die Kommandounternehmen der palästinensischen Freischärler, in Scharm El Scheich, das die Zufahrt zum israelischen Hafen Eilat kontrolliert, stehen wieder die ägyptischen Kanonen. Schon seit einiger Zeit erwartete man im Nahen Osten, der ägyptische Präsident werde, geplagt von wirtschaftlichen Sorgen und durch seine enge Allianz mit der Sowjetunion im internationalen Ansehen behindert, wohl bald die Flucht nach vorn antreten.

Dieses Spiel richtet sich nicht allein gegen Israel. Man munkelt, dass Nassers nächster Zug die Proklamierung einer palästinensischen Republik mit der vorläufigen Hauptstadt Gaza sei, die alsbald von Syrien, dem Jemen, Algerien und vielleicht auch dem Irak anerkannt würde. Diese Republik würde durch ihre Existenz primär nicht Israel, sondern Jordanien bedrohen: das größte Stück des heute noch jordanischen Palästina ist der westliche Teil des Reichs von König Hussein.

Erschienen am 24. Juni 1967

DER SECHSTAGEKRIEG

1967
Die politische Landkarte des Nahen Ostens
wird neu gezogen –
Israel schlägt die Araber vernichtend

A m Straßenrand stehen Beduinen und heben ihre hageren, braungebrannten Hände zu einer beschwörenden Geste. „Vorwärts, ihr Tapferen. Möge Allah euch Schutz und Sieg verleihen", rufen sie dem vorüberziehenden Regiment zu. Sie haben für einen Augenblick mit ihren Frauen und Kindern ihre schwarzen Zelte auf dem Hügel und ihre Herden verlassen, um die Soldaten im britischen Stahlhelm zu sehen, die in Jeeps, Lastwagen und Schützenpanzern nach Süden ziehen. Es ist eine starke Einheit der jordanischen Armee, die ihre Garnison Mafraq nahe der syrischen Grenze räumt. Seit König Hussein sich durch seinen Husarenritt nach Kairo das Wohlwollen Nassers gesichert hat, kann er es sich leisten, die Grenze zum nördlichen Nachbarn zu entblößen und alle Kraft gegen den gemeinsamen Feind Israel zu wenden. Transistoren haben den Beduinen binnen kurzer Frist die Kunde vom Beginn des Krieges in der Wüste gebracht.

Amman, das wir eine Stunde zuvor im Auto verließen, hat dieselbe Nachricht in erwartungsvolle Unruhe versetzt. In den ausländischen Botschaften, in den Ministerien, in den Werkstätten und Geschäften hängen die Menschen an den Lautsprechern und horchen begierig auf die Meldungen aus Kairo: „23 israelische Flugzeuge abgeschossen. Unsere Truppen im Vormarsch. 27 Flugzeuge abgeschossen. Unser Ziel ist Tel Aviv", verkündet der Sprecher. Auf den Straßen stehen Gruppen Diskutierender, andere eilen nach Hause, wieder andere suchen den wolkenlosen westlichen Horizont nach Flugzeugen ab. Das blaugeflieste Schwimmbad des eleganten El-Urdun-Hotels, wo einige Dutzend Müßiggänger sich auf einen geruhsamen Sommertag eingerichtet hatten, ist plötzlich leer geworden. „400 Menschen haben all dies fertiggebracht, nicht mehr als 400", frohlockt ein arabischer Nationalist. Er meint die Untergrundkämpfer der Asifa und anderer Guerilla-Gruppen. „Sie allein haben die Palästinafrage nach 19 Jahren wieder in Bewegung gebracht. Sie haben die Israelis gereizt, sie haben Nasser gezwungen, zu handeln. Unsere Politiker haben das nie gekonnt."

An der Tankstelle steht eine Schlange. Jeder möchte den Krieg mit einem vollen Tank beginnen. Zwischen den Wartenden wieder dieselben Gespräche, dieselben Fragen: Werden die Amerikaner eingreifen? Werden die Russen eingreifen? Werden die Israelis ihren zweiten Schlag gegen das westliche Jordanufer, das verwundbarste Glied in der arabischen Kette, richten? Ist es nur die dritte Runde im Kampf zwischen Arabern und Israelis, deren erste beide man 1948 und 1949 verloren hat, oder ist es der dritte Weltkrieg?

DÜSENJÄGER EILEN NACH NORDEN

Im syrischen Grenzort Daraa herrscht patriotische Hochstimmung. Junge Männer der Volksmiliz stehen halb in Zivil, halb in neuen Uniformen mit dem Gewehr in der Hand auf der Straße und warten auf den Feind. An den Meldestellen drängen sich die Freiwilligen. „Heute ist der Tag", ruft es aus den Lautsprechern auf die Straßen. „Der arabische Marsch auf Israel wird nicht enden, bevor der letzte schmutzige Zionist ins Meer geworfen ist. Juden, geht nach Hause!" Auch auf Hebräisch sagen es die Sender Kairos und Damaskus' den Einwohnern Israels, dass sie den Einmarsch der arabischen Armeen zu erwarten hätten.

Auf der Straße nach Damaskus ist mehr Verkehr als sonst. Jeder, der bei Ausbruch des Krieges in der Hauptstadt war, versucht noch nach Hause zu kommen. In einem vollbesetzten Omnibus wenden sich tuchverhüllte Köpfe nach Westen: Vor der Kulisse des schneebedeckten Hermon eilen Düsenjäger nach Norden. Neben der Straße schwärmen einige Schützenpanzer aus. Aus der Richtung des Jordantals, wo die Kanonen donnern müssten, wenn es schon der große Krieg wäre, ist nichts zu hören.

Damaskus um die Mittagszeit ist belebt wie immer. Wenn nicht die Meldefahrer auf ihren Motorrädern wären und die Soldaten im russischen Stahlhelm, die den Verkehr regeln, könnte es ein Tag

Vertreter des Sicherheitsrats der Vereinten Nationen inspizieren in Begleitung von UN-Soldaten die Waffenstillstands-Linie, 1967.

wie jeder andere sein. Doch plötzlich huscht eine Kette Mirages mit dem blauen Davidsstern an der Tragfläche die Bergflanke entlang: Der Explosionslärm der Bomben. Der Krach detonierender Flakschrapnells, und dann steigt über dem Flugplatz ein schwarzer Rauchpilz auf, wächst einen Kilometer hoch empor, sodass er im nächsten Tal sichtbar wird. Der Krieg ist nach Damaskus gekommen.

Die Grenze nach Libanon ist schon gesperrt. Nur Ausländer und heimreisende Libanesen dürfen noch passieren. Auch die Hunderten von Wartenden neben ihren Bergen von Bündeln, Koffern und Schachteln, die gestrandet sind und auf das Ende des Krieges oder einen vernünftigen Entscheid der Behörden harren, sehen den blauen Stern am Flügel der Mirages, die im Tiefflug in das Tal des Antilibanon tauchen. Auf den schwülen Sommer der libanesischen Hauptstadt Beirut hat sich noch kein Reif gelegt: Phönizische Händler warten auf Kunden, hupende Taxis suchen nach Fahrgästen. In den Hotels und Restaurants gibt es weniger Ausländer als sonst, aber es wird immer noch gut gegessen. Nur an den Zeitungen sieht man den Krieg. Die roten Überschriften ihrer Nachmittagsausgaben bestehen nur aus einem Wort: „Harb" – Krieg.

Wie in allen Kriegen, so ist auch diesmal die Wahrheit das erste Opfer. Fasziniert lauschen die arabischen Völker den bombastischen Siegesmeldungen ihrer Sender. Einige wundern sich, dass die Israelis über ihren angeblich bevorstehenden Untergang nichts zu sagen wissen. Hätten die Israelis gemeldet, dass ihre Luftwaffe den Krieg schon in den ersten Stunden entschied, indem sie die arabischen Luftstreitkräfte in Überraschungsschlägen vernichtet hatte, so wäre dies dem Eingeständnis gleichgekommen, dass sie den Krieg begonnen hatten. Das aber will Israels Regierung nicht, um sich in der Welt keine Sympathien zu verscherzen. Ein Präventivkrieg im klassischen Sinne ist es nicht. Viel später sagte der damalige israelische Stabschef Jitzchak Rabin: „Ich glaube nicht, dass Nasser einen Krieg wollte. Die zwei Divisionen, die er auf den Sinai schickte, hätten für eine Offensive gegen Israel nicht ausgereicht. Er wusste es, und wir wussten es." Die besten ägyptischen Truppen waren zu jener Zeit zudem durch den Bürgerkrieg im Jemen gebunden.

Während die ägyptischen Truppen schutzlos und unter gewaltigen Verlusten auf dem Sinai zurückfluteten, sickerten langsam Bruchstücke der wirklichen Lage durch. Doch erst als Nassers Sender „Die Stimme der Araber aus Kairo" das Marschlied „Allahu akbar – Gott ist am grössten" anstimmte, das Leitmotiv arabischer Niederlagen, begriffen alle, dass ein Unglück geschehen war. Nasser selber musste mit der faulsten aller Ausreden vors Mikrophon treten: „Wir hatten sie von Osten erwartet, sie aber kamen von Westen" erklärte er die Überraschung, dass die israelischen Bomber einen grossen Bogen über dem Mittelmeer gezogen und von der libyschen Wüste aus angegriffen hatten. Da auch der Beiruter Flughafen attackiert wurde, spottete ein Karikaturist, indem er den schwachen libanesischen Präsidenten mit weit ausgebreiteten Armen riefen ließ. „Wir haben sie weder von Ost noch von Westen erwartet." Der ägyptische Volkswitz, zu großer Bitterkeit fähig, ließ einen Fellachen aus dem Niltal sagen: „Alle zehn Jahre kommen sie aus Kairo, stecken mich in eine Uniform und fahren mich mit dem Lastwagen auf den Sinai, und ich muss danach zu Fuß zurücklaufen."

Am 8. Juni, drei Tage nach Kriegsbeginn, erreichten die israelischen Panzer den Suezkanal. Die Jordanier, die sich gegen alle Vernunft an die Seite Ägyptens gestellt hatten, konnten nicht viel Widerstand leisten, als die Israelis sie aus der Altstadt von Jerusalem und aus dem West-Jordanland vertrieben. Auf den syrischen Golan-Höhen drangen die Israelis vor, ohne dass die Führung in Damaskus dies zunächst wahrnahm. Die syrischen Truppen hatten Kuneitra schon geräumt, als ein ausländischer Diplomat das Informationsministerium in Damaskus anrief und sagte: „Schauen Sie doch einmal auf Ihren Fernschreiber."

Der Sechstagekrieg hat die politische Landkarte des Nahen Ostens und das Bewusstsein der Bewohner nachhaltig verändert. Israel kontrollierte nun neben dem Sinai, den Gazastreifen, die Golan-Höhen, ganz Jerusalem auch den westlichen Teil des Königreichs Jordanien bis zum Jordan. Es war kein kleiner Staat an der Levante mehr, sondern eine regionale Großmacht. Diese Stellung konsolidierte es durch die späteren Friedensschlüsse mit Kairo und Amman sowie die Räumung des Sinai und den Rückzug seiner Truppen aus Gaza. Der arabische Nationalismus, zwei Jahrzehnte lang die treibende Kraft der arabischen Politik, hatte durch das Debakel ausgespielt. An seine Stelle trat als neue Ideologie der politische Islam, während die Palästinenser zu einem politischen Faktor wurden. Die Kämpfe wurden durch Waffenstillstand am 11. Juni beendet. Im November 1967 erließ der Weltsicherheitsrat seine berühmte Resolution 242, in der Israel aufgefordert wurde „besetzte Gebiete zu räumen" (englische Version) , beziehungsweise „die besetzten Gebiete zu räumen" (französische Version). Araber und Israelis mit ihren jeweiligen Sympathisanten streiten seither über diesen kleinen Unterschied.

Erschienen am 6. Juni 1967, fortgeschrieben im Jahr 2015

EINE NACHT
IN NASSERS KERKER

1967
Wie der SZ-Korrespondent
einmal nicht nur Autor,
sondern Gegenstand einer Nachricht wurde

Nur selten beeinflusst ein Journalist durch das, was er schreibt, den Gang der Geschichte. Aber mit Glück wird er Zeuge historischer Ereignisse oder kleiner Episoden an ihrem Rand, die für den Hintergrund bezeichnender sind als das grelle Licht der Aktualität. Gelegentlich sind Risiken dabei. Aber wenn sie überstanden sind, findet sie der Autor eher amüsant als gefährlich.

Wir hatten uns am Suezkanal verfahren. In normalen Zeiten kein Problem, aber der Sechstagekrieg lag erst eine Woche zurück, und am anderen Ufer standen die Israelis. Ihre Waffen zielten herüber zu den geschlagenen Ägyptern, die mutlos herumstanden. Über den Stellungen jenseits wehte die Fahne mit dem blauen Stern. Die Fahrt hatte das Kairoer Informationsministerium organisiert, um Journalisten die neue Front zu zeigen. Man sollte im eigenen Wagen kommen, denn die paar Busse reichten nicht. Aber wir verloren die Kolonne und fuhren erst nach Suez, dann am Kanalufer Richtung Ismailia, statt umgekehrt.

Misstrauische Offiziere verscheuchten uns. Einer der vier im Wagen hatte die verwegene Idee, wir könnten von Suez ein Stück das Rote Meer nach Süden fahren und baden. Der Strand war einsam, das Wasser fabelhaft. Bis ein Militärkommando anpreschte und uns Maschinenpistolen unter die Nase hielt, die Finger am Abzug. Ein Zwei-Sterne-General kontrollierte misstrauisch unsere Papiere und wies uns an: „Ohne Halt bis Kairo!"

Den Abend verbrachte ich auf einem Gartenempfang, bis gegen 23 Uhr die Frau meines Quartiergebers per Telefon Alarm schlug: „Komm sofort! Die Polizei ist da." Sechs Mann warteten auf der Treppe. Eine Wohnung, in der eine fremde Frau allein war, betraten aus islamischer Scheu sogar Geheimpolizisten nicht. Jetzt durchsuchten sie mein Zimmer, sammelten Dokumente und Foto-Apparat samt Filmen ein und nahmen mich mit. Im Vernehmungslokal trafen in der nächsten halben Stunde auch die anderen Teilnehmer des Ausflugs ein. Man hatte sie aus ihren Hotels geholt.

Eine Nacht lang beteuerten wir unsere Harmlosigkeit, verweigerten Essen und verlangten Freilassung. Im Morgengrauen brachte ein Motorradfahrer unsere Filme. Sie enthielten nichts Belastendes, und der Ton des Verhörs wurde fast freundschaftlich. Aber heraus kamen wir nicht. Denn unerwartet traf an jenem Morgen der sowjetische Präsident Nikolai Podgorny ein, um zu erkunden, wie die Schlappe der Ägypter gemildert werden konnte. Kein Oberer im Geheimdienst, der unsere Entlassung anordnen konnte, war verfügbar. Erst um 14 Uhr kamen wir frei. Für ein Mal war ich nicht Autor, sondern Gegenstand einer Meldung auf Seite eins meiner Zeitung: „*SZ*-Korrespondent in Kairo in Haft."

Erschienen am 6. Oktober 2005

HIEB MIT DER PEITSCHE DES FEUERS

1995
Ein Besuch im Heimatort des jüdischen Siedlers,
der Yitzchak Rabin ermordet hat

Die Fahrt hinter Panzerglas kostet 12,70 Schekel. Für den Gegenwert von umgerechnet sechs Mark und in einer knappen Stunde ist man in Kiryat Arba, der Hochburg militanter jüdischer Siedler in den besetzten Gebieten. Das Panzerglas und die Gitter vor der Windschutzscheibe würden die Insassen des Busses vor Steinwürfen schützen. Vor Kugeln nicht, schon gar nicht vor Dumdum-Geschossen, wie sie der Mörder von Yitzhak Rabin benutzte. Aber es fliegen keine Steine. Die Intifada ist abgesagt, obwohl noch immer täglich irgendwo geballert oder geschmissen wird. Ein paar arabische Kinder an der Straße durch das karge Westjordanland und in Bethlehem winken sogar. Dafür stellt jeder Passagier seine Reisetasche selber ins Gepäckfach und nimmt sie auch, wenn er unterwegs aussteigt, wieder heraus. Hoffentlich. Personen- oder Gepäckkontrollen finden nicht statt.

Rein ökonomisch springt der Daseinszweck von Kiryat Arba nicht in die Augen: Straßen mit modernen Steinhäusern, die sich in Schleifen um einen Höhenrücken ziehen; Sonnenpaneele mit Wassertanks auf den Dächern; vier Läden, ein paar Imbissbuden, keine Industrie, keine Gewerbegebiete, 4500 Einwohner; ringsherum Stacheldraht und Militärposten. Die vielleicht 40 Jahre alte Einwanderin Marcia, die früher Mascha hieß, als ihre Heimatstadt noch Leningrad genannt wurde, wäre lieber nach Tel Aviv oder sonstwohin an die Küste gegangen. „Aber hier hat man uns günstige Wohnungen gegeben, und wenigstens ist die

Luft kühler." In einigen Blocks, die offenbar nie bewohnt waren, sind alle Rolläden heruntergelassen. Miriam Lapid ging wieder, nachdem arabische Terroristen ihren Mann und einen Sohn, eines von dreizehn Kindern, vor zwei Jahren in der Nähe erschossen hatten. Sie hauste zunächst in einem Zelt nahe beim Amtssitz des Premierministers und zog in einen Kibbuz. Viele Einwohner fahren nach Jerusalem oder nach Beerscheba zur Arbeit. Eine unbekannte Zahl – die Auskünfte werden vage gehalten – lebt von Unterstützungen aus dem Ausland oder von offiziellen Zuwendungen. Denn Kiryat Arba verdankt, genau wie 126 andere jüdische Siedlungen im Westjordanland und 19 weitere im Gaza-Streifen, seine Existenz der Politik und dem Glauben.

MÖRDERISCHE VERBINDUNG

Nationalreligiöse Juden sind überzeugt, dass ihnen ihre biblische Geschichte Anspruch darauf gibt, sich an jeder Stelle der alten Heimat niederzulassen. Die Regierung ging davon aus, dass sich die strategische Jordan-Grenze nur durch eine loyale eigene Bevölkerung sichern lasse. Für den Friedensprozess sind indessen vor allem geographisch isolierte Siedlungen zu einem Stolperstein geworden.

Schwarz umrandete Trauerplakate für Rabin, wie sie überall an israelischen Mauern kleben, gibt es in Kiryat Arba nicht. Verblasste Gedenkzettel für den 1990 in New York erschossenen radikalen Rabbi Meir Kahane hängen dagegen immer noch. Anhänger Kahanes wollten am Sonntag zu seinem fünften Todestag eine Gedenkversammlung auf dem Jerusalemer Zionsplatz halten. Die Regierung hat sie verboten. „Wir fühlen kein bisschen Verantwortung für den Mord", sagt der Bürgermeister von Kiryat Arba, Zvi Katzover. Rabins Mörder habe in Herzliya bei Tel Aviv gewohnt. „Wir hatten keine Verbindung zu ihm." Noch im Frühling hatte der frühere General Ariel Scharon, ein Falke unter den Führern der rechten Likud-Partei, Katzover erklärt: „Rabin hasst euch. Sein Hass kennt keine Grenzen und kein Maß." Der Todesschütze Yigal Amir wurde in jüngster Zeit bei Demonstrationen wiederholt mit Extremisten aus Kiryat Arba gesehen. Sie machten aus ihrer Gesinnung auch nach der Tat eine wahre Mördergrube, bis ihnen von der Regierung und mehr noch von den Verantwortlichen ihrer eigenen Gemeinschaft

Begrabene Hoffnungen: Ein israelischer Junge trauert am Grab des ermordeten Premierministers auf dem Herzl-Berg in Jerusalem.

der Mund verboten wurde. „Ich bin sehr froh, dass der Diktator Rabin tot ist", sprach David Ben Abraham, früherer Schüler des renommierten Lycée Mallarmé in Paris. „Ich hoffe, dass der Nazi Arafat und sein Genosse Peres bald vom gleichen Schicksal ereilt werden." Ein Theologe aus der Siedlung bekannte: „Wir haben einen Fluch auf Rabin herabbeschworen, und unser Wunsch ist in Erfüllung gegangen." Vor dem Falafel-Kiosk des Ellitzur Butavia soll nach der Nachricht über den Mord gelacht und getanzt worden sein. Soldaten dürfen dort seither keine Sandwiches mehr kaufen.

Die Steine reden weiter. Am Ortseingang von Kiryat Arba gibt es einen kleinen Park, frisch angelegt, schon wieder im Zustand beginnender Verwahrlosung. Der einzige Weg führt auf ein Plattenrondell mit dem Grab Baruch Goldsteins. Er ist der Mann, der in der Ibrahim-Moschee des nahen Hebron im Februar 1994 mit seinem Schnellfeuergewehr 29 betende Muslime erschoss und 150 verletzte. Goldstein liegt unter einem erhöhten Steinblock. Zu seinen

Häupten ragen zwei Metallröhren aus der Erde, in denen, wenn die Welt nicht zuschaut, Fahnen stecken. Pilger können auf einer Bank und einigen Plastikstühlen meditieren. In einem kleinen Steinbau mit bronzegefassten Fenstern, wie sie auf manchen Bergen die Gipfelbücher enthalten, liegen Gebetbücher und religiöse Literatur. Ein Unbekannter hatte am Dienstag Goldsteins Grab mit Tinte beschüttet und zwei Lampen zerschlagen. „Diese Schande muss ein Ende haben", verdammte er die zweifelhafte Heldenverehrung. Am folgenden Tag standen zehn Polizisten Wache. Auch ein Amateurwächter aus Kiryat Arba trat an. „Wenn ich herausbringe, wer das gemacht hat, ist er in 24 Stunden tot", drohte er. „Ich weiß, dass es Freunde von Rabin waren. Was sie da taten, ist Faschismus, Rassismus und Schlimmeres. Als einem Kahane-Mann zerreißt es mir das Herz, dass Rabin tot ist. Aber sie haben auch ihre Gräber." Er nennt die letzten Ruhestätten der laizistischen Paten der Nation, David Ben Gurions und Theodor Herzls, als mögliche Ziele.

SIEDELN BEI ABRAHAM

Noam Arnon ist Leiter eines theologischen Seminars in Kiryat Arba. Er sieht einen entscheidenden Unterschied zwischen Goldstein und Amir. „Die Leute hier haben ein gewisses Verständnis für die Tat von Baruch Goldstein, denn sie sehen darin Rache an den Arabern, die viele Attentate auf Juden begangen haben. Aber das ist nur eine Minderheit. Die den Mord am Premierminister billigen, sind eine winzige Minderheit." Arnon ist Sprecher jener extremistischen Gruppe von Siedlern, die sich in Hebron verbarrikadiert. Sie wollen in der Nähe des hier begrabenen Erzvaters Abraham leben. Dass „Nähe" nicht fünf Minuten zu Fuß, sondern auch 45 Minuten mit dem Auto bedeuten kann, will ihnen nicht einleuchten. Schon gar nicht, dass das Grab des Patriarchen, der mit seinem Sohn Isaak ihr Stammvater ist, durch 1300 Jahre islamischer Geschichte auch ein Heiligtum der Araber wurde. Diese wiederum sehen sich ebenso hartnäckig als Nachkommen von Abrahams Sohn Ismael.

Rabin hatte über die Siedler von Hebron gesagt: „Heute gibt es in der Stadt 450 Israelis und 120 000 Palästinenser. Ich muss dort drei Bataillone halten, um sie zu schützen. Ich kann Hebron nicht eine jüdische Stadt nennen. Das war es einmal. Aber soll man wegen der Anwesenheit von 450 Juden 120 000 Palästinenser unter Militärregime halten? Ich kann dafür keine Rechtfertigung sehen. Wenn man die Israelis fragt, ob Siedlungen in dichtbevölkerten Gegenden für die Sicherheit wertvoll sind, wird die Mehrheit sagen: nein. Was ist der Gewinn dabei? Statt den Terrorismus zu bekämpfen, muss ich dort Truppen zu ihrem Schutz stationieren." Der Chef der Likud-Partei, Binyamin Netanyahu, hingegen erklärte den Siedlern bei seinem letzten Besuch: „Die jüdische Gemeinde wird in Hebron bleiben, nicht auf Zeit, sondern für immer. Meine Botschaft an alle, die euch evakuieren wollen, lautet: Ich und meine Freunde werden da sein. Man wird auch uns evakuieren müssen."

Die Straßen um das Patriarchengrab und das winzige israelische Viertel sind leer. An Straßensperren und durch solide, durchbruchsichere Schlagbäume sichern israelische Soldaten die Zufahrt. Mit militärischem Geleit kommt der Bus mit Schulkindern aus Kiryat Arba. Die meisten arabischen Läden rundum haben seit langem mangels Kunden geschlossen. Nur in wenigen Cafés sitzen traurig blickende Männer mit palästinensischen Kopftüchern. Misstrauisch mustern sie jeden Fremden in Zivil. PLO-Parolen, aber auch arabische Ladenschilder sind mit Davidsternen übersprüht. Auf dem leeren Platz vor der Moschee spielt ein israelischer Polizist mit arabischen Buben Fußball. Ein verhutzelter Krüppel wartet in seinem Holzstuhl auf Almosen, die nicht mehr kommen. Zaghaft bietet ein zahnloser alter Mann zwei Amulette an.

Auf dem einzigen Platz zwischen den hübschen neuen Häusern des jüdischen Viertels wird gefeiert. Nicht Rabins Tod, sondern ein Familienfest. „Es wäre besser gewesen, er wäre am Leben geblieben und hätte gesehen, wie sein sogenannter Frieden aussehen wird", kommentiert ein bärtiger Mann mit Schläfenlocken das Ende des Premierministers. In der kleinen Synagoge brennen Lichter. Sie wurde nahe dem Platz errichtet, in dem bis zu dem berüchtigten Pogrom von 1929 die Avraham-Avino-Synagoge stand. Damals rebellierten die Araber dagegen, dass unter der britischen Mandatsherrschaft nach dem Ersten Weltkrieg 120 000 jüdische Einwanderer binnen weniger Jahre nach Palästina kamen. Das einstmals erträgliche Verhältnis zwischen Muslimen und Juden war zu Ende.

Große Transparente blicken von der Außenfassade des jüdischen Viertels auf die ärmlichen Verkaufsstände arabischer Gemüsehändler. „Dieser Markt wurde auf jüdischem Land errichtet, das nach dem arabischen Massaker an Juden im Jahre 1929 gestohlen wurde", heißt es darauf in hebräischer, englischer und arabischer Sprache. Dass die Hebroner Juden und mit ihnen die Erbauer der Avino-Synagoge sich im 16. Jahrhundert auf der Flucht vor der katholischen Wiedereroberung Spaniens ins Reich des Kalifen retteten, interessiert nicht. Aber es zu wissen, wäre gut für das erhoffte Zusammenleben.

EIN BÖSER SCHWUR

Von nahen Dächern blicken schussbereit Wachposten in die Runde. Auf dem Festplatz sind Kinder weit in der Überzahl. Das Haar verheirateter Frauen ist züchtig verhüllt. Gehorsam befolgen die religiösen Siedler das Gebot, fruchtbar zu sein und sich zu mehren. Fruchtbar sind auch die Palästinenser. Im Heiligen Land ist ein Krieg der Gebärmütter im Gang.

Extremisten machen sich gut vor Kameras. Fachleute schätzen die Zahl der gewaltbereiten Radikalen und ihres Umfeldes in den besetzten Gebieten und im alten Israel auf etwa 15 000. Aber sogar die Zahl der Siedler ist umstritten. Sie selber geben als jüngste Zahl 146 000 an. Davon sind 84 000 Kinder. Die Regierung geht von 120 000 bis 130 000 aus. Die Versöhnungsgruppe Peace Now spricht von weniger als 100 000 und nimmt an, dass 80 000 bis 90 000 eine realistische Angabe wäre. Unter Rabin ist kein einziger entfernt worden. Wichtiger als diese abstrakten Zahlen ist das Ergebnis von Umfragen unter den Siedlern: 80 000 sagen, sie würden wieder gehen, wenn sie anderswo eine erschwingliche Wohnung oder ein Auskommen fänden. Dazu wären finanzielle Anstrengungen der Regierung nötig. „Aber die vertraut darauf, dass die Leute von selber gehen werden, wenn die Verhältnisse nur schwierig genug werden", lautet eine verbreitete Ansicht. Etwa 2000 Siedler sind in den beiden letzten Jahren abgewandert. Häuser sind in den besetzten Gebieten nur noch schlecht zu verkaufen. Der Abzug der israelischen Truppen wird unter dem neuen Premier Schimon Peres planmäßig fortgesetzt. Auf dem nach Rabin umbenannten Platz in Tel Aviv, wo der Premierminister ermordet wurde, löschen Sturm und Regen die vielen tausend Kerzen und Aufschriften aus, die trauernde Israelis anbrachten.

Straßenreiniger kratzen Wachsreste weg. Den erwähnten Todes-
fluch gegen Rabin gab es tatsächlich. Die Zeitschrift *Jerusalem
Report* berichtet von einer Versammlung kabbalistischer Rabbiner, die gegen ihn wegen seiner „lästerlichen Politik" die Pulsa
denura – die Peitsche des Feuers – herabflehten, „und gegen ihn,
Yitzhak, Sohn der Rosa, ist es uns erlaubt, von den Engeln Zerstörung zu erbitten, dass sie das Schwert aufheben gegen diesen bösen Mann und ihn töten, weil er das Land Israel unseren Feinden,
den Söhnen von Ismael, ausliefern will". Ein Rabbiner aus Jerusalem, der zur rechtsextremen Kach-Bewegung von Meir Kahane gehört, verlas sie am Vorabend des Feiertages Jom Kippur vor
Rabins Haus. Der Fluch sollte binnen 30 Tagen in Erfüllung gehen, das heißt bis Anfang November. Die Ausgabe der Zeitschrift
wurde vor Rabins Tod gedruckt.

Erschienen am 11. November 1995

GAZA, STADT DER RACHE

2012

*Wo einst Wüste war, ist heute eines der am dichtesten
besiedelten Gebiete der Welt*

Am Rande von Gaza, das damals nur 15 000 Einwohner
zählte, erblickte der englische Reisende Alexander William Kinglake zu Anfang der Vierzigerjahre des 19. Jahrhunderts ein Dünenmeer. Um es zu durchqueren und an sein
Reiseziel Kairo zu gelangen, musste er Dromedare anheuern,
„Wüstenschiffe", wie er sie nannte, sowie Beduinen, die ihn sicher
durch ihr Stammesgebiet geleiteten. Binnen weniger Tage hatte sein griechischer Dolmetscher Dimitri mit dem osmanischen
Gouverneur der Stadt alles arrangiert und die nötigen Einkäufe
getätigt: ein kleines Zelt, zwei Säcke mit getrocknetem Brot aus
einem Kloster in Jerusalem, einige Flaschen Wein, Zucker, Tee,
eine Terrine mit Butter, Holzkohle und das Wichtigste: Ziegenhäute, gefüllt mit Wasser. Zehn Tage nach seinem Aufbruch war
Kinglake in Ägypten.

Wo einst Wüste war, ist heute eines der am dichtesten besiedelten Gebiete der Welt – und eines der umkämpftesten. Diese
Woche flogen Raketen von dort nach Israel, der jüdische Staat
schlug mit aller Härte zurück: Krieg auf historischem Boden. In
der Bronzezeit war Gaza immer die wichtigste Station auf dem
Küstenweg zwischen dem Niltal, der Levante und Mesopotamien
sowie für den Handel mit der Arabischen Halbinsel. Pharaonen
und Herrscher Assyriens brachten es zeitweilig in ihre Gewalt. Im
zwölften Jahrhundert vor Christus wurde es eine der fünf Städte
der Philister. Auf sie geht das arabische Wort Filistin – Palästina –
zurück. Israeliten, Perser, Alexander der Große, Römer, Byzantiner, Araber, Kreuzritter, Mongolen, Mameluken, osmanische
Türken, zuletzt die Briten eroberten die Stadt, richteten Zerstö-

rungen an, bauten sie wieder auf, brachten ihre Religionen mit. Von dem übermenschlich starken Samson dem Philister erzählt die Bibel (Buch der Richter, Kapitel 16): „Er ging hin gen Gaza und sah daselbst eine Hure und kam zu ihr." Die Versuche der „Gaziter" (Luther), ihn umzubringen, waren ein Vorspiel zu dem, was ihm Delilah antat. Sie schnitt ihm im Schlaf das Haupthaar ab, das Geheimnis seiner Kraft, er wurde überwältigt, geblendet und musste im Kerker von Gaza eine Mühle drehen. Doch noch ein einziges Mal gewann er seine Stärke zurück, riss die tragenden Säulen des Fürstenpalasts ein und nahm Ungezählte mit in seinen eigenen Tod. John Milton dichtete darüber seinen „Samson Agonistes". Aldous Huxley schrieb danach 1936 seinen Bestseller „Eyeless in Gaza". Beim Hebron-Tor wurde noch lange ein dem Samson gewidmetes Heiligtum gezeigt. Abu l'Azm, Vater der Stärke, nannten ihn die Araber.

DAS BAD IST OFFEN – WENN NICHT GESCHOSSEN WIRD
In der Stadt Gaza, wo heute eine halbe Million Menschen lebt, sind wichtige Monumente erhalten. Die Omari-Moschee, vorübergehend die Kreuzritter-Kathedrale Johannes der Täufer, hat ihre gotische Architektur aus jener Zeit behalten. Das Museum der Stadt befindet sich in der Zitadelle aus der Mameluken-Zeit, die erst im vergangenen Jahrzehnt aufwendig restauriert wurde. Die Kirche Sankt Porphyrius aus dem vierten Jahrhundert hat ihre jetzige Form während der Kreuzzüge erhalten. Sie ist das Zentrum der orthodoxen Gemeinschaft. Ein osmanischer Hammam (ein Badehaus) wurde erst in jüngster Zeit erneuert. Wenn nicht geschossen wird, ist er geöffnet, für Männer und Frauen zu unterschiedlichen Zeiten. Im relativ gepflegten Rimal-Viertel, nahe am Meer, ist als schüchterner Versuch, sich der Konsumkultur anzugleichen, die Gaza Mall mit Läden und Schnellrestaurants entstanden. Der Museumshügel ist mit einem reichen archäologischen Museum, einem Kulturzentrum, einem Café und dem Ausblick auf das Meer eine Oase der Ruhesuchenden.

In dem als Gazastreifen bekannten Territorium zwischen dem Mittelmeer im Westen, der 51 Kilometer langen Grenze zu Israel im Norden und Osten und der elf Kilometer langen Grenze zu Ägypten überleben auf 365 Quadratkilometern 1,7 Millionen Palästinenser. Wirklich Einheimische sind die wenigsten. Denn bei Ausbruch des Ersten Weltkriegs 1914 hatte das Gebiet nur 42 000 Einwohner, im Jahre 1935 nur noch 32 000. Die Mehrzahl der jetzigen Bewohner aber ist schon im Gazastreifen geboren, ihre Eltern kamen nach 1948 überwiegend als Flüchtlinge aus Israel. Fast die gesamte Bevölkerung besteht aus sunnitischen Muslimen, doch gibt es eine kleine christliche Minderheit. Drei Viertel sind jünger als 25 Jahre, mehr als 45 Prozent sind arbeitslos. Mit einer Geburtenrate von 3,2 steht Gaza in der Weltliste des Bevölkerungswachstums an siebenter Stelle.

DER LÖWE VON FALLUDSCHA

„Die Stadt liegt inmitten von Baumgärten", schrieb der Baedeker vor hundert Jahren. Er rühmte „die Fülle von Grundwasser". Das hat sich gründlich geändert. Es fehlt an Trinkwasser, Strom, Medizin, Entsorgung und sonstigen modernen Infrastrukturen.

Wenn der palästinensisch-israelische Konflikt der Ursprung des großen gordischen Knotens im Nahen Osten ist, dann ist Gaza seit mehr als einem halben Jahrhundert der Zünder. Hier war schon bald nach der Gründung Israels und der ersten arabischen Niederlage eine einmalige Chance verpasst worden. Von Ägypten, Syrien und Jordanien waren zu jener Zeit mit amerikanisch-britischer Nachhilfe Friedensfühler ausgestreckt worden. Doch am 28. Februar 1955 befahl und inszenierte Israels Verteidigungsminister David Ben-Gurion einen Überfall auf Gaza, eine kurze Kommandoaktion mit fünf Dutzend israelischen Fallschirmjägern, deklariert als „Vergeltung für Überfälle palästinensischer Freischärler nach Israel". Von hier führte der Weg direkt in das gemeinsame israelisch-britisch-französische Suez-Abenteuer von 1956, in den Sechstagekrieg von 1967, in die fortgesetzte Besetzung des Westjordanlandes und Gazas.

„Gaza war Rache für nichts", sprach Ägyptens Präsident Gamal Abdel Nasser, für den Ben-Gurions Gaza-Unternehmen einen „Wendepunkt" bedeutete. Selber hatte er sich nur wenige Jahre zuvor im Gazastreifen seine Sporen verdient. Während die arabischen Armeen im Mai 1948 auf allen Fronten vor den Streitkräften des jungen jüdischen Staates zurückwichen, hielten sich 4000 Ägypter unter dem Befehl des jungen Obersts Nasser monatelang eingeschlossen in Falludscha, 30 Kilometer nordöstlich

*Elend in Zelten und Wellblechhütten: 16 000 palästinensische Flücht-
linge in einem Lager bei der jordanischen Hauptstadt Amman, 1970*

von Gaza-Stadt. Dass er als „Löwe von Falludscha" populär wurde, half ihm, der starke Mann des Komitees der Freien Offiziere zu
werden, die bald die Macht in Kairo übernahmen.

Nachdem die Palästinensische Befreiungsorganisation PLO
1993 das Osloer Abkommen mit den Israelis geschlossen hatte,
wurde die Verwaltung von Gaza (wie die von Jericho im Westjordanland) einer Palästinensischen National-Behörde PNA übertragen.
Unter Yassir Arafat wurde Gaza erste Provinzial-Hauptstadt. Der
neue Palästinensische Nationalrat hielt dort im März 1996 seine
Gründungssitzung. Im Jahr 2005 zogen die Israelis ihre Truppen
aus dem Gazastreifen ab. Tausende jüdische Siedler gingen mit
ihnen, freiwillig oder gezwungen.

Die oft gewaltsame Rivalität zwischen der Fatah-Bewegung,
von der die PLO beherrscht wird, und der in Gaza dominieren-
den Hamas mündete im Januar 2006 in den ersten wirklich freien
Wahlen in einem arabischen Land des Nahen Ostens, als es um die

Araber gegen Araber: Palästinensische Guerilla-Kämpfer suchen Schutz in einem von der jordanischen Armee zerstörten Haus, 1970.

Bestellung der gesetzgebenden PNA-Versammlung ging, in einen Sieg der Hamas. Fatah verschleppte die fällige Übertragung von Gewalten, und im folgenden Jahr entmachteten Hamas-Kämpfer die Fatah-Kräfte im Gazastreifen, der seither de facto unter ihrer Kontrolle steht. Die Hamas baut Moscheen, verbessert die Gesundheitsversorgung, bekämpft erfolgreich Kriminalität, Korruption und „Auswüchse westlicher Lebensart". Alkohol gibt es nicht mehr. Umgekehrt wurden die Hamas-Mitglieder des PNA-Kabinetts in Ramallah entlassen. Die Zwei-Staaten-Lösung im Palästinakonflikt war so nicht gedacht.

Da Israel die Hamas und ihre Regierung nicht anerkennt, wurde über den Gazastreifen als Repressalie eine Blockade verhängt. Die Streichung westlicher Hilfsgelder verschärft noch die Misere. Schon als die Israelis im Dezember 2008 mit ihrer Operation „Gegossenes Blei" ihre bisher massivste Offensive gegen Gaza unternahmen, war – wie jetzt wieder – ständiger Raketenbeschuss von palästinensischer Seite auf Siedlungen im Süden des Landes die offizielle Begründung. Die Hamas spricht von Vergeltung für gezielte Tötungen palästinensischer Aktivisten und für die Blockade. Zwischen 17. Dezember 2008 und 18. Januar 2009 kamen mehr als 1300 Menschen durch israelische Bomben, Raketen und Granaten ums Leben, laut Hamas-Angaben zwei Drittel Frauen und Kinder. „Gegossenes Blei" ist der Titel eines Kinderliedes zum jüdischen Lichterfest Chanukkah. Wer denkt sich so etwas aus?

Der Oxforder Historiker Avi Shlaim, der früher einmal in der israelischen Armee diente, fand damals, die Gaza-Offensive habe die Logik befolgt „ein Auge für eine Wimper". Der General Schmuel Zakai, ehemaliger Kommandeur der israelischen Truppen im Gaza-streifen, sagte aus gleichem Anlass der Zeitung *Haaretz*: „Wir hätten die Blockade in einer Weise lockern sollen, die den Palästinensern, der Hamas verständlich macht, dass es ihren Interessen dient, wenn sie das Feuer einstellen. Aber wenn man eine Tahadijeh (Waffenruhe) schafft und der wirtschaftliche Druck auf den Streifen hält an, dann wird Hamas offensichtlich versuchen, eine verbesserte Tahadijeh zu erreichen, und der Weg dazu sind neue Qassam-Raketen."

Nur noch eine Fußnote in der fünftausendjährigen Geschichte Gazas ist, dass die Stadt im März und April 1917 von dem deutschen General Friedrich Kress von Kressenstein, der hier die verbündete osmanische Armee befehligte, erfolgreich gegen die Briten verteidigt wurde. Er schlug zwei ihrer Angriffe ab. Sein Gegner, General Dobell, wurde deshalb abgesetzt. Erst dessen Nachfolger Allenby umging Gaza und zog direkt gen Jerusalem.

Erschienen am 24. November 2012

TÜRKEI

• Aleppo

• Raqqa

• Latakia

Deir el-Sar •

Mittel-
meer

• Hama

• Homs

SYRIEN

LIBANON

■ Damaskus

IRAK

JORDANIEN

SAUDI-
ARABIEN

50 km

SYRIEN

So zerbricht und verbrennt
ein uraltes Kulturland, das schon
von Griechen und Römern,
Kreuzfahrern und Mongolen, Türken
und Briten bestürmt wurde.

„Meisterwerke des Mordens": Präsident Assad setzt auf Härte. Rettungskräfte in Aleppo nach einem Bombenangriff der Regierungsarmee.

W as in Syrien geschieht, wirkt wie die Antithese zu jener sprühenden amerikanischen Fortschrittsgläubigkeit, mit der Francis Fukuyama nach dem Fall der Berliner Mauer das „Ende der Geschichte" ausrief, den Triumph der westlichen Werte. Kurz, sehr kurz, während des Arabischen Frühlings 2011, schien sich genau dies in Syrien abzuzeichnen, einem der hartleibigsten Regime des Nahen Ostens und Erzfeind des benachbarten Israel. Auch in Damaskus und Aleppo gingen meist junge Menschen auf die Straße, verlangten Mitbestimmung und ein Ende der Diktatur.

Doch sie hatten diese unterschätzt. Präsident Baschar al-Assad ließ die Polizei das Feuer eröffnen, Demonstranten in Folterkellern verschwinden, setzte auf unbarmherzige Härte. Doch da waren die Geister schon aus der Flasche entwichen. Seither hat sich der Protest zu einem Bürgerkrieg entwickelt, dessen Fronten kaum noch zu entwirren sind. Im Kampf gegen das Regime konkurrieren verschiedene Widerstandsgruppen, wobei die Fundamentalisten des IS wie im Irak an Boden gewonnen haben und die Gemäßigten geschwächt sind. Das Regime hielt sich durch Terror, Benzinbomben und sogar Giftgas. Die syrische Schriftstellerin Samar Yazbek verbrachte einige Zeit im Gefängnis, kam aber mit dem Schrecken davon. In den Kellern der Geheimpolizei sah sie Leichen und entstellte Gefangene. „Es ist die Hölle", schrieb sie über jene „Meisterwerke der hohen Kunst des Mordens und des Folterns". Die internationale Gemeinschaft ist gespalten und greift nicht ein.

So zerbricht und verbrennt ein uraltes Kulturland, das schon von Griechen und Römern, Kreuzfahrern und Mongolen, Türken und Briten bestürmt wurde und mit Damaskus und Aleppo zwei der historisch wertvollsten Städte der islamischen Welt besitzt. Jahrzehntelang, spätestens seit der Machtübernahme von Baschars Vater Hafez el-Assad 1970, war es eine Diktatur. Anders als Ägypten, Jordanien oder die PLO suchte sie niemals einen Ausgleich mit Israel, von dem es 1948, 1967, 1973 und 1982 militärisch geschlagen wurde. Israel hat die 1967 besetzten Golanhöhen längst annektiert, hält sich aber bislang weitgehend aus dem syrischen Debakel heraus. Syrien ist noch immer im benachbarten Libanon aktiv, dessen Politik es lange Zeit dominierte.

Beliebter Treffpunkt: Aleppos Zitadelle vor dem Krieg

EINE LUFTBRÜCKE
IN DIE
ERSATZBASTION

1972

Moskaus Militärhilfe für Syrien.
Einem Freundschaftspakt mit der UdSSR
hat sich Damaskus entzogen

Auf der Piste rollen zwei Antonov-Transporter aus. Mitten in der Syrischen Wüste, zweihundert Kilometer nordöstlich von Damaskus, nahe der Pumpstation T 4, die bis vor kurzem das Erdöl der jetzt verstaatlichten Iraq Petroleum Company (IPC) von Kirkuk ans Mittelmeer schaffte, ist ein Militärflugplatz entstanden. Über den flachen Wölbungen der Flugzeugbunker, die in Zukunft ein Debakel wie im Junikrieg 1967 verhindern sollen, flimmert die Luft vor Hitze. Auf dem Kamm hoher Sanddünen drehen sich die Suchschirme gigantischer Radaranhänger. Aus Bodenwellen ragen Funkantennen, Leitradare für Flugabwehrraketen, Flakgeschütze. „Militärgebiet – photographieren verboten", steht auf Tafeln an der Wüstenstraße. Ob die viermotorigen Transporter direkt aus der Sowjetunion, ob sie vom Mittelmeerhafen Banias oder ob sie von anderswo kommen, bleibt unerforscht.

Flink springt der Gecko in eine Spalte zwischen den Trümmern, einer römischen Säule. Dutzende Male hat ihn an diesem Morgen der Triebwerkdonner einer startenden MiG 21 von seinem Ausguck gejagt. Auch bei der Ruinenstadt Palmyra, noch 60 Kilometer weiter östlich als T 4, lebt die Wüste. Wo vor dem Sechstagekrieg Touristen nach gemütlichem Flug mit einem Luftveteranen auf einer Schotterpiste landeten, um Grabtürme, Tempel, Theater und andere Reste der Karawanenoase von Königin Zenobia zu besichtigen, übt jetzt die syrische Luftwaffe. Die natürliche Ebene einer Salzpfanne hat hier die Anlage eines zweiten Flugplatzes begünstigt.

Die Zeitungen im benachbarten Libanon sind voll von Nachrichten über eine Luftbrücke, welche die Russen im Verein mit den Syrern zwischen Odessa und Damaskus errichtet haben sollen. „Vier Antonov 12 mit Waffen und Ausrüstung am Samstag in der syrischen Hauptstadt gelandet", meldet die größte Beiruter Zeitung *An Nahar*. Vier weitere Antonov und eine Iljuschin 62 mit einem Hundert sowjetischer Militärexperten kamen am Dienstag, berichtet das Blatt. Auch das amerikanische Verteidigungsministerium hat bereits zweimal seine Unruhe über verstärkte russische Waffenlieferungen an Syrien betont. Ob ein halbes Dutzend Flugzeuge mehrmals in der Woche die stolze Bezeichnung Luftbrücke verdient, kann im Zweifel bleiben. Fest steht, dass Moskau sein Engagement in Syrien und den Rückhalt, den es der Armee des Baath-Regimes gibt, in jüngster Zeit verstärkt hat. Im Hintergrund steht die Drohung, dass Israel sich nach den Schlägen gegen den Libanon nun gegen Syrien wenden könnte. Beachtung findet in diesem Zusammenhang ein Bericht des Damaszener Korrespondenten der Zeitung *Sowjetrussland,* der beim syrischen Volk „eine immense Begeisterung und den Willen, das Vaterland zu verteidigen", konstatiert. Die Syrer seien davon überzeugt, „dass die Vorhaben Israels und der imperialistischen Kreise, die es unterstützen, zum Scheitern gebracht würden", schreibt der sowietische Journalist.

Gleichzeitig wird jedoch das Bestreben der Russen sichtbar, als Ersatz für die verlorene ägyptische Position, gestützt auf Syrien und den Irak, eine nördliche Ersatzbastion aufzubauen. Zu diesem Zweck müssten zunächst die beiden Baath-Flügel, die in Damaskus und Bagdad regieren, ausgesöhnt werden. Ein sowjetischer Erfolg, die zerstrittenen Progressisten zusammenzuführen, zeichnet sich zunächst nicht ab. Allerdings meldete die rechtsstehende Beiruter Zeitung Al Haiat, der syrische Präsident Assad habe seinen im Bagdader Exil lebenden Vorvorgänger Amin Hafez und 75 von dessen Anhängern begnadigt, aber hierfür gibt es bislang keine Bestätigung. Sodann müsste auch Syrien, wenn möglich, in das enge Verhältnis eines Freundschaftspaktes gebracht werden, in dem seit dem Frühling der Irak zur Sowjetunion steht und das auch einst die Beziehungen zu Ägypten prägte. Damaskus hat sich aber mehrfachem Werben Moskaus bisher verschlossen, was auf gut arabisch dadurch kompensiert wird, dass man wie nach einer Unterredung Assads mit dem sowjetischen Botschafter Mohieddinov „die vorzüglichen Beziehungen" und „den Wunsch, sie noch mehr zu verbessern" hervorhebt.

Syrien ist andererseits durch seine Stellung im nahöstlichen Kräftespiel geeignet, den Hebel abzugeben, mit dem sich eine separate Lösung des Konflikts stören ließe, die der ägyptische Präsident Sadat an den Russen vorbei suchen könnte. Die Syrer haben von einer solchen Lösung nichts zu erhoffen, da die Israelis wiederholt zu verstehen gaben, sie würden die besetzten Golanhöhen nicht wieder verlassen. Der Beiruter *Nahar* weiß zu berichten, in diesen Tagen sei in Syrien auch eine geheime sowjetische Waffenlieferung, die erste einer ganzen Serie, an die Fatah eingetroffen. Die Russen sollen diese Lieferungen dem Kommandoführer Yassir Arafat bei dessen Moskauer Besuch im Juli zugesagt haben. Falls es zuträfe, dass die Russen eigenständige diplomatische Initiativen Kairos nach der Ausweisung ihrer Militärberater über die Fedajin sabotieren wollten, so wäre es nur folgerichtig, dass sie Syrien gegen israelische Repressalien besser schützen müssten. Sowjetische Waffen für die Guerillas wären allerdings ein Novum. In der Vergangenheit hat sich Moskau gegenüber Wünschen der Partisanen stets zugeknöpft gezeigt.

Günstiger als in Syrien stehen die Voraussetzungen für die Errichtung einer Achse mit dem Irak. Durch die Verstaatlichung der IPC ist der Irak seit dem Frühling auf dem Löwenanteil seines Erdöls sitzengeblieben. T 4 und die anderen Stationen pumpen nur noch für den Hausgebrauch. Die Finanzlage in Bagdad ist so desperat, dass man bereits – analog zu Kuba, das seinen Zucker wegen amerikanischen Boykotts nicht mehr verkaufen konnte – von einem möglichen Beitritt des Irak zum Comecon spricht. Als Resultat des Staatsbesuchs von Präsident Hassan el Bakrs in Moskau ist ferner mit der Lieferung neuer Ausrüstung für die irakische Armee zu rechnen, die seit 1967 nichts Nennenswertes mehr erhalten hat. Der Kommandeur der sowjetischen Luftwaffe, Marschall Papalatyan, befindet sich seit dem Wochenende in Bagdad.

Erschienen am 2. Oktober 1972

VOM ÉLYSÉE AUS DER QUARANTÄNE BEFREIT

2008
Frankreichs Präsident Sarkozy kommt dem Syrer Assad entgegen, der revanchiert sich und will diplomatische Beziehungen zu Beirut aufnehmen

Nicolas Sarkozy kommt Baschir al-Assad sehr weit entgegen. Frankreichs Präsident schreitet die Stufen des Élysée-Palasts hinab, um den syrischen Staatschef vor dessen Limousine zu begrüßen, herzlich lächelnd und mit langem Handschlag, eine Ehre, die längst nicht allen Besuchern zuteil wird. Politisch reicht das Entgegenkommen des Gastgebers noch weiter. Er hat den Syrer durch seine Einladung zur Mittelmeer-Konferenz und zur Parade an diesem 14. Juli aus der Quarantäne befreit, in der er sich seit der Ermordung des libanesischen Premiers Rafik Hariri vor dreieinhalb Jahren befand.

Über Menschenrechte, Demokratie und andere heikle Themen wird unter den neuen Freunden höchstens am Rande gesprochen, denn es gibt Wichtigeres. Noch immer gilt für den Nahen Osten die eiserne Regel: Es gibt keinen Krieg ohne Ägypten und keinen Frieden ohne Syrien. Und schon am Vorabend, bevor sich 43 Staats- und Regierungschefs aus der EU und von den anderen Ufern zur Gründung der Mittelmeerunion versammeln, bestätigt Assad, dass in der Türkei soeben die dritte Runde indirekter syrisch-israelischer Kontakte stattgefunden hat. Für offizielle Gespräche mit dem jüdischen Staat weist Assad den Franzosen eine wichtige Rolle zu. Er wünscht sich, „dass Frankreich, zusammen mit den USA, seinen vollen Beitrag zu einem Friedensvertrag zwischen Israel und Syrien leisten wird". Vor der amerikanischen Präsidentenwahl erwartet Assad freilich keine entscheidenden Schritte mehr – genau wie die Israelis, deren affärengeschwächter Premier Ehud Olmert einer Räumung der besetzten Golan-Höhen derzeit kaum zustimmen könnte. Ohne Rückgabe der besetzten Gebiete gäbe es aber keine Unterschrift Assads.

Er, der Paria von gestern, ist der Star der Konferenz. Zusammen mit seiner eleganten Frau Asmaa, die in Großbritannien geboren und zur Informatikerin ausgebildet wurde, ist er in einem Airbus gekommen, den ihm kürzlich der Herrscher von Katar, Hamad Bin-Chalifa al-Thani, geschenkt hat. Obgleich Katar weit vom Mittelmeer am Persischen Golf liegt, ist der Emir eine andere Schlüsselfigur des Treffens. Durch seine so helfende wie spendable Hand wurde die libanesische Dauerkrise gelöst: Ende Mai konnte nach 19 vergeblichen Anläufen endlich der General Michel Suleiman zum Präsidenten des Libanon gewählt werden, und vorige Woche bekam das Land unter seiner Führung eine Regierung der nationalen Einheit. Die bisherige pro-syrische Opposition – und in ihr die schiitische Hisbollah – hat im Kabinett eine Sperrminorität.

Der Emir von Katar sitzt zwischen Suleiman, Sarkozy und Assad auf der Tribüne, als Sarkozy der Presse einen ersten Erfolg verkündet. Syrien und der Libanon nehmen diplomatische Beziehungen auf und werden Botschafter austauschen. Dies ist ein Schritt, nicht unähnlich der einstigen Eröffnung der ständigen Vertretung der Bundesrepublik in Ostberlin. Nach dem Ersten Weltkrieg hatte die damalige französische Mandatsmacht den Libanon aus dem historischen Syrien herausgeschnitten. Niemals seit der Unabhängigkeit Syriens und des Libanon vor sechs Jahrzehnten hatte Damaskus Libanons volle Eigenstaatlichkeit anerkannt. Diese bedeutende Konzession Assads honoriert Sarkozy, indem er Syrien schon Mitte September einen Staatsbesuch abstattet. Er sieht in der Mittelmeerunion zusammen mit dem soeben begonnenen EU-Vorsitz Frankreichs eine doppelte Chance, in das Vakuum zu stoßen, das im Nahen Osten durch den Präsidentenwechsel in Washington entsteht.

Sarkozy hofft, für Paris wieder eine Rolle in der Region zu erlangen, die jene der anderen EU-Staaten überragt. General de Gaulle hatte dies vor vierzig Jahren durch einen radikal pro-arabischen Schwenk in seiner Nahost-Politik geschafft. Im Unterschied zu ihm und allen anderen Vorgängern im Élysée nennt sich Sarkozy „Freund Israels" und glaubt, dass er Tel Aviv gerade deshalb zu Konzessionen gegenüber den Palästinensern bewegen kann. Für seine Avancen gegenüber Assad beruft sich der Präsident auf die Ermächtigung aller EU-Mitglieder. „Sogar unsere amerikanischen Freunde sind überzeugt, dass dies nützlich war", beteuert er.

Gemeinsam mit dem ägyptischen Staatschef Hosni Mubarak wird Sarkozy die erste Präsidentschaft der Mittelmeerunion übernehmen. Am Rande der Konferenz wird aus palästinensischen Kreisen bekannt, dass sowohl Kairo als auch Damaskus versuchen, die Fatah-Verwaltung von Palästinenser-Präsident Mahmud Abbas im Westjordanland und die Hamas-Bewegung im Gaza-Streifen zu einem Kompromiss zu bewegen. Angeblich wird bereits über eine Formel verhandelt, der beide Seiten zustimmen können. Diese wäre die Voraussetzung für haltbare Fortschritte in Gesprächen mit den Israelis. „Nie waren die Aussichten auf eine Lösung besser", sagt Abbas in Paris. Und Olmert unterstützt ihn darin.

Unter der hohen Glaskuppel des Grand Palais, das für die Weltausstellung von 1900 gebaut und gerade renoviert wurde, sitzt Assad nach alphabetischer Ordnung zwischen dem Italiener Silvio Berlusconi und dem irischen Regierungschef Brian Cowen. Olmert ist am großen hufeisenförmigen Tisch genau gegenüber platziert. Außer Sichtkontakt ist jedoch nichts vorgesehen. Kein Händedruck, kein gemeinsames Foto. Sarkozy hat Assad ersucht, seinen Einfluss in Teheran geltend zu machen, um die Iraner zum Einlenken im Atomstreit zu bewegen. Doch der Syrer ist offensichtlich nicht bereit, auf bestehende Allianzen so ohne weiteres zu verzichten. Schon im Interview mit dem *Figaro* hatte er betont, es liege im prinzipiellen Interesse Syriens, zu den beiden großen Regionalmächten Türkei und Iran enge Beziehungen zu unterhalten. „Teheran hat nicht die Absicht, Atomwaffen zu besitzen", sagt er auf der Pressekonferenz. Hier verlasse sich Assad auf die Zusicherungen der Iraner, hält Sarkozy entgegen. „Also bitten wir Syrien, Iran davon zu überzeugen, Beweise zu liefern, nicht nur Absichtserklärungen."

Der große Abwesende im Grand Palais ist der libysche Revolutionsführer Muammar al-Gaddafi. Er hatte das Projekt der Mittelmeerunion immer als untauglich und als neokolonialistischen Versuch verhöhnt, die arabische Welt und Afrika zu spalten. Am Vorabend des Pariser Treffens lieferte er Journalisten in Tripolis nochmals eine dreiviertelstündige Begründung, weshalb er „seinem lieben Freund Sarkozy" stets von der Sache abgeraten habe. „Ich sagte ihm, man müsse Staaten mit schwierigen Problemen ausschließen, damit der Plan nicht scheitert, nämlich die Nahost-Staaten, die asiatischen Staaten." Dort redeten die Völker durch Raketen und Massaker miteinander. Nicht einmal die Führer der Maghreb-Union hätten sich „in den letzten zehn Jahren getroffen".

Der türkische Premier Recep Tayyip Erdogan kam, obwohl Sarkozy ein entschiedener Gegner einer EU-Mitgliedschaft der Türkei ist. Ankaras Unterhändler hatten, wie es heißt, vorab erreicht, dass in den Entwurf des Schlussdokuments aufgenommen wurde, eine Vollmitgliedschaft der Türkei werde durch die Mittelmeerunion nicht behindert. Außerdem braucht Erdogans Partei Rückhalt bei der EU unter Sarkozys Vorsitz, falls sie vom türkischen Verfassungsgericht für ungesetzlich erklärt werden sollte. Algeriens Präsident Abdelaziz Bouteflika hatte mit seiner Zusage lange gewartet. Man habe erst sicher sein wollen, dass die neue Union „einen Mehrwert" gegenüber dem Barcelona-Prozess bedeute, erklärt sein Außenminister Mourad Medelci. Niemand hatte damit gerechnet, dass der marokkanische König Mohammed VI. ausbleiben würde. Er musste dann aber plötzlich eine Reihe von Baustellen in Oujda und Nador im Norden seines Reiches einweihen und schickte seinen Bruder Prinz Moulay Raschid. Auf ähnliche Weise entschuldigte sich König Mohammed II. von Jordanien. Er machte Ferienpläne in den Vereinigten Staaten geltend, die von langer Hand vorbereitet worden seien. Statt seiner kam Premierminister Nader Dahabi.

Ausfälle gibt es auch auf französischer Seite. Ex-Präsident Jacques Chirac ist nicht auf den Empfängen im Umfeld der Konferenz zu sehen und wird während der Parade zum 14. Juli nicht auf der Ehrentribüne sitzen. Er war es, unter dem Frankreichs Kontakte zu Syrien eingefroren wurden. Und seit er vor einem Jahr am Ende seiner Amtszeit den Élysée verlassen musste, lebt er in einer Wohnung am Seine-Ufer, die ihm die Familie Hariri zur Verfügung gestellt hat. Offensichtlich hat die Euphorie im Grand Palais nicht die Völker erfasst. „Marokkanern, Algeriern und Tunesiern sind Arbeitsplätze und Visa wichtiger als die Säuberung des Mittelmeers und Schifffahrtsstraßen", meldet die französische Zeitung *Le Monde* von der anderen Seite des Mittelmeers.

Erschienen am 14. Juli 2008

DIE CRUX
MIT DEM MORGENLAND

2012
Ob Algerien oder Syrien: Nicht was
geschieht, ist entscheidend, sondern
wie es wahrgenommen wird

Wer erinnert sich noch an Bentalha, jenes Dorf in der frucht-baren Mitidscha-Ebene, etwa 15 Kilometer südöstlich von Algier? Jeder Algerier, aber kaum jemand im Rest der Welt. In der Nacht zum 23. September 1997 drangen dort Bewaffnete aus den nahen Orangen-Hainen ein und schlachteten mehr als 200 Bewohner, Männer, Greise, Frauen und Kinder, mit Messern, Äxten, Schusswaffen. Es war ein Massaker von Dimensionen des Schreckens, die sich derzeit in Syrien wiederholen. Aber Bentalha war nur eines von 14 Massakern, die sich allein in jenem Jahr in Algerien ereigneten, wo der islamistische Untergrund und das Militär miteinander kämpften.

Den ausländischen Journalisten, die danach Bentalha aufsuchten, erzählten Kinder bereitwillig: „Sie waren schwarz gekleidet, sie trugen Leitern mit, sie schossen mit der ‚Kalsch' (Kalaschnikow), es waren mindestens 100." Allen Kindern hatte ein psychologisches Betreuungszentrum die Formel eingeprägt: „Man soll den 23. September als Tag der Barbarei im Gedächtnis behalten." Ein Jugendpsychiater erklärte den Drang, alle Grausamkeiten bis zur kleinsten Einzelheit zu schildern: „In unserer Kultur wirkt alles zusammen, um der Trauer Sichtbarkeit zu geben." Anders als in Europa werde die Ausdrucksfähigkeit nicht durch Scham gehemmt. Mobiltelefone, mit denen die Opfer von Gewalt heute Zeugnisse ihrer Leiden zeitgleich in alle Länder verschicken, hatten die Leute von Bentalha freilich nicht.

Während des Gemetzels kreisten Hubschrauber über dem Ort. Das Militär in seiner weniger als zwei Kilometer entfernten Kaserne hörte Schüsse und Schreie, griff aber nicht ein. Die Einwohner von Bentalha hatten in den ersten freien Wahlen von 1991 für die Islamische Rettungsfront FIS gestimmt, deren Wahlsieg die Generäle in einem Staatsstreich annullierten. Wahrscheinlich sympathisierten die Einwohner noch immer mit den Islamisten. Was in Bentalha geschah, sah nach einer vom Regime organisierten Strafaktion aus. Denn der militärische Arm der in die Illegalität getriebenen FIS hatte keinen Grund, seine eigenen Leute umzubringen.

Da Algeriens private Zeitungen zu jener Zeit bereits mehr Freiheit genossen als die Presse der Nachbarländer, stellte das größte Blatt *al-Watan* schon bald die Frage: „Wer tötet wen?" Überläufer aus der Armee erhärteten später durch Veröffentlichungen im Ausland den Verdacht, dass die Sicherheitsdienste islamische Extremisten für ihre Zwecke instrumentalisiert hatten. Durch sadistische Gräueltaten sollten sie ihre Bewegung in Verruf zu bringen. Der bekannteste Fall war der Mord an sieben französischen Mönchen des Trappistenklosters Thibirine, südlich von Algier. Sie wurden nach ihrer Entführung mit durchschnittener Kehle aufgefunden.

Durch Terrorismus und Repression kamen in Algerien während der 1990er-Jahre an die 200 000 Menschen ums Leben. Gleichwohl verfiel kein Mächtiger im Ausland auf den Gedanken, da müsse etwas geschehen, nicht in den arabischen Ländern, nicht jenseits des Mittelmeers oder des Atlantiks. Kein Sicherheitsrat befasste sich mit dem Bürgerkrieg unter Algeriern. Niemand predigte bewaffnete Intervention, um das algerische Volk vor seinen Terroristen und seinem Regime zu schützen. Im Gegenteil. Obwohl es niemand offen aussprach, waren die westlichen Kanzleien ganz zufrieden damit, dass die Generäle ihnen die islamistische Bedrohung vom Hals hielten.

Auch das ist längst vergessen: Auf der Suche nach gutem Rat, wie sich die grüne Flut eindämmen ließe, schickten die algerischen Militärs eine Delegation nach Damaskus. Hafis al-Assad, der Vater des jetzigen Präsidenten, hatte es ihnen vorgemacht, als er 1982 die Altstadt von Hama durch vierwöchigen Beschuss seiner Panzer und Artillerie einebnen ließ. Zwischen 20 000 und 30 000 syrische Muslimbrüder wurden dabei systematisch ausgerottet. Die Operation führte Assads Bruder Rifaat mit seinen „Sondertruppen" aus. Doch das scheint ihm niemand mehr übelzunehmen, denn er wurde inzwischen zum Regimegegner, der im Londoner und Pariser Exil residiert. Sogar die Muslimbrüder hatten in den Jahren vor Ausbruch der Revolte einige vergebliche Versuche gemacht, sich mit Assad jr. zu arrangieren. Jetzt sind sie unter seinen unversöhnlichsten Feinden, denn sie haben ihm seit Hama einiges nachzutragen.

WER TÖTET WEN? DIE ANTWORT: JEDER JEDEN

Dass die Fronten im syrischen Konflikt nicht mit holzschnittartiger Klarheit zwischen Gut und Böse verlaufen, hat die Wahrnehmung der westlichen Meinungsführer bis heute behindert. Nur Experten nehmen beispielsweise zur Kenntnis, dass Assads Verteidigungsminister orthodoxer Christ ist – so wie viele stellvertretende Kommandeure der Armee. Für ihre Gemeinschaft verheißt dies im Falle eines Sturzes des Präsidenten nichts Gutes. Die aus Algerien ererbte Frage „Wer tötet wen?" lässt sich hier relativ einfach beantworten: Zu Beginn waren fast ausschließlich Assads Schergen die Täter, jetzt morden beide Seiten mit gleicher Ruchlosigkeit. Die 108 Opfer von Haula waren einigen Darstellungen zufolge Alawiten, also Angehörige der Religionsgemeinschaft des Präsidenten, oder regierungstreue Sippen, die Mörder bewaffnete Sunniten.

Die Opposition profitierte indessen von Anfang an von dem Bonus, dass jeder Aufstand gegen eine despotische Herrschaft im Ausland zunächst als „Demokratie-Bewegung" bewertet wird. Sogar die Roten Khmer galten einmal bei angesehenen westlichen Stimmen zeitweilig als Demokraten, so lange sie nicht an der Macht waren. Und nach den jüngsten Entwicklungen in Ägypten und Tunesien ist es äußerst ungewiss geworden, dass der einst optimistisch begrüßte arabische Frühling die erhoffte Ernte von Freiheit und Reformen einbringt.

Wie in jeder Diktatur, genießen die syrischen Staatsmedien wenig Glaubwürdigkeit, weder beim eigenen Volk noch im Ausland. Wenn sie von terroristischen Banden sprechen, die das Ausland bewaffnet, hat dies immer den faden Geschmack von Propaganda. Kein anderes Medium wird hingegen in der arabischen Welt so viel gehört wie die Fernsehsender al-Dschasira und al-Arabija. Sie gehören Katar und Saudi-Arabien, zwei Staaten, die bei sich im Inneren jeden Ansatz zu Demokratie unterbinden, aber mit allen Mitteln am Sturz Assads arbeiten. Sie finanzieren die Opposition, sie liefern Waffen, sie verschaffen ihr mit amerikanischer Hilfe die modernen elektronischen Mittel zur Information und Desinformation. Das mag im Rahmen des größeren nahöstlichen Machtgezerres alles legitim sein, aber Objektivität ist unter solchen Voraussetzungen nicht zu erwarten.

Auch westliche Medien übernehmen weitgehend die Optik dieser beiden Quellen und oft ihr Bildmaterial. Nach dem Massaker von Hula illustrierte BBC World einen Bericht mit dem angeblichen Foto eines syrischen Aktivisten, auf dem ein junger Mann über Reihen weiß verhüllter Leichen springt. Als der italienische Fotograf Marco di Lauro empört protestierte, er habe dieses Bild vor Jahren in Irak gemacht, wurde es aus dem Programm genommen, ohne Entschuldigung oder ausdrückliche Berichtigung. Die Kontrollen, mit denen Medien von Weltgeltung noch nach der Wiederwahl des iranischen Präsidenten Mahmud Ahmadinedschad vor drei Jahren die ungezählten Video-Clips von Teheraner Amateuren auf Authentizität zu filtern suchten, funktionieren nicht mehr. Sympathie und die politisch korrekte Gesinnung sind im Falle Syrien vielfach wichtiger als Fakten.

Die Arabische Liga sucht die Betreiber der Satelliten Arabsat und Nilesat dazu zu bringen, die syrischen Programme, ob staatlich oder privat, nicht mehr auszustrahlen. Wenn sich die Liga-Mehrheit damit durchsetzt, so wie voriges Jahr in Libyen, können die Syrer keine eigenen Programme mehr sehen, denn der Empfang ist dort nur über Satelliten möglich. Ein terrestrisches Sendenetz gibt es nicht. Die TV-Bildschirme würden jedoch dadurch nicht schwarz bleiben. Propagandisten und Techniker der Regimegegner arbeiten mit unbegrenzten Mitteln daran, mit eigenen Programmen auf den bisher vom Staat kontrollierten Frequenzen in den Äther zu gehen. Moderne Bürgerkriege werden nicht mehr allein von bewaffneten Kämpfern entschieden. Auch die Computer-Fachleute mischen mit. Nicht was geschieht, ist entscheidend, sondern wie die Wirklichkeit wahrgenommen wird.

Erschienen am 18. Juni 2012

DIE LETZTE FUNDSTELLE FÜR 1001 NACHT

2012

*Das Wasser ist abgestellt – der Basar von Aleppo brennt,
eine der großen Kulturstätten des Nahen Ostens*

Der gedeckte Basar von Aleppo war der schönste zwischen Istanbul und Isfahan. Er kann es vielleicht wieder werden, denn seine Gewölbe bestehen überwiegend aus Stein und Mauerwerk. Das Feuer, das ihn im September 2012 während der Kämpfe zwischen Regierungstruppen und Rebellen erfasste und das am Wochenende immer noch nicht erloschen war, ist nicht das erste in seiner vielhundertjährigen Geschichte. Die Flammen zerstörten auch diesmal, was leicht brennbar war: die hölzernen Türen der Geschäfte sowie die drinnen gestapelten Textilien, Lederwaren, Lebensmittel, Gewürze, auch Öle zur Bereitung der berühmten Aleppo-Seife und Papiere. Zwischen 700 und 1000 Läden sollen nach nicht zu verifizierenden Berichten aus der Stadt, welche die Unesco nicht zuletzt wegen ihres Basars zum Weltkulturerbe erklärt hatte, zerstört sein.

Seit dem 16. Jahrhundert, als die Osmanen die Stadt in Besitz nahmen, hatte sich das Bild des „Suk", so das arabische Wort für Basar, kaum mehr verändert. Seine Bedeutung hatte Aleppo mit seinen heute 2,5 Millionen Einwohnern immer dem Handel und seinen Märkten zu danken. Hier kreuzten sich die Karawanenwege, die vom Mittelmeer in östlicher Richtung nach Mesopotamien, Persien und Indien reichten sowie gleichzeitig vom Anatolischen Hochland und vom Kaukasus nach Arabien. In den Höfen der vierzig Karawansereien, eines wesentlichen Bestandteils des Suks,

Aleppos Basar, einstmals Touristenmagnet, nach den Kämpfen 2012

lagern keine Kamele mehr. Aber sie dienen auch unter modernen Wirtschaftsformen als Warenlager, so weit sie nicht Kontore und Werkstätten geworden sind. Kupferschmiede dengeln, Schreiner sägen und leimen, Seifensieder kochen, nur die Gerber sind wegen des Gestanks längst an den Rand der Altstadt gedrängt worden.

So war es bis zum 29. September 2012. Denn der historische Kern von Aleppo war vom Bürgerkrieg lange Zeit fast völlig verschont geblieben. Die Kämpfe spielten sich vor allem in Außenbezirken ab. Nachdem der Bürgerkrieg vor zwei Monaten auch die nördliche Metropole Syriens erfasst hatte, versuchten Aufständische einmal, die Zitadelle einzunehmen, die den Basar vierzig Meter hoch überragt. Dabei wurde zwar ihr steinernes Monumentaltor zerstört, aber es wäre nun nicht das erste Mal, dass es restauriert werden müsste. Das letzte Mal sorgte dafür vor einem Jahrzehnt der Aga Khan. Auf der Zitadelle sitzen Angehörige der Regierungstruppen. Ihre Scharfschützen feuern hinab in die Stadt, auch in den nahen Basar, was nach Angaben der Rebellen die Löscharbeiten behindert. Ohnehin sollen die Behörden das Wasser abgestellt haben. Wer den Brand verursacht hat, ist nicht festzustellen. Beide Seiten schieben sich die Schuld zu.

Für Touristen, die im Nahen Osten nach Bildern aus Tausendundeiner Nacht suchen, war der Basar von Aleppo eine der letzten Fundstellen. Allein schon die Straße der Gewürzhändler, der

Der Markt gehört zum Weltkulturerbe der Unesco und ist der größte dieser Art weltweit – 2012 brennen 1500 Geschäfte.

Suk al-Attarin, bot alles, was Sinne und Kameras sich wünschen konnten: bunte Pfefferschoten, Gelbwurz, Tee und Kaffee, rote und gelbe Linsen, weißer Reis, getrocknete Rosenblätter, Tabak, Essenzen und Parfums schufen eine Vielfalt der Farben und Düfte. Die Stände der Metzger sahen aus, als hätte sie Breughel gemalt. Geschlachtet und geschnitten wurde noch wie in biblischen Zeiten. Das einst hochwertige syrische Handwerk freilich war im letzten Jahrzehnt von ostasiatischer Billigware verdrängt worden. Immer hatte es zum Reiz der Handelsstadt gehört, offen für Einflüsse des Abendlandes und ferner Kulturkreise zu sein. Starke armenische und andere christliche Minderheiten lebten in Harmonie mit einem Islam, der weitherziger war als in Damaskus. Es ist bis heute die Stadt der Konsuln. Schon 1548 hatten die Venezianer als erste eine Vertretung eröffnet, die Franzosen folgten 1562, die Engländer 1583. In Syrien gibt es sechs historische Stätten, die zum Weltkulturerbe gehören. Die Altstadt von Aleppo ist nun deren fünfte, die vom Bürgerkrieg erfasst wurde. Schäden haben auch Palmyra erlitten, Apamea, der Krak des Chevaliers und einige Viertel des alten Damaskus.

Erschienen am 30. September 2012

WENN DIE STEINE WEINEN

2012

Die Schlacht um Aleppo:
Einer der schönsten und ältesten Städte der Welt
droht in Syriens Bürgerkrieg die Zerstörung

Auch Shakespeare hatte vom Ruhm Aleppos gehört. Er schickt in seinem „Macbeth" das Schiff Tiger aus, das nach 567 Tagen, von Hexen geplagt, erfolglos von der Reise heimkehrt: Die Stadt liegt allerdings – was der Dichter mit seinen notorisch schlechten geografischen Vorstellungen offenbar nicht wusste – 120 Kilometer vom Meer entfernt. Gerade wegen ihrer günstigen Position zwischen der Levante und der Wüste, Anatolien und Arabien hatten sich hier seit der Antike die Karawanenwege gekreuzt. Die Stadt wurde als Stapelplatz und Vermittlerin reich. Aleppo ist eine der am längsten ununterbrochen bewohnten Siedlungen der Erde – und ist nun von der Verwüstung bedroht, denn die Rebellen und die Regierungsarmee des Diktators Baschar al-Assad liefern sich erbitterte Kämpfe um die wirtschaftlich und geografisch bedeutende Stadt.

Zum ersten Mal wird Aleppo im 18. Jahrhundert vor Christus auf Tontafeln erwähnt. Auf einer von ihnen ließ der König Zimrilim von Mari am mittleren Euphrat durch Keilschrift übermitteln, dass er die Prinzessin Schimlu aus Haleb geheiratet hatte. So heißt Aleppo noch heute auf Arabisch. Nicht nur die Händler, auch die Eroberer nutzten die offene Lage zu allen Zeiten, die Hethiter, der Perser Cyrus, Alexander der Große, die Römer und andere Herrscher in der Antike. Die Araber zogen 637 kampflos ein, als sie dem byzantinischen, dem oströmischen Reich, Palästina, Syrien und Ägypten binnen weniger Jahre entrissen. Sie verloren Aleppo jedoch im 10. Jahrhundert wieder vorübergehend an die Byzantiner, als Nikephoras Phokas, der „bleiche Tod der Sarazenen", die Stadt plündern ließ. Am schlimmsten hauste der Mongolen-Chan Hulagu, Dschingis-Chans Enkel. Er ließ die schlecht verteidigte Stadt im Jahre 1260 nach kurzer Belagerung zerstören. Die Mongolen erreichten hier aber die Grenze ihrer Macht – nach der Niederlage bei Ain Dschalut gegen die muslimischen Mamelucken 1260 konnten sie die Stadt auf Dauer nicht halten. Der Islam hatte sich behauptet gegen die Bedrohung aus den Steppen Asiens – und die christlichen Kreuzritter, welche den Mongolen geholfen hatten, zahlten bitter dafür. Wenige Jahre später waren ihre letzten Besitzungen im Heiligen Land durch die Rache der Muslime zerstört.

LAWRENCE VON ARABIEN UND DIE LÜGEN DES EMPIRE

Ihr historisches Gesicht, für das die Unesco sie 1986 zum Weltkulturerbe machte, erhielt die Altstadt nach der Eroberung Aleppos durch den Osmanen-Sultan Selim I. im Jahre 1516. Die Türken-Herrschaft endete erst 400 Jahre später während der Schlussphase des Ersten Weltkriegs im Oktober 1918 durch den Vormarsch der Briten unter Marschall Edmund Allenby (genannt „Bloody Bull"). Als seine Truppen sich näherten, erreichte der arabische Volksaufstand die Straßen Aleppos. Der spätere Mustafa Kemal Atatürk, zu jener Zeit Kommandeur der zurückflutenden Siebten Osmanischen Armee, hatte sein Hauptquartier im Hotel Baron aufgeschlagen, damals und noch lange danach das erste Haus am Platz. Er hörte den Lärm, trat auf die Terrasse, in penibel korrekter Uniform, eine Zigarette zwischen den Lippen, um zu sehen, was los war. Dann eilte er in die Halle und trieb die eindringende Menge, die sich seiner bemächtigen wollte, mit der Reitpeitsche wieder hinaus. Für einen winzigen Moment folgten die Wütenden einem letzten Reflex des Respekts vor der angestammten Autorität. Kurze Zeit danach allerdings proklamierte der Emir Feisal aus dem Hedschas vom Balkon des Zimmers 215 eben dieses Hotels sein erträumtes großarabisches Königreich.

Er hatte den Versprechungen des britischen Agenten Lawrence von Arabien geglaubt und zusammen mit ihm den Aufstand der Araber gegen die Türken angeführt. Doch London hatte Syrien und

Libanon bereits insgeheim Paris versprochen. Feisal wurde abgeschoben, erhielt später Irak als Trostpreis, und Syrien wurde französisches Mandat. Erst am Ende des Zweiten Weltkriegs gingen die Franzosen wieder.

Syrien wurde unabhängig, aber die Aleppiner waren enttäuscht, dass nicht ihre Stadt Kapitale wurde, sondern die Rivalin Damaskus. Von allen Zerstörungen hat sich Aleppo immer wieder erholt, auch von den Verwüstungen durch mehrere schwere Erdbeben im Lauf der Jahrhunderte, dessen letztes 1822 zwei Drittel der Häuser in Trümmer legte. Die gegenwärtigen Kämpfe zwischen den Truppen von Präsident Baschar al-Assad und den Rebellen spielen sich überwiegend in den neueren Bezirken ab. Die täglichen Fernsehbilder der Rauchsäulen, Ruinen und ausgebrannten Autos stammen von dort. Nach den bruchstückartigen Berichten hat der historische Kern bisher kaum gelitten. Assads Soldaten sollen Anweisung haben, Monumente zu schonen. Das mindert freilich die Leiden der Bewohner nicht. Die Stadt-Bourgeoisie von Aleppo hatte sich dem Aufstand, der die wirtschaftliche Grundlage ihrer Prosperität in eineinhalb Jahren Bürgerkrieg aushöhlte, lange ferngehalten. Erst relativ spät wurde die Rebellion von außen in die Stadt getragen. Ohnehin kann ihre kulturelle Substanz erst wieder Gewinn tragen, wenn irgendwann in der Zukunft der Tourismus, der sich in den letzten Jahren gewaltig entwickelt hatte, neu erblühen sollte.

Das angestaubte Hotel Baron, das seit seiner Gründung Anfang des letzten Jahrhunderts noch immer der armenischen Familie Mazloumian gehört, wurde aufgemöbelt. Internationale Hotelketten eröffneten Häuser. Im christlichen Viertel Dschdeide wurden aus noblen Patrizierhäusern Designer-Hotels. Es war in den Jahren vor Ausbruch der Rebellion nicht mehr einfach, in Aleppo ein Zimmer zu bekommen. Immer war die alte Handelsmetropole offen für Fremde aus Europa und für orientalische Christen. Die „Frengi" (Franken) fühlten sich hier wohler als im strenger islamischen Damaskus. Die einheimischen Christen machen 15 bis 20 Prozent der Bevölkerung aus.

Schon 1548 eröffneten die Venezianer als Erste ihr Konsulat, die Franzosen folgten 1562, die Engländer 1583. Eine erste ausführliche Beschreibung der Stadt verfasste im 18. Jahrhundert der englische Konsulatsarzt Alexander Russell. Ende desselben Jahrhunderts zeichnete der französische Konsul Rousseau den ersten Stadtplan. Konsul der Sowjetunion war bis zu deren Zusammenbruch immer ein Armenier, der die Beziehungen zu den zum Teil seit Jahrhunderten ansässigen armenischen Familien pflegte und um Rückwanderer warb.

Nebenbei: Der erste Präsident des unabhängigen Armenien nach dem Fall der UdSSR, Lewon Ter Petrossian, wurde in Aleppo geboren. Russland, Armenien und die Türkei unterhalten heute Generalkonsulate, Frankreich ein Konsulat, während 18 andere Länder, darunter Deutschland, durch Honorarkonsuln vertreten sind. Die Würde des Honorarkonsuls wird vielfach seit Generationen in denselben Familien vererbt, alle orientalische Christen griechisch-katholischer Konfession. Gelegentlich zeigt ihr Name, dass sie italienischer Herkunft sind: Marcopoli, Draghi, Gherardi. Die Konsular-Familien heiraten untereinander, haben Verwandte in Beirut, Alexandria und Europa. Sie wohnen nicht mehr eingeschlossen in „Funduks" (Herbergen) wie in ihren Anfangszeiten, sondern in Steinhäusern aus dem 19. Jahrhundert mit kühlen Innenhöfen, zwischen venezianischen Spiegeln, falschem Rokoko, echten Antiquitäten und unbezahlbaren Teppichen. Von den Ahnenbildern im Goldrahmen blicken würdige Herren unter rotem Fes. Sie sind die Letzten einer aussterbenden Klasse, die einst „Levantiner" genannt wurde. Sunniten sind nicht unter ihnen. Für die bäuerlichen Bewohner des Umlandes sind die wendigen Aleppiner „Halebi-Schelebi", was so etwas wie Schlitzohren bedeutet.

WELTKULTURERBE UND KULTURHAUPTSTADT DES ISLAM

Aleppos besonderer Reiz liegt im Kontrast seiner Weltoffenheit und der seit dem 16. Jahrhundert kaum veränderten altorientalischen Innenstadt. Ihre 37 Suks (Basare) sind das Schönste, was es in dieser Art zwischen Istanbul und Isfahan gibt. Wer den gedeckten Basar von der Zitadelle kommend betritt, gerät von selber in den Suk al-Attarin, die Straße der Gewürz- und Dufthändler: Hier hat sich wohl seit der Ära der islamischen Hochkultur im Hochmittelalter nur wenig geändert, ein authentischer Ort, vom Massentourismus noch unberührt. Liebhaber holen sich hier ihren Aleppo-Pfeffer, der heller und milder ist als die grellroten Sorten. Weiter innen im Suk hämmern und dengeln Handwerker wie eh und je. Seifensieder kochen aus Oliven- und Lorbeer-öl ihre gefeierte ökologische, hautschonende Aleppo-Seife. Fast noch eindrucksvoller als der Basar ist ein anderes Zeugnis der großen Vergangenheit: Die Burgfestung, ein eindrucksvolles Monument vergangener Macht.

Die Zitadelle ragt hoch über die flache Stadt. Sie steht auf einem 40 Meter hohen Hügel, der wahrscheinlich zum Teil aufgeschüttet wurde. Ihr Kegel ist mit glatten Platten belegt, in einem Neigungs-winkel, der das Hinaufsteigen unmöglich macht. Nur selten ist sie erobert worden. Die Kreuzritter schafften es nicht. In der Tiefe rundum alte Moscheen und Kirchen, Koranschulen und Karawan-sereien, Bäder und Brunnen, Siechenhäuser und Paläste, Mauern und Tore, Naturstein und Marmor. Genug. Das soll kein Reiseführer werden. Wenn aber die Politik ausgespielt hat, und das Land wie-der zugänglich wird, dann ist Aleppo auch erneut das Zugangstor zu den toten Städten Nordsyriens, verlassenen frühchristlichen Sied-lungen, die einsam in der grünen Natur liegen. Die bedeutendste ist das St. Simeons-Kloster. Es wurde im fünften Jahrhundert an der Stelle errichtet, an welcher der gegen 390 geborene Mönch Simeon 27 Jahre in Askese auf seiner Säule ausharrte.

Aleppos Küche kennt 26 Sorten von Kebab. Türken und Ara-ber, Perser und Armenier, Italiener und Kaukasier haben zu ih-rer Vielfalt beigetragen. Die Stadt lag am Ende der Seidenstraße. Karawanen brachten seit altersher aus Indien und Ostasien nicht nur Edelsteine und Tuche, sondern auch Spezereien. Die Umge-bung ist landwirtschaftlich reich. Berühmt sind die Pistazien und Oliven, deren Plantagen die Höhen bedecken. Schon der römische Kaiser Vitellius ließ seine Pistazien aus dieser Gegend nach Rom bringen. Nur für Orangen ist es zu kalt. Frost und Schnee sind nicht selten.

Seit 2006 ist die Stadt, die bei Ausbruch der Unruhen mit ihren Vororten rund 2,5 Millionen Einwohner zählte, auch Kul-turhauptstadt des Islam. Und bereits seit 1993 wird die histori-sche Altstadt mit Hilfe der Deutschen Gesellschaft für Techni-sche Zusammenarbeit GTZ restauriert. Dafür stehen aus einem deutsch-syrischen Schuldenerlass-Abkommen zehn Millionen Euro zur Verfügung. Auch der Aga Khan Trust for Culture und der Arab Fund for Social and Economic Development leisten Fi-

Seit Jahrtausenden Verkehrsknotenpunkt und wichtiges Handelszentrum: Blick von der Zitadelle auf die Straßen von Aleppo, 2001

nanzbeiträge. Das Restaurierungsprojekt erhielt 2004 einen Preis der Harvard School for Design. Prinz Karim Aga Khan, religiöser Führer und Großunternehmer zugleich, verlieh den jährlichen Architekturpreis seiner Stiftungen im Jahre 2001 in Aleppo. Er kam in den folgenden Jahren wiederholt, um sich von den Fortschritten, vor allem bei der Restaurierung der Zitadelle, zu überzeugen. Dieses Mal hat der Ruin, welcher Aleppo nun droht, seine Ursache im Herzen der syrischen Politik. Oft aber waren es Geschehnisse oder Entscheidungen in weiter Ferne, die Aleppo trafen. Als im 17. Jahrhundert mit dem Niedergang der Safawiden-Dynastie in Persien die Seidenweberei einschlief, kamen von dort keine Stoffe mehr. Mit der Eröffnung des Suezkanals 1869 verlagerte sich der Asienhandel auf den Seeweg.

Um sich im Zweiten Weltkrieg, der sich bereits abzeichnete, die Neutralität der Türkei zu sichern, traten die Franzosen 1939 die Nordwestecke Syriens an Ankara ab, und Aleppo verlor den nahen Hafen Iskenderun. Einmal wurden die Stadt und ihr Umland für kurze Zeit selbständig. Der französische General Henri Gouraud schuf als Gouverneur der Kolonialmacht im September 1920 einen eigenen Staat Aleppo. Er sollte mit seinem größeren Potenzial Damaskus schwächen. Drei Jahre lang hatte Aleppo damals eine eigene Fahne. Auf weißem Grund zeigte sie links oben eine kleine blau-weiß-rote Trikolore, daneben drei Sterne. Sie sind jetzt wieder im Banner der Revolutionäre aufgetaucht.

Erschienen am 4. August 2012

TÜRKEI

SYRIEN

IRAN

Mossul

Erbil

Sulaymaniya

Kirkuk

Tigris

Samarra

Euphrat

Ar-Ramadi

Bagdad

Ar-Rutba

IRAK

Kerbala

Al-Kut

An-Najaf

An Nasiriyah

Basra

SAUDI-
ARABIEN

100 km

IRAK

Nach dem ersten Golfkrieg
war der Irak noch mächtig.
Nach dem zweiten Golfkrieg war er
noch bewohnbar. Nach dem
dritten Golfkrieg war
er nicht mehr auffindbar.

Ein mörderischer Feldzug: Bewaffnete irakische Kämpfer in den Sümpfen Mesopotamiens im ersten Golfkrieg, 1985

Die jüngere Geschichte des Irak erinnert an Bertolt Brechts Gleichnis über das antike Karthago:

„Das große Karthago führte drei Kriege. Nach dem ersten war es noch mächtig. Nach dem zweiten war es noch bewohnbar. Nach dem dritten war es nicht mehr aufzufinden."

Im Fall des Irak sind es die Golfkriege. Den ersten, ab 1980, führten die Armeen des Dikatators Saddam Hussein gegen den schitischen Nachbarn Iran, der gerade in die Hände der Mullahs gefallen war. Es war ein klassischer, nach Bodenschätzen und Territorien gierender Raubkrieg, der die Schwäche des Gegners nutzte. Sowohl den Irak wie auch den Iran hatte der Westen hochgerüstet. Obwohl Saddam Hussein chemische Waffen gegen die Iraner und die Kurden im eigenen Land einsetzte, dauerte der Krieg bis 1991 und endete in einem Patt. Hunderttausende Menschen waren umgekommen.

Nach dem ersten Golfkrieg war der Irak noch mächtig. Er verfügte über eine der stärksten Armeen der Welt und machte Israel wachsende Sorgen. 1990 ließ Saddam Hussein den kleinen Ölstaat Kuwait besetzen und provozierte einen vernichtenden Gegenschlag der USA und einer großen internationalen Koalition. Sein Regime verlor 1991 den Krieg, Kuwait und Zehntausende Soldaten, blieb aber an der Macht und massakrierte aufständische Schiitten.

Nach dem zweiten Golfkrieg war der Irak noch bewohnbar. Die Terroranschläge der al Qaida in New York und Washington am 11. September 2001 veränderten alles. Die USA unter Präsident George Bush jr. machten Saddam Hussein für die Attentate verantwortlich und beschuldigten ihn, Massenvernichtungswaffen zu verstecken. Diese Kriegsgründe waren eingebildet bis frei erfunden. 2003 überrollten US-Panzer jeden Widerstand, der Irak wurde besetzt.

Und nach diesem dritten Krieg war der Irak nicht mehr auffindbar. Dem schnellen Sieg der USA 2003 schloss sich nicht ein Triumph der Freiheit und Demokratie an, wie Bush verheißen hatte, sondern ein mörderischer Guerillakrieg und der Zerfall des Landes in kurdische, sunnitische und schiitische Machtbereiche. Als die Amerikaner 2011 abzogen, eroberten die Islamisten des IS 2014 weite Teile des Landes, um ein Terror-„Kalifat" zu errichten. Ende des Jahres gelang es den Kurden mit Mühe und westlicher Hilfe, ihren Teilstaat im Norden gegen den Ansturm der Gotteskrieger zu behaupten.

Dabei war der Irak einmal ein Land, dem man eine blühende Zukunft voraussagte: Reich an Öl und Bodenschätzen, eine Wiege der menschlichen Kultur – auf seinem Staatsgebiet liegen die Ruinen von Assur und Babylon und der mittelalterlichen Weltmetropole Bagdad. Als Rudolf Chimelli 1965 mit dem Zug aus der Türkei einreiste, fühlt er sich erinnert an den „Technicolor eines alten Kulturfilms". Doch eifernder Nationalismus und der Größenwahn eines Diktators haben alles zerstört.

Tigris-Brücke in Bagdad in den 1950er-Jahren

MIT
ORIENTALISCHEM KOMFORT
ZUM TIGRIS

1965
Die Bagdadbahn gewinnt
durch die wirtschaftliche Entwicklung des Irak
an Bedeutung

Als die rußgeschwärzten Wagen des Taurus-Express mit
drei Stunden Verspätung nachts um halb zwei Uhr vor
dem Stationsgebäude in Aleppo ausrollen, haben die Rei-
senden aus Europa, die schlaftrunken aus den Fenstern spähen,
bereits eine lange Fahrt hinter sich: Erst zwei bis drei Tage lang
nach Istanbul über die Schienen der Balkanbahn, die der bel-
gische Finanzbaron Hirsch in den Siebziger- und Achtzigerjahren des 19. Jahrhunderts im Auftrag des Sultans gebaut und mit
zahlreichen überflüssigen „Verdienstkurven" versehen hat, um
auf diese Weise die Strecke und damit seinen Gewinn zu ver-
längern; dann, jenseits des Bosporus, weitere 36 Stunden oder
1542 Kilometer quer durch Anatolien bis in die alte Kaufmanns-
stadt im Norden Syriens.

Ich steige erst hier zu und bekomme das letzte freie Abteil in
dem ehrwürdigen, aber rüstigen Schlafwagen englischer Fabri-
kation, dessen Täfelung aus Rosenholz und dessen Plüsch vom
verruchten Glanz des alten Orient-Express künden. Nur zweimal
in der Woche verkehrt der Zug von Stambul nach Bagdad, und für
jeweils ein paar Stunden erwachen dann die Fahrkartenschalter
und Betriebsbüros der Bahn von Aleppo zu neuem Leben, um aber
nach der Abfahrt ihre Türen sofort wieder fest zu verriegeln. Auch
die Beamten an der türkisch-syrischen Grenze, die der Taurus-

Express schon nach gut 30 Kilometern wieder erreicht, sind nicht an ein hohes Verkehrsaufkommen gewöhnt. Syrische Passkontrolle, syrische Zollkontrolle, türkische Passkontrolle, türkische Zollkontrolle. Darüber vergehen zwei Stunden.

NUR DIE STÖRCHE KÜMMERN SICH NICHT UM DIE GRENZE

Am Morgen nach der geruhsamen Nachtfahrt scheint die grelle Sonne auf riesige Weizenfelder, die sich im Süden am Horizont verlieren und im Norden an die blauen Bergflanken des türkischen Hochlandes stoßen. Die Fahrt geht durch den Fruchtbaren Halbmond, jenen Landstrich, der sich in weitem Bogen von den Küsten des Mittelmeeres bis nach Mesopotamien streckt und die große arabische Wüste einsäumt. Hunderte von Kilometern weit bildet die Bahn die Grenze zwischen Syrien und der Türkei, verläuft aber gerade noch auf türkischem Gebiet, ein Kuriosum auf der politischen Landkarte des Nahen Ostens, das durch die Zerschlagung des alten osmanischen Reiches nach dem Ersten Weltkrieg entstanden ist. Auf beiden Seiten der Grenze arbeiten heute moderne Mähdrescher, um die gewaltigen Getreidesilos aus weißem Beton zu füllen, die längs der Bahnstrecke stehen.

Die Schlafwagengesellschaft gibt zur Erfrischung ihrer Gäste Trinkwasser aus, das in Konstantinopel auf Flaschen gezogen wurde. Der Speisewagen wurde zwar am Abend zuvor in Adana abgehängt. Wer dies nicht wusste und nicht vorgesorgt hat, braucht trotzdem keinen Hunger zu leiden. An jeder Station laufen braune türkische Buben den Zug entlang; zwei tragen einen Kessel Milch zwischen sich, aus dem sie mit einer Aluminiumschale schöpfen und zum Fenster emporreichen, andere verkaufen Tee, Brot, Nüsse, Kirschen, getrocknete Aprikosen, Schaschlik und seltsame grob gefertigte Puppen aus Plastik. Wer Coca-Cola wünscht, findet auch dies schon stellenweise, wenn auch warm, klebrig und süß. Die Zivilisation dringt vor.

Gemütlich rollt der Zug in der steigenden Hitze des Tages dahin. Von Zeit zu Zeit auf einer Anhöhe im Norden der Strecke ein weißgekalktes Haus, über dem die rote Fahne mit dem Halbmond weht. Eine türkische Militärstation. Die alte Missstimmung zwischen Arabern und ihren ehemaligen Beherrschern hat sich in jüngster Zeit an der syrischen Grenze in einigen Zwischenfällen entladen.

Nie ging es dabei um Politik, immer um den Schmuggel von Viehherden und andere Alltäglichkeiten. Aber man ist gereizt, es wurde hin- und hergeschossen, und es hat mehrere Tote gegeben. Auch auf dem kleinsten Bahnhof wacht türkisches Militär – oft mit Hilfe von Drahtverhauen – streng darüber, dass sich kein illegaler Grenzverkehr nach Süden entwickelt. In der Langeweile des Garnisonsdienstes bietet der Anblick des einfahrenden Zuges die einzige Abwechslung. So kommt es, dass manchmal eine nach westlicher Mode in enge Hosen gekleidete Offiziersfrau mit offenem Haar neben Bäuerinnen steht, deren schwarzen Schleier Kemal Atatürk theoretisch schon vor 40 Jahren abgeschafft hat. Nur die vielen tausend Störche, die in den Dörfern fast auf jedem Haus und gelegentlich sogar auf den Telegraphenstangen entlang der Bahn ihre Nester bauen, brauchen sich nicht um die Grenze zu kümmern.

Nusaibin heißt die kleine Station, 1954 Kilometer von Istanbul entfernt, auf der unsere Lokomotive abgehängt wird, weil der Zug endgültig die Türkei verlässt. Genau bis zu diesem Punkt wurde von Konya aus der Bau der Bagdad-Bahn bis 1914 von der Deutschen Bank unter Helfferich vorangetrieben, gegen den Widerstand Londons, das diesen Vorstoß eines kontinentalen Verkehrsweges in die Flanke seiner Seeroute nach Indien und zu den neu entdeckten Ölfeldern am Persischen Golf sehr ungern sah, gegen den Widerstand Russlands, wo man Kurdistan, Armenien und Persien als seine natürliche Einflusszone betrachtete, gegen den Widerstand Frankreichs, das Syrien und Cilicien zu seinen Interessengebieten im osmanischen Reich ausersehen hatte.

Von Bagdad her gab es bei Kriegsausbruch noch ein 130 Kilometer langes Stück Bahn nach Norden bis zu dem schiitischen Wallfahrtsort Samarra. Dazwischen klaffte eine Lücke von rund 450 Kilometern, die erst 36 Jahre später geschlossen werden sollte.

Im Picot-Geheimvertrag von 1916, der das nordarabische Gebiet in eine britische und eine französische Interessensphäre aufteilte, wurde vereinbart, dass die Bagdadbahn nicht fertiggestellt werden solle. Doch die Realitäten und die Bedürfnisse der Wirtschaft waren stärker als politische Wünsche. Als unser Zug an diesem Junitag des Jahres 1965 in Nusaibin einläuft, stehen auf einem Nebengleis lange, zweistöckige Waggons, beladen mit Dutzenden für Bagdad bestimmten Volkswagen.

Im Taurusgebirge: Durch diese Landschaft führte die Zugreise von Aleppo bis Bagdad, auf die sich SZ-Korrespondent Chimelli 1965 begab.

Der Fahrplan sieht für den Taurus-Express die Ankunft in Nusaibin um 9.50 Uhr vor. Tatsächlich treffen wir erst um 1.30 Uhr ein, was aber die vielen Wartenden nicht zu stören scheint. Sie haben sich, wie auf den meisten anderen Bahnhöfen, die wir passierten, auf ihren Matten im Schatten niedergelassen und die Zeit schlafend, essend oder plaudernd verbracht. Außerdem ist ein Achslager des Schlafwagens leergelaufen und der Schlafwagenschaffner macht sich mit zwei Stationsmechanikern an die Arbeit, um den Schaden zu beheben. Der Deckel des Lagers wird abgeschraubt, mit einer stumpfen Schere wird aus einem Stück Karton eine neue Dichtung geschnitten, sie wird eingepasst, man schraubt wieder zu, und kein Öl tropft mehr. Wird das Lager bis Bagdad halten? Inschallah – so Gott will!

In den letzten vier Stunden hat unser Express nur sechs Kilometer bewältigt. So weit ist es von Nusaibin zur syrischen Grenzstation Kamechlie, wo der Zug wieder zwei Stunden hängenbleibt. Im goldenen, aber immer noch sehr heißen Abendlicht sieht man in den Dörfern plötzlich Kirchen neben den Moscheen. Die Fahrt geht durch altes christliches Land, dessen Bewohner, Assyrer und Chaldäer, der Islamisierung zäh und geduldig widerstanden haben. An der irakischen Grenze gibt es nochmals 90 Minuten Aufenthalt, aber dann haben wir die Verspätung mysteriöserweise nahezu völlig aufgeholt. Des Rätsels Lösung: Für die nur 70 Kilometer weite Fahrt von der Grenze bis nach Mossul sind im Fahrplan mehrere Stunden eingebaut.

Ich steige aus und nehme Abschied von meinen Reisegefährten, die am nächsten Morgen in Bagdad sein werden: einem englischen Studenten, der in den Semesterferien den Orient sehen möchte, einem jungen Iraker, der in Manchester studiert, und dem Inhaber einer kleinen mechanischen Werkstatt in Bagdad, der die Palme preisgünstigen Reisens gewonnen haben dürfte. Er hat sich in München ein Billett zweiter Klasse nach Istanbul gekauft und dort für türkische Pfunde, die er auf dem schwarzen Markt billig erworben hat, ein Billett erster Klasse mit Schlafwageneinzelabteil bis Bagdad. Für 270 Mark fährt er auf diese Weise in einer kleinen Woche 5000 Kilometer weit von der Isar bis zum Tigris.

Der Zug, mit dem ich zwei Tage später nach Bagdad weiterreise, fährt zwar auf der gleichen Strecke, hat sich aber von der heroischen Epoche der Bagdadbahn wegentwickelt. Seine grüngestrichenen Wagen bestehen aus Leichtmetall und Plastik und wurden im Jahre 1964 von einer staatlichen Waggonfabrik in Posen gebaut. Die Klimaanlage und die Federung funktionieren so gut, dass draußen vor den immer geschlossenen Fenstern das vielhundertjährige schiefe Minarett von Mossul, das viel schiefer ist als der Turm von Pisa, die Ruinen von Nimrud, Ninive und anderer Weltstädte der Antike, die goldene Kuppel der Moschee von Samarra und die braunen Fluten des Tigris so ruhig wie im Technicolor eines Kulturfilms vorbeigleiten. Den Schritt hinaus ins Abendrot und damit zurück in die Realität des arabischen Sommers tue ich um 19.20 Uhr auf dem Westbahnhof in Bagdad. Das Thermometer zeigt 47 Grad.

Erschienen am 10. Juli 1965

BAGDAD, HAUPTSTADT DER FURCHT

1970
Im Inland wie im Ausland hat das Land
mehr Feinde als Freunde –
der Irak unter dem Regime Hassan al-Bakrs

Bagdad ist die einzige Hauptstadt im Nahen Osten, in der sich nichts Sichtbares ändert. Wer nach Jahren wieder in die Türkei, nach Persien, Syrien oder Ägypten kommt, findet dort fast auf jedem Schritt neue Straßen, Industrien, Stadtviertel, Hotelhochhäuser, Wasserwerke, Geschäfte. Wer nach längerer Abwesenheit wieder den Irak besucht, findet einen neuen Bagdader Flugplatz und den musterhaften Neubau des Museums für die Kunst des alten Mesopotamien, aber sonst den gleichen von der Hitze gewellten Asphalt, dieselben Baustellen, das gleiche einzige, verstaubte Warenhaus aus der britischen Mandatszeit, die nämlichen abgenutzten, überfüllten Clubs als alleinige Stätten schäbig-mondänen Lebens, immer noch die Oper, die aus nichts anderem, als einem pompösen Eingangstor besteht, und immer noch die gleichen Menschen, die eine Art haben, ernster zu sein, versponnener, leidenschaftlicher, aber auch zuverlässiger und stolzer als ihre arabischen Brüder.

Es hat sich doch etwas geändert. Alte Bekannte legen sofort den Hörer auf, wenn man sie anruft, machen einen aber dann im Hotel ausfindig und sagen beschwörend: „Niemals telefonieren! Einfach ein Taxi nehmen, ein Stück vorher aussteigen und kommen." Selbst ausländische Diplomaten verfahren ähnlich konspirativ. Iraker in einflussreicher Stellung schlagen verlegen die Augen nieder, wenn man sie aufsucht, und vergessen, den traditionellen Kaffee anzubieten. „Ich weiß gar nichts, ich sehe kaum einen Menschen, ich interessiere mich überhaupt nicht für Politik", lautet ihre kurze Hälfte des Gesprächs.

Der Fremde begreift rasch, dass es nicht ratsam ist, freundschaftliche oder berufliche Kontakte von früher ohne vorherige vertrauliche Erkundung wieder aufzunehmen: Viele Menschen fühlen sich politisch so missliebig, dass sie die jederzeit als Agentendienst auslegbare Berührung mit westlichen Ausländern meiden. Andere sitzen im Gefängnis. Wieder andere sind hingerichtet. In den eindreiviertel Jahren seines Bestehens hat es das Regime der Baath-Partei unter Präsident Hassan al-Bakr auf ein rundes Hundert politischer Todesurteile gebracht, für die das Publikum mit dramatischen Fernsehgeständnissen präpariert wurde und die man demonstrativ vollstreckte. Eine Sommervilla, die sich einst König Feisal in der Wüste vor der Stadt baute und die die jetzigen Machthaber als Prominentengefängnis benutzen, heißt im Volksmund Kasr El Niheia, das Schloss der Nichtmehrwiederkehr. Männer wie Abdel Rachman Bassas, der inhaftierte frühere Ministerpräsident, eine der angesehensten und integersten Figuren des Landes, und der tödlich verunglückte erste Präsident Aref mussten sich die öffentliche Anschuldigung gefallen lassen, sie seien Agenten des Imperialismus und des Zionismus gewesen. Im Irak regiert die Furcht.

Schon die rapide Verschlechterung der Lebensumstände könnte genügen, ein Regime unpopulär zu machen. Die Preise steigen; die Steuern wurden erhöht; Importbeschränkungen behindern die Versorgung; die wirtschaftliche Entwicklung stagniert. Hinzu kommt, dass ganze Volksgruppen mit den politischen Zielen Bagdads uneins sind. Die Kurden im Norden befanden sich bis vor kurzem im offenen Aufstand gegen den Versuch, aus dem Irak ein zentralistisch regiertes Land mit eindeutig arabischem Charakter zu machen. Der schiitische Süden, konservativ und traditionell mit den Glaubensbrüdern in Persien verbunden, wurde zeitweise nur durch die flache, leicht überschaubare Geographie Mesopotamiens daran gehindert, es den Kurden gleichzutun und gegen die Vorherrschaft der Sunniten zu rebellieren. Die Bürgerlichen, die nach Europa zu reisen und nach Europa zu schauen pflegten, nehmen Anstoß an der Gewohnheit, hemmungslose antiwestliche Propaganda als revolutionären Fortschritt auszugeben. Aber auch die linken Gruppen sehen Bakrs Regiment scheel an. Keine von ihnen war bisher zu einer Koalition bereit, welche die schmale Machtbasis der Baath-Partei verbreitern würde.

Die Kommunisten, die mit der Baath-Partei aus der Zeit der Herrschaft des Diktators Kassem eine alte Blutfehde haben, ließen unlängst in einer Erklärung ihres Zentralkomitees wissen, „dass die gegenwärtige Politik des Regimes nicht auf die Herstellung eines Bündnisses mit Vertretern der nationalen Parteien zielt und weder die Demokratie einzuführen noch dem Volk Freiheit zu geben sucht". Der irakische Altkommunist Asis Scherif, der dem Kabinett seit Jahresbeginn als Justizminister angehört und an den Friedensverhandlungen mit den Kurden maßgeblich beteiligt war, wurde in der Erklärung nicht als Repräsentant der Partei, sondern als „unabhängige Persönlichkeit" bezeichnet.

DIE SELTSAMEN INTERESSEN DER DDR

Der syrische Flügel der Baath-Partei sagt den verfeindeten irakischen Vettern nach, sie führten eine Terrorkampagne gegen alle „fortschrittlichen Elemente" und füllten die Gefängnisse mit aufrechten Revolutionären und Patrioten. Die arabischen Nationalisten nasseristischer oder unabhängiger Richtung wahren gegenüber dem Bagdader Regime kritische Distanz. Die palästinensische Nationalbewegung El Fatah darf im Irak weder Geld sammeln noch Ausbildungslager unterhalten. Entsprechend ist die äußere Isolierung. Die Beziehungen zu Persien sind denkbar schlecht, aber auch in der arabischen Nachbarschaft hat der Irak von heute keinen Freund. Die Kairoer Staatspresse reagierte peinlich berührt, als das Baath-Regime seine inneren Feinde und angebliche Spione zum Galgen führte. Das Verhältnis zum südlichen Nachbarn Saudi-Arabien ist korrekt, aber frostig. Kuweit, das Kassem als Provinz seines Reiches beansprucht hatte, lässt Iraker aus Furcht vor Subversion nur noch mit Einzelgenehmigung seines Innenministeriums einreisen. Der Libanon, dessen Schiiten überwiegend mit den oppositionellen religiösen Würdenträgern in den irakischen Glaubenszentren Nedschef und Kerbela sympathisieren, gelangte im vorigen Jahr bis nahe an den Abbruch der wirtschaftlichen und touristischen Beziehungen. In Jordanien sieht man in den Hilfstruppen aus dem Zweistromland, die bislang im Kampf gegen Israel wenig hervorgetreten sind, mindestens so sehr eine politische Hypothek wie einen militärischen Gewinn.

Der einzige Nachbar, mit dem sich der Irak verträgt, ist die Türkei. Als die wahren Freunde erscheinen indessen, zumindest was ihre Behandlung durch die Regierungspropaganda betrifft, Nordkorea und die DDR. Es passt in dieses Bild, dass es für die irakische Presse einen Feind gibt, der gemessen an der Zahl der ihm gewidmeten Spalten allenfalls von Israel oder vom Gegner am Schatt-el-Arab, nicht aber von den USA oder Großbritannien übertroffen wird: den Erzfriedensstörer in Europa, die Hauptstütze des zionistischen Usurpators, den Hort der neokolonialistischen Verschwörung, bösartig und machtlos zugleich – die Bundesrepublik.

Wer die geographischen Daten Mitteleuropas nicht kennt, wer den publizistischen Effekt misst, den die DDR in Bagdad erzielt, wer sieht, wie der Ostberliner Botschafter seine für 55 000 Mark im Jahr gemietete gartenumfriedete Residenz am Tigrisufer verlässt, um im chauffeurgesteuerten Chevrolet zum 200 Meter entfernten Dienstgebäude zu fahren, wer den Aufwand der deutschen Arbeiter- und Bauernrepublik mit dem relativ bescheidenen Auftreten von Hitlers einstigem Gesandten Grobba, der Vertreter der Bundesrepublik oder der Diplomaten anderer europäischer, überseeischer und arabischer Länder vergleicht, muss meinen, dass der Irak nach Jahrzehnten des Taktierens mit unbedeutenden deutschen Teilstaaten endlich Beziehungen zu dem Deutschland gefunden hat, auf das es ankommt, als er am 30. April 1969 vor allen anderen nichtkommunistischen Regierungen Ostberlin anerkannte.

Den Ostdeutschen ist dieser Preis nicht ohne Mühe zuteil geworden. Wie wenig weit ihre Beziehungen zum Irak tatsächlich reichten, spiegelte der Handel zwischen beiden Ländern wider, der seit 1964 ständig rückläufig war. Noch 1968 hatte die DDR für knapp elf Millionen Mark Waren geliefert, ein Achtel der Menge, die aus der politisch geächteten Bundesrepublik kam. Von Basra im Süden bis Mossul im Norden hatten die Ostdeutschen kein einziges größeres Entwicklungsprojekt. Dies änderte sich mit dem Austausch von Botschaftern. Ostberlin verpflichtete sich, 13 industrielle Anlagen im Wert von 30 Millionen Dinar (gleich 30 Millionen Pfund Sterling vor der Abwertung) auf billigen Kredit zu liefern. Zurückgezahlt wird zu 70 Prozent mit Erdöl, das die Nationale Irakische Petroleumgesellschaft mit Hilfe der Russen aus den Feldern von Nord-Rumeilah zu fördern hofft.

Dort, 150 Kilometer nordwestlich von Basra, haben sowjetische Techniker inzwischen die Vermessungsarbeiten beendet. Dass es in Rumeilah Erdöl gibt, war schon vorher sicher. Die britisch-amerikanisch-französisch-niederländische Irlaq Petroleum Company hatte es festgestellt, bevor Kassem ihr 1961 die Konzession für alle Gebiete entzog, auf denen sie zu jenem Zeitpunkt nicht ausgenutzt war. Nach jahrelangem Tauziehen um einen Kompromiss, nach erfolgloser, weil gegen den Protest der IPC betriebener Suche nach einem Ersatzpartner auf dem internationalen Ölmarkt ging Bagdad im letzten Jahr mit Moskau zusammen; die Russen liefern Bohrgerät und andere Ausrüstung im Wert von 72 Millionen Dollar und gewähren der Irakischen Erdölgesellschaft darüber hinaus technische Hilfe im Wert von 25 Millionen Dinar, um in deren Auftrag die Felder von Nordrumeilah auszubeuten. Von den 20 Millionen Tonnen Erdöl, welche die Iraker dort jährlich fördern möchten, sollen fünf Millionen Tonnen an die Sowjetunion und eine andere, in ihrer Höhe unbekannte Quote an die DDR gehen.

VON BAGDADS LEINWÄNDEN IST HOLLYWOOD VERSCHWUNDEN

In der Praxis läuft das Rumeilah-Abkommen darauf hinaus, dass die Russen, die sich schon die Erdgasvorkommen Persiens und Afghanistans gesichert haben, nunmehr auch das erste Ölfeld am Persischen Golf für die wachsenden Bedürfnisse ihrer Industrie und der ihrer Ostblockpartner gewonnen haben. Dieser Einbruch in eine traditionell westliche Interessenzone ist weniger spektakulär aber bedeutungsvoller als das Erscheinen sowjetischer Kriegsschiffe im Golf.

Bagdads Verhältnis zu den westlichen Petroleumgesellschaften, die 1969 auf ihren Feldern etwa 75 Millionen Tonnen gefördert haben, ist dennoch nicht schlecht. Ja, die politisch suspekten Monopolisten, die in Erwartung eines verfrühten Verfalls ihrer Konzession, Investitionen im Irak so weit gekürzt hatten, dass nicht einmal mehr die Strommasten entlang der Ölleitung von Kirkuk ans Mittelmeer mit frischer Farbe gestrichen wurden, sind durch das Rumeilah-Abkommen für Bagdad noch unentbehrlicher geworden. Nicht nur dem Irak, sondern auch den anderen Ölländern im Nahen Osten hat der Vertrag mit den Russen deutlich gemacht, dass im Ostblock wohl technischer Rat und wirtschaftliche Hilfe erhältlich sind, nicht aber das, was man am meisten braucht: bares Geld in harter Währung.

Von den Leinwänden Bagdader Kinos ist Hollywood verschwunden, auf den Frauenseiten Bagdader Zeitungen herrscht der „Bulgarian Look" oder das Motiv „Fashion Turns African", aber der von 73 auf 105 Millionen Dinar erhöhte Militäretat und die von 15 auf 21 Millionen Dinar gesteigerten Budgets der Polizei werden aus den Sterling- und Dollarzahlungen der westlichen Ölgesellschaften gespeist. Gleich dem benachbarten Persien strebt der Irak auf lange Sicht danach, sich mit Hilfe seiner eigenen Petroleumgesellschaft und kleinerer, unabhängiger Partnerfirmen den europäischen Markt zu erschließen. Weil die großen Erdölgesellschaften ihre Marktorganisation hierfür nicht zur Verfügung stellen, hat man in Bagdad wie in Teheran erkannt, dass Chancen nur bestehen, wenn man das Öl dem westlichen Nachbarkontinent gleichsam vor die Haustür liefert. Auch der Irak plant deshalb neuerdings den Bau einer nationalen Rohrleitung ans Mittelmeer. Sie soll nicht im Syrien der feindlichen Baath-Brüder und nicht im politisch unstabilen Libanon enden, sondern in Dörtyol nördlich von Iskenderun – auf dem sicheren Boden des NATO-Landes Türkei.

Erschienen am 3. April 1970

VOM BUNDESGENOSSEN ZUM BÖSEWICHT

2003

Lange Zeit galt Saddam Hussein Amerikanern und Franzosen als Bollwerk gegen die Mullahs im Iran

Für die Iraker blieb Saddam Hussein immer derselbe: ein skrupelloser Gewaltherrscher, den sie gerade deshalb widerwillig respektierten. Als erklärter Bewunderer Stalins zog er während der drei Jahrzehnte seiner Macht eine breite Blutspur. Politische Gegner, Rivalen, verschwörerische Offiziere oder auch nur vorlaute Höflinge ließ er gnadenlos liquidieren. Grausam dezimierte er den schiitischen Klerus. Saddam schreckte auch nicht davor zurück, enge Mitarbeiter selbst zu erschießen. Dreimal führte er sein Volk in verlustreiche Kriege, die den Irak wirtschaftlich ruinierten.

Das trübte sein Bild im Ausland lange Zeit nicht. Zuerst entdeckten ihn die Franzosen als ideologisch verwandten laizistischen Jakobiner, der sein Land im Zwangsgalopp zu modernisieren versprach. Präsident Jacques Chirac, damals Premierminister, führte Saddam 1975 durch das provenzalische Atomzentrum von Cadarache und verkaufte ihm den Reaktor „Osirak". Spötter nannten ihn alsbald „Ochirac". Die Israelis, denen die Aussicht auf eine arabische Atombombe nicht gefiel, bombten den Reaktor 1981 weg, während die Iraker im Krieg gegen Iran standen.

Durch diesen Krieg wurde Saddams Irak vollends zum Bollwerk gegen die im Westen befürchtete Ausbreitung der islamischen Revolution. Französische Rüstungsfirmen wie Dassault, Matra, Aerospatiale oder Thompson lieferten den irakischen Streitkräften, finanziert über Staatskredite, Kampfflugzeuge, Hubschrauber, Panzer, Geschütze und Munition in bis dahin beispiellosen Mengen. Zeitweise gingen 90 Prozent von Frankreichs Produktion der modernen Exocet-Raketen ins Zweistromland. Unter strikter Geheimhaltung lieh die französische Luftwaffe 1983 sogar ihre fünf neuesten Super-Étendard-Kampfjets an die Iraker aus. Sie waren dazu bestimmt, Tanker und Ölverladehäfen an der iranischen Golfseite zu bombardieren. Instrukteure wurden mitgeschickt. Von den Folterkellern des Bagdader Regimes und seinem Unterdrückungsapparat sprachen damals fast nur irakische Flüchtlinge. Wenige hörten auf sie.

Doch die Franzosen blieben nicht allein. Der amerikanische Präsident Ronald Reagan unterzeichnete im Dezember 1983 eine vertrauliche Anweisung an seine Administration, „alles Notwendige und Legale" zu unternehmen, um eine Niederlage der Iraker gegen die Perser zu verhindern. Außenminister George Shultz hatte im Monat zuvor Geheimdienstberichte erhalten, die „von beinahe täglichem Gebrauch chemischer Waffen" durch die Iraker sprachen. Dennoch traf der heutige Verteidigungsminister Donald Rumsfeld noch vor Jahresende mit Saddam in Bagdad zusammen. Rumsfeld reiste als Privatmann – mit einem Sonderauftrag des Präsidenten. Er stellte Hilfe zur Stabilisierung des Regimes und die Wiederaufnahme der unterbrochenen diplomatischen Beziehungen in Aussicht. Von der Liste der Staaten, die Terrorismus unterstützen, war der Irak bereits gestrichen.

Auf der Halbinsel Fao südlich von Basra lagen damals reihenweise die Leichen gasvergifteter iranischer Revolutionswächter. Die Streitkräfte Teherans hatten den Grenzfluss Schatt-el-Arab überschritten und dieses strategisch wichtige Gebiet besetzt. Sicher vor internationalem Störfeuer, verkündete ein irakischer Militärsprecher: „Die Eindringlinge sollten wissen, dass es für jedes schädliche Insekt ein Vernichtungsmittel gibt. Der Irak besitzt dieses Vernichtungsmittel." Rumsfeld aber, später so empfindlich in Sachen Massenvernichtungswaffen, fiel nichts auf. Auch als Saddam 1988 im irakischen Kurdengebiet durch Gas 5000 Menschen umbrachte, gab es keinen Protest der USA. Erst zur Rechtfertigung des jüngsten Schlages gegen einen „Hort des Bösen" entdeckte Präsident George Bush, dass der irakische Diktator „seine eigenen Leute vergast hat".

Fast während des gesamten achtjährigen Krieges stellten die Amerikaner den Irakern Informationen über Iran zur Verfügung.

In Siegerpose: Der irakische Diktator Saddam Hussein lässt sich 1988 am Ende des Krieges gegen Iran von seinen Landsleuten feiern.

Nach dem Ablauf von Geheimhaltungsfristen wurde bekannt, dass US-Laboratorien während des Krieges mit Genehmigung des Handelsministeriums Dutzende von biologischen Wirkstoffen, darunter Anthrax-Stämme, nach Irak geliefert hatten. Dow Chemical verkaufte noch 1988 Schädlingsbekämpfungsmittel, obwohl über die chemische Kriegführung Saddams bereits hinreichend Material vorlag. Insgesamt stellten die USA den Irakern jedoch weit weniger konventionelle Rüstungsgüter zur Verfügung als Frankreich oder Russland. Erst als Saddam sich an Kuwait vergriff, verdüsterte sich sein Image.

In Russland hat Saddam Hussein bis zuletzt Verehrer behalten. Nachdem die Amerikaner seine beiden Söhne Kusai und Udai getötet hatten – genannt „Saddams schlimmste biologische Waffen" –, kondolierte der ultrarechte Wladimir Schirinowskij dem untergetauchten Diktator: „Lieber Freund! Ihre beiden Söhne sind als wahre Krieger gestorben ... Ihr Heldentod zeigt die Seelengröße des irakischen Volkes." Bei den Duma-Wahlen vorige Woche hat Schirinowskijs Partei 14 Prozent erhalten.

Erschienen am 15. Dezember 2003

ANKLOPFEN, KAFFEE TRINKEN, ABER KEINESFALLS NACKT

2008
Auszüge aus einer Benimm-Fibel für US-Soldaten zum Einsatz im Irak während des Zweiten Weltkriegs

Er ist für amerikanische Soldaten bestimmt, der militärische Reiseführer und beginnt so: „Du bist in den Irak (i-RAHK) beordert worden". Schon auf Seite zwei wird erklärt: „Mit den Irakern kommst du am besten aus, wenn du sie zu Freunden machst, und ein Volk verstehen, ist der beste Weg, um mit ihm auszukommen." Nur wenige Amerikaner hätten das Glück, eine solche Erfahrung zu machen. Als Belohnung für eine ferne Zukunft verheißt das Handbuch: „Dereinst, in vielen Jahren, wirst du deinen Kindern und vielleicht deinen Enkeln Geschichten erzählen, die damit anfangen – damals, als ich in Bagdad war …"

Der praktische Teil des Büchleins wendet sich zunächst den Landesbewohnern zu: „Der Mann im wallenden Umhang, mit Schnurrbart und langem Haar, den du bald sehen wirst, ist ein erstklassiger Kämpfer, gründlich erfahren als Guerillero." So wird der typische Iraker beschrieben. Nur wenige Kämpfer auf Erden kämen ihm gleich. „Als Freund kann er ein standhafter und wertvoller Verbündeter sein. Wenn er aber zufällig dein Feind ist, sei auf der Hut!" warnt die Schrift. Obwohl nur wenige Iraker eine Erziehung wie Amerikaner genössen, seien sie schlau und intelligent: Sie vertrauten vor allem ihren Ohren und Augen. „Was du tust und wie du dich verhältst, kann viel dazu beitragen, diesen Krieg und danach den Frieden zu gewinnen."

Natürlich gebe es zwischen Amerikanern und Irakern Unterschiede noch und noch, bei Kleidung, Essen, Sitten und Gebräuchen, bei der Religion sowie der Einstellung zu Frauen. Aber der Führer

Keine Neuauflage: Ein Leitfaden der Kriegs- und Marineministerien in Washington von 1943

wischt kulturelle Verschiedenheiten weg. „Und wenn schon! Du gehst nicht in den Irak, um die Iraker zu verändern. Ganz im Gegenteil. Wir kämpfen diesen Krieg, damit der Grundsatz ‚leben und leben lassen' erhalten bleibt."

Dann folgen die konkreten Ratschläge. „Klopf an, bevor du ein Haus betrittst", wird der Soldat aus den USA vor einem möglichen Faux pas gewarnt. „Wenn eine Frau antwortet, warte, bis sie sich zurückgezogen hat. Respektiere Muslim-Frauen immer. Starr' sie nicht an. Lächle sie nicht an. Red' nicht mit ihnen und geh' ihnen nicht nach. Wenn du es dennoch tust, bringt dies dich und deine Einheit in Schwierigkeiten." Die irakischen Muslime hätten es auch nicht gern, wenn Ungläubige sich in der Nähe ihrer Moscheen aufhielten. „Eine Moschee erkennt man gewöhnlich an ihrem hohen Turm. Halte dich fern, lungere dort nicht herum. Zum Rauchen oder Ausspucken geh' anderswo hin. Bewahre Stille, wenn Muslime beten und starr' sie nicht an. Diskutiere mit Muslimen niemals über Religion, Politik oder Frauen."

Händeschütteln mit Irakern wird empfohlen. „Sonst rühr' sie nicht an und klopf ihnen nicht auf die Schulter." Ringkämpfe zum Spass seien verpönt als schlechte Umgangsform. Es beleidige Muslime, wenn man sich in ihrer Gegenwart betrunken oder nackt zeige. Zur irakischen Etikette gehöre es, Fremden eine Tasse Kaffee anzubieten, sogar in Geschäften. „Verweigere sie nicht und schütte sie nicht halb ausgetrunken weg, auch wenn sie nicht wie amerikanischer Kaffee schmeckt." „Und vor allem: Schlag' nie einen Iraker!" Das Buch wurde 1943 von den Kriegs- und Marineministerien in Washington für die amerikanischen Streitkräfte veröffentlicht, die während des Zweiten Weltkriegs zur Unterstützung der Briten in den Irak entsandt waren. Von einer Neuauflage ist nichts bekannt.

Erschienen am 19. April 2008

Zum Schutz vor einem grausamen, unsichtbaren Tod: Viele Iraker tragen während des Krieges gegen die Iraner Gasmasken bei sich.

Europäische Kolonien in Afrika

Frankreich
Großbritannien
Portugal
Italien

400 km

ÄGYPTEN

SUDAN

LIBYEN

Tripoli

TSCHAD

TUNESIEN

Tunis

NIGER

Mittelmeer

Algier

ALGERIEN

MALI

SPANIEN

PORTUGAL

Casablanca

Rabat

MAROKKO

El-Aaiún

Atlantischer Ozean

WEST-
SAHARA
(von Marokko
besetzt)

MAURETANIEN

Nouakchott

SENEGAL

MAGHREB

In Nordafrika begann 2011
der Aufbruch – auf der
Grundlage einer langen
gemeinsamen Geschichte.

Sidi Bou Said 2011: Die Verzweiflungstat eines tunesischen Gemüse-händlers war die Initialzündung für den „Arabischen Frühling".

Im Maghreb entsprang der Funke, der das Frühjahr 2011 zum arabischen Frühling machte. In der tunesischen Kleinstadt Sidi Bou Said hatte sich ein junger Gemüsehändler mit Benzin übergossen und angezündet, ein verzweifelter Akt des politischen Protests direkt vor den Toren des Amtssitzes des Gouverneurs. Der junge Mann, der an diesem 17. Dezember 2010 in den Tod ging, Mohammed Bouazizi, hatte eine Lebensgeschichte, mit der sich viele seiner Landsleute identifizieren konnten: Trotz seines Hochschulabschlusses in Informatik war Bouazizi darauf angewiesen, sich auf dem Gemüsemarkt als fliegender Händler zu verdingen. Die Arbeitslosigkeit in Tunesien ist bedrückend. Die staatliche Unterdrückung machte es noch schlimmer. Weil Mohammed Bouazizi nicht in der Lage war, die Lizenzgebühr für einen Gemüsekarren zu bezahlen, erpresste die Polizei von ihm „Strafgeld".

Der Funke sprang rasch über – auf Ägypten, auf Syrien, auf Libyen. Überall dort gingen Araberinnen und Araber, vorwiegend junge Leute, in den folgenden Wochen auf die Straßen, um gegen diktatorische Regime zu protestieren, welche die Menschen kleinhalten.

Schon am 14. Januar 2011 war der Druck der Straße in Tunesien so groß, dass der langjährige Diktator Zine el-Abidine Ben Ali ins Exil flüchtete.

Vor allem die drei Länder des Kern-Maghreb – Tunesien, Algerien und Marokko – werden oft als Einheit betrachtet, teilen sie doch eine gemeinsame Kultur und, in Gestalt Frankreichs, eine gemeinsame Kolonialmacht. Daneben zählen auch Libyen und Mauretanien dazu. Aus dem arabischen Frühling ist inzwischen vielerorts ein bitterer politischer Sturm geworden, der Maghreb ist in einzelne Teile zerfallen: in Kriegsgebiete, Banden-Reviere, und, tatsächlich, einen Ort der gedeihlichen Demokratie.

In Algerien hält sich weiterhin die Herrschaft der Generäle. Nirgends in Nordafrika hatte das französische Kolonialregime so mitleidslos gewütet wie in Algerien, und als die Algerier es 1962 schafften, die verhassten Besatzer am Ende eines acht Jahre währenden Krieges aus ihrem Land zu werfen, war der größte Teil ihrer sozialen Strukturen zerstört. Einzig das Militär blieb als politische Kraft übrig. Heute herrscht es unumschränkt in dem öl- und gasreichen Mittelmeerland: Die Militärjunta, die 1992 putschte, um einen Wahlsieg der Islamisten zu verhindern, hält sich Präsident und Parlament als Marionetten.

Östlich davon, in Tunesien, fanden im Oktober 2014 die ersten regulären, freien Wahlen zur Bildung einer neuen Regierung statt – die größte Erfolgsgeschichte, die der arabische Frühling hervorgebracht hat. Und wiederum östlich davon liegt Libyen, das Wüstenreich, dessen langjähriger Diktator Muammar al-Gaddafi der westlichen Welt erst als Terror-Pate galt, dann als nützlicher Helfer bei der Abwehr afrikanischer Flüchtlinge – allein im Jahr 2004, daran erinnert eine Reportage im folgenden Kapitel, erhielt er Besuch von den Regierungschefs Spaniens, Großbritanniens, Deutschlands und Italiens – und der dann mit einer Brutalität auf demonstrierende Landsleute einschlug, die sein Land erst in einen Bürgerkrieg und dann, schlimmer noch, in die Hand von unzähligen kleinen und größeren Warlords trieb.

Rick's Café in Casablanca, 2007

MITTEN IN CASABLANCA

2000

As time goes by: In einem Café in Marokko wird eine Zeit angehalten, die es in Wahrheit nie gab

Erst war die Stadt, dann der Film, später die Legende und schließlich das Café: Casablanca. Wer die Idee hatte, am Rande der Medina Ricks Café Americain nachzubauen, ist nicht übermittelt. Auf einem altmodischen Kleiderständer gleich hinter der Tür hängen Humphrey Bogarts Trenchcoat und Filzhut, daneben ein Képi und die helle Uniformjacke wie sie Capitaine Renault gleich anderen französischen Kolonialoffizieren der Vierzigerjahre getragen hätte – sowie ein Fez. Vestimentär entspricht letzterer genau den Nebenrollen, welche die Marokkaner schon im Film spielten. In einer Ecke stehen altmodische Projektoren und Scheinwerfer.

Wenn ein Gast seine Begleiterin damit erfreuen will, dass er mit ihr am virtuellen Ort der Handlung Szenen aus der Romanze des Kino-Liebespaares Bogart-Bergman nachspielt, bestellt er zuerst zwei Cocktails, am besten Rick's Blue Moon, Ingrid's Pearl oder Humph's Squirrel. Dann spricht er mit belegter Bogey-Stimme: „Here's looking at you, Kid!" Oder falls er zufällig die deutsche Version gesehen hat, viel weniger weltmännisch und wirkungsvoll: „Ich schau dir in die Augen, Kleines!" Die Getränkekarten gehen für 45 Dirham (zehn Mark) als Souvenir gut weg.

Ein Schwarzer im weißen Smoking spielt zugleich „Sam", den Pianisten aus Casablanca, und Klavier. Derzeit ist dafür der Amerikaner Lennie Bluett engagiert. Manchmal rückt er zur Seite, damit sich Touristen für eine Aufnahme an den Flügel setzen können. Hintergrund ist ein großes Plakat mit der lapidaren Aufschrift „Humphrey Bogart – Casablanca". Künstlich vergilbte Standfotos

Humphrey Bogart im melancholischen Filmklassiker von 1942: In Wahrheit war Casablanca eine stocknüchterne Handelsmetropole.

und Plakate dekorieren auch alle anderen Wände. Wenn Sam nicht mindestens einmal in der Stunde „As Time Goes By" anschlägt, wird das Publikum unruhig.

Als das Café vor einigen Jahren eröffnet wurde, wollte man es noch echter haben als im Kino. Den Trenchcoat und den Filzhut trug damals der Barmann hinter der Theke. Die Kellner servierten in den kurzen Pelerinen französischer Flics von einst, das Képi auf dem Kopf. Von solchen Übertreibungen ist man abgerückt. Auch „Rick's American Café" heißt der Laden nicht mehr, sondern inzwischen „Bar Casablanca". Es soll Schwierigkeiten mit dem Urheberrecht gegeben haben. Übrigens hätte im Marokko der Vierzigerjahre eine Agenten-Gestapo-Geschichte, wie sie Bogart, Bergman, Claude Rains, Conrad Veidt und Peter Lorre darstellen, viel eher nach Tanger gepasst als in die stocknüchterne Handelsmetropole Marokkos. Aber als Filmtitel glitzerte „Casablanca" romantischer.

Erschienen am 9. Dezember 2000

BLUMEN FÜR DIE MÄRTYRER

2003
Durch die koloniale Vergangenheit sind Algerier und Franzosen noch auf viele Weisen verbunden

Zuerst ehrt Jacques Chirac die apolitischen Toten. Im Stadtviertel Bab-el-Oued, wo nach einem Unwetter im Herbst vorletzten Jahres Erdrutsche und Schlammlawinen binnen Minuten mehr als 800 Menschen unter sich begruben, legt der Präsident einen Kranz nieder. Durch Abholzen der Wälder und wildes Bauen war der Steilhang unsicher geworden. Abflüsse und Kanalisationen waren chronisch vernachlässigt. Es genügte ein sintflutartiger Regen, und die Katastrophe war geschehen. Daran war Frankreich nicht schuld.

Seine nächsten Blumen trägt der Staatschef der einstigen Kolonialmacht zur ewigen Flamme unter dem Märtyrerdenkmal. Die Franzosen waren 132 Jahre lang die Herren des Landes. Der Befreiungskrieg hat zwischen 1954 und 1962 – nach algerischer Zählung – rund eine Million der damals zehn Millionen Einwohner das Leben gekostet. Vom Hügel des Monuments ragen dessen drei aneinander gelegte stilisierte Palmblätter fast hundert Meter in den blauen Vorfrühlingshimmel. In der Hauptstadt sind sie von überall zu sehen – ein Mahnmal, das seinen Namen verdient. Aber Algeriens junger Generation, die das alles nicht miterlebt hat, ist dies ziemlich einerlei. Für sie ist die Vergangenheit so tot wie die Märtyrer des Krieges und die Opfer des Schlamms. Die Jungen, mehr als zwei Drittel von inzwischen 30 Millionen, wollen arbeiten, Geld verdienen, reisen, auswandern, einfach leben.

„Chirac, visa! Chirac, visa!", rufen Zehntausende dem Präsidenten zu, als er an der Seite seines algerischen Kollegen Abdelaziz Bouteflika eine Meile weit zu Fuß durchs Zentrum von Algier geht. Nur vereinzelt hält jemand ein selbst gemaltes Schild „Kein Krieg gegen den Irak" empor. Die Menge jubelt, manchmal auch „Chirac, Präsident!", um dem eigenen Staatschef zu zeigen, dass das Fest nicht ihm gilt. Aus uralten Vorderladern böllern bärtige Greise in die Luft, mit Lizenz, denn die Sicherheitsvorkehrungen sind drakonisch. Junge Mädchen und alte Frauen, im Kopftuch oder modern gekleidet, strecken dem Präsidenten Hände und Wangen entgegen. Musikanten in traditioneller Tracht trommeln und pfeifen. Von allen Seiten haben sich Begeisterte und Neugierige herbeigedrängt. Denn schauen, ob es etwas zu schauen gibt, ist die Hauptbeschäftigung vieler. Von jenen Jungen sind 60 Prozent arbeitslos. „Hitist" werden sie mit einem arabisch-französischen Mischwort genannt – an-der-Wand-Lehner.

Von den blau gestrichenen Balkonen der weißen Fassaden regnet Konfetti in den geöffneten Mercedes der beiden Präsidenten. Nach vier Jahrzehnten algerischer Unabhängigkeit will Chirac laut eigenem Zeugnis zelebrieren, was er erst im Januar beim 40. Jahrestag des deutsch- französischen Freundschaftsvertrags gefeiert hatte: die Aussöhnung. Er spricht von einer tiefen, gefühlsbetonten, ja sogar „körperlich-sinnlichen Beziehung" zwischen den beiden Völkern. Mehr als einmal gebraucht er in Reden und Interviews diese Wendung. Für das algerische Staatsfernsehen ist Chirac dafür auf bestem Weg, „ein Held für die islamischen und arabischen Länder zu werden". Durch seine mutigen Stellungnahmen rette er die Ehre der westlichen Welt. Von allen europäischen Staaten habe allein Frankreich eine arabische Politik.

Von Investitionen, welche die Algerier gern hätten, ist weniger die Rede. Frankreichs Wirtschaft hält sich zurück. Dass ausgerechnet die Woche vor dem Staatsbesuch mit einem zweitägigen Generalstreik begann, der das Land lahmlegte, ist für sie keine Ermutigung. Das zweite zentrale Problem ist die Migration. Sie stand schon am Anfang der Unabhängigkeit. Wenn sie unter sich sind, sagen junge Algerier von heute nicht selten: Wären wir französisch geblieben, könnten wir jederzeit nach Marseille, Paris und Lille. Doch genau das hatte General Charles de Gaulle nicht gewollt. Während Anhänger der Algérie française ein „Frankreich von Dünkirchen bis Tamanrasset" erträumten, stellte er im Gespräch mit Vertrauten die polemische Frage: „Ein Frankreich mit 25 Millionen muslimischen Einwohnern?" Im Jahr 1997 gab es nur noch 57 000 Visa für

Algerier, im vergangenen Jahr waren es 180 000. Chirac verspricht, dass die geschlossenen Konsulate Zug um Zug geöffnet werden und dass die Prozeduren weniger schikanös sein sollen. Doch hochfliegende Hoffnungen dämpft Élysée-Sprecherin Catherine Colonna mit den Worten: „Die Erwartungen der Algerier gehen manchmal über das hinaus, was man tun kann."

Ganz bewusst hat Frankreichs Präsident ein Tabu gebrochen: Er brachte einen Harki mit. Staatssekretär Hamlaoui Mékachéra, zuständig für Veteranen, ist gebürtiger Algerier. Den Unabhängigkeitskrieg hat er auf französischer Seite ausgefochten, als Leutnant wie Chirac. Für die Freiheitskämpfer waren die Harkis, die einheimischen Hilfstruppen Frankreichs, Verräter. Alle Harkis, derer die siegreichen Rebellen beim Abzug der Franzosen habhaft werden konnten, wurden mit ihren Angehörigen gnadenlos massakriert. Die Zahl der Hingemetzelten wird auf mindestens 100 000 geschätzt. Von denen, die flüchten konnten, darf bis heute kaum einer die Heimat betreten. Wann immer Algier von Visa spricht, redet Paris von der Bewegungsfreiheit jener Franzosen, die Harkis sind.

Der heftigen Polemik gegen seine Anwesenheit hielt Mékachéra in der Zeitung *Libération* entgegen: „Als Kanzler Adenauer und General de Gaulle den Neubau Europas in die Hand nahmen, haben sie sicher nicht über die Nazi-Lager gesprochen. Sonst hätte es nie einen Freundschaftsvertrag gegeben." Vor Journalisten betont der Angefeindete indessen, die algerischen Offiziellen behandelten ihn sehr liebenswürdig.

Für den symbolischen Akt ihrer Bewältigung findet die Vergangenheit Platz in einer kleinen Schatulle. Frankreichs Präsident holt daraus das Siegel des Deys von Algier hervor, das der letzte einheimische Herrscher vor der Kolonisierung bei der Kapitulation Algiers am 5. Juli 1830 dem französischen Marschall Bourmont aushändigen musste. Lächelnd legt Chirac das silberne Gehänge mit den gravierten Koranversen in Bouteflikas Hände. Fast hätte der Nachfolger des Deys den Schatz fallen lassen.

Erschienen am 4. März 2003

„ZWISCHEN DEN GANZ ARMEN UND DEN GANZ REICHEN"

2004

In Gaddafis Libyen geben sich Europas Politiker
und Geschäftsleute die Klinke in die Hand

Eine kräftige goldene Hand ragt gen Himmel. Sie hat ein Flugzeug erhascht, einen Bomber mit Sternenbanner am Leitwerk. Das Monument, nicht höher als fünf Meter, soll daran erinnern, dass US-Präsident Ronald Reagan vor 18 Jahren versuchte, den libyschen Revolutionsführer Muammar al-Gaddafi durch Luftangriffe zu töten. Das war nach dem Anschlag auf die Berliner Diskothek La Belle, und der Libyer war für Reagan „ein tollwütiger Hund".

Inzwischen ist Gaddafi zum geachteten Mitglied der internationalen Gemeinschaft mutiert. Er hat dem Terrorismus abgeschworen, die Opfer entschädigt und das ohnehin aussichtslose Basteln an teuren Massenvernichtungswaffen eingestellt. Besser noch: Überall hilft sein tüchtiger Geheimdienst bei der Fahndung nach Islamisten. Amerika entlässt Gaddafi aus der Quarantäne, auch wenn Libyen noch auf der Liste jener Staaten steht, die Terror unterstützen. Europa umwirbt ihn. Binnen eines Jahres waren die Regierungschefs Spaniens, Großbritanniens und Deutschlands in Tripolis, der Italiener Berlusconi sogar drei Mal. Als letzter kam vorige Woche Frankreichs Präsident Chirac. Und jeder Besucher muss an der goldenen Hand einen Staatsakt absolvieren. Hymnen und Ehrenformation gehören dazu, zudem die Besichtigung des einstigen Hauptquartiers, in dem Gaddafi 1986 den amerikanischen Raketen nur knapp entging.

Ruinen aus Beton und Kunststoff altern nicht in Grazie wie Libyens antike Städte Leptis Magna oder Sabratha, durch die im Zeichen der Öffnung mehr Touristen wandern dürfen als früher. Im Inneren des zerschossenen Hauptquartiers hängen Drähte und Metallteile. Asbestverdächtige Isolier-Plafonds liegen herabgestürzt. Der Boden ist von Schutt überdeckt. Und jede Staatsvisite bringt Delegationen, welche die Reliquie weiter zertrampeln. Selbst der Sockel des goldenen Monuments draußen vor der Tür ist dem unheroischen Erhaltungszustand angepasst. Seine grüne Ölfarbe blättert. Für sein System hat sich Gaddafi die Bezeichnung „Massenstaat" ausgedacht, arabisch „Dschamaharijah", eine Art direkter Demokratie, in der theoretisch alle bei allem mitreden dürfen, doch in der Praxis nur einer bestimmt: Er. „Er" – so nennen ihn die meisten Libyer. Sein Name wird selten gebraucht. An die Gedenk-Ruine kommen die Massen nicht heran, nur ausgesuchte Landeskinder in Delegationen.

Die Weihestätte liegt auf dem Gelände der Bab-Asisia-Kaserne, wo sich der Revolutionsführer wahrscheinlich am meisten aufhält, streng abgeschirmt. Bis zur goldenen Hand sind drei Mauerringe zu passieren, bestückt mit Stacheldraht, Bunkern, Maschinengewehren, leichten Flak-Geschützen. Tore und Sperren, die im Zickzack zu durchfahren sind, erinnern an die Berliner Mauer. Auf weißen Plastik-Gartenstühlen sitzen Offizierinnen der weiblichen Garde in farbigen Uniformen. Auf eine große Rasenfläche der Kaserne hat Gaddafi die Schaustücke seiner Beduinen-Romantik gestellt: Pferde im Schatten von Bäumen, eine wandernde Ziegenherde, ruhevolle Dromedare neben dem berühmten Zelt. Die Euter der Kamelstuten sind in Säcke gehüllt, damit nicht Jungtiere des Führers Labung wegnaschen. Sogar auf Auslandsreisen nimmt Gaddafi seine Stuten und ein Zelt mit, zum gequälten Amüsement der Gastgeber. Sie müssen ihm in Schlossparks oder Gärten Weide und Lagerplatz einräumen. Als er Brüssel besuchte, residierte er auf dem Rasen des Château du Val Duchesse und ließ sich Leibspeisen servieren, Wachteln mit Rosinen und Dattel-Soufflé.

In der Eingangshalle der alten Festung von Tripolis, heute Museum, steht noch der zerbeulte VW-Käfer, in dem Gaddafi als junger Offizier über Wüstenpisten holperte. Jetzt kutschiert er seine Staatsgäste die 200 Meter von der Ruine zum Empfangszelt im schweren, gepanzerten Mercedes. Das Zelt selber ist mit beigen Clubsesseln möbliert, seine Wände sind mit Deko-Stoff ausgeschlagen, auf dem Rosetten mit braunen Kamelen und grünen Palmen ein lustiges Muster bilden. Auf jedem Couch-Tisch stehen zwei rote Schachteln mit Papiertüchern und eine Blumenvase. Im weiten Umkreis, grün getarnt, aber dennoch unübersehbar, steht die Mauer. Atmosphärische Ähnlichkeiten mit Disneyland sind zufällig.

Libyens proklamierte Öffnung ist allein nach außen gerichtet. Die Libyer brauchen moderne Technik, um ihren Reichtum nutzen zu können – und zur Abwehr der Migrantenströme. Als der 27-jährige Oberst Gaddafi 1969 an die Macht kam, produzierte das Land drei Millionen Fass Öl am Tag. Derzeit sind es als Folge von Boykott und Überalterung der Anlagen nur noch 1,5 Millionen Fass. Das Pro-Kopf-Einkommen der Libyer ist seit 1992 von jährlich 8000 Dollar auf die Hälfte gefallen. Im nächsten Jahrzehnt werden 30 Milliarden Dollar Investitionen in der Erdölwirtschaft, der Telekommunikation, der Elektrizitätswirtschaft, im Transportwesen und für Wasserversorgung gebraucht. Die beiden Fluglinien benötigen zwei Dutzend neue Flugzeuge.

DER SOHN DES DIKTATORS TRÄGT MASSANZÜGE

Libysches Öl ist schwefelarm, dünnflüssig, leicht zu raffinieren und hat nach Europa oder Amerika kürzere Wege als vom Golf. Heuer werden Erdölerlöse von 15 Milliarden Dollar erwartet, um 50 Prozent mehr als im Jahre 2003. 20 Milliarden Dollar liegen als Devisenreserve bereit. Geschäftsleute aus dem Westen fliegen ein wie hungrige Heuschrecken. Aber eine innere Liberalisierung findet nicht statt. Auch im jüngsten Bericht spricht Amnesty International wieder von willkürlichen Verhaftungen, Misshandlungen und Todesfällen in der Haft. Vor dem Volkskomitee für Justiz und Sicherheit behauptete der Führer, es gebe in Libyen keine „politischen Gefangenen", sondern bloß zwei Kategorien von Häftlingen, „gewöhnliche Kriminelle" oder „Ketzer". Vor afrikanischen Intellektuellen dozierte er im Oktober: „Man soll aufhören, von Mehrparteien-Systemen zu reden. Eine Partei genügt! Ich verstehe auch die Geschichten über die Beschränkung der Amtszeit von Präsidenten nicht. Wenn sein Volk es wünscht, kann ein Chef zwei, drei, vier oder noch mehr Amtszeiten bleiben." Für Gaddafi besteht dieses Problem nicht, denn er hat offiziell überhaupt keine Funktion.

„Mein Vater ist unersetzbar und einmalig", sagt Gaddafis Sohn Saif-al-Islam, 32 Jahre alt. Auch er hat keinerlei Amt. Aber er fungiert als Sonderbotschafter des Führers und ist in der Welt bekannter als Libyens Außenminister Mohammed Schalgam. Saif-al-Islams Khadafi International Foundation for Charitable Action, eine Organisation mit unklarem Status und Finanzquellen, trat erstmals bei der Befreiung westlicher Geiseln auf der Insel Jolo in Erscheinung. Während der Verhandlungen über die Entschädigung der Terror-Opfer war der Sohn wieder federführend. Den Spekulationen, er sei zum Nachfolger ausersehen, tritt Saif-al-Islam energisch entgegen. „Mein Vater ist ein Seher, kein König und kein Präsident. Er hat also kein Erbamt zu vergeben", beteuert er.

Vater und Sohn verkörpern, wenn nicht das alte und das neue Libyen, so doch zwei Welten. Der Revolutionsführer kleidet sich in den traditionellen braunen Burnus, farbige afrikanische Umhänge oder Pracht-Uniformen. Gaddafi junior trägt italienische Maßanzüge. Des Vaters Mähne ragt unter jeder Kopfbedeckung hervor, der Sohn bevorzugt modischen Glatzenschnitt. Der Vater war in seiner Jugend frommer Eleve der Koranschulen in der Landschaft Sirte, der Sohn studierte in Wien und London, malt Bilder und spielt Tennis im exklusiven Regatta-Club. Auf seinem Landgut nahe Tripolis hält er Tiger und Jaguare. Im Londoner Viertel Knightsbridge hat er ein Haus. Für Reisen bevorzugt er einen privaten Airbus-340 mit breitem Bett und Plasma-Bildschirm.

Gegenüber Ausländern hat Saif-al-Islam keine Scheu, von kommender Demokratie zu sprechen oder von einer Synthese zwischen Massenstaat und Liberalismus. „Sie werden sehen, in den nächsten zehn Jahren wird sich alles ändern", verspricht er. „Die Libyer wollen Hamburger essen, nicht Uran!" Davon ist die Mehrheit weit entfernt. Die Subventionen für Mehl, Öl und Strom sollen demnächst gestrichen werden. Der Benzinpreis wird von sage und schreibe sechs auf zwölf Euro-Cents pro Liter steigen, der Mindestlohn von monatlich 90 Euro auf 180. Organisationen jeder Art bleiben verboten. Es gibt nur wenige staatliche Zeitungen. Die *Tripoli Post,* das einzige englischsprachige Blatt, erscheint im Zwei-Wochen-Takt. Arabische Publikationen werden kaum importiert. Satelliten-Fern-

sehen ist das wichtigste Informationsfenster. Im Kino an Tripolis'
elegantester Einkaufsstrecke, der Straße des 1. September, läuft ein
Zorro-Film.

Projekte werden so schnell begraben wie geboren. An einem der
letzten Revolutionstage kündigte Gaddafi ein libysches Super-Auto
an, schneller und sicherer als jedes andere. Es wurde davon nicht
einmal ein handgemachter Prototyp gebaut. Zugleich stand in einer
zentralen Grünanlage der Triebwagen einer Straßenbahn, die binnen weniger Wochen durch Tripolis fahren sollte. Niemand hat davon mehr gehört. Einige hundert Staatsbetriebe sollen privatisiert
werden. Doch noch mehr als Verluste fürchten potentielle Käufer
die korrupte Bürokratie. „Wir leiden unter dem Erbe der sozialisti-
schen Staatswirtschaft", klagt Ministerpräsident Schokri Ghanem.
Er hat in Harvard studiert und wurde als kompetenter Reformer im
letzten Jahr eingesetzt.

RELIKT DES KOLONIALISMUS

Eine Gesellschaft aus Malta hat Libyens erstes Luxushotel gebaut, in Tripolis zwischen Altstadt und Meer, mit schnellen Liften und langsamen Kellnern. An der Bar werden Frucht-Cocktails
serviert: strenges Alkoholverbot. Das Personal besteht vorwiegend aus Tunesiern, Ägyptern, Marokkanern. In der Halle warten Reisegruppen, Vorboten eines erhofften Qualitätstourismus.
In einigen Zimmern der obersten Stockwerke hat sich das US-Ver-
bindungsbüro niedergelassen, als Keimzelle einer Botschaft. Zwei
Suiten dienen amerikanischen Ölgesellschaften als Büros. Sie
hatten 1986 nach Verhängung der Sanktionen gehen müssen. Das
Land besitzt herrliche Strände, spektakuläre Wüsten und Bauten,
deren sich Griechenland oder Italien nicht zu schämen bräuchten.
Es fehlt indessen jede Infrastruktur für Massentourismus: Wenige Hotels, noch weniger Speiselokale. Dass in der Medina, der Altstadt, und nur dort, die Straßenschilder neben arabischer auch
wieder lateinische Schrift tragen, ist eine zaghafte Geste. Neben
dem Triumphbogen des Kaisers Aurelian hat ein gepflegtes Restaurant aufgemacht, eine der wenigen Oasen in der gastronomi-
schen Öde der 1,5-Millionen-Metropole.

Als Gaddafi sich vor Jahren, von den Arabern tief enttäuscht,
Afrika zuwandte, sprach er sehnsüchtig: „Ich wäre am liebsten

schwarz, ganz schwarz!" Inzwischen hat Libyen bei fünfeinhalb Millionen legalen Einwohnern rund zwei Millionen Zuwanderer von südlich der Sahara. Traurig sitzen zwei Schwarze unter einem Torbogen. „Sie kommen ja nicht, weil sie uns so sehr lieben, sondern weil sie nach Europa wollen", sagt der Hausbesitzer. Der Premierminister bestätigt: „Wir sitzen zwischen den ganz Armen und den ganz Reichen." Was die Reichen ihnen im Fernsehen vorführten, wollten die Armen auch haben. Die Überfahrt von den libyschen Häfen Slitan und Suwara nach Lampedusa kostet zwischen 700 und 1500 Euro, Bakschisch an die Polizei eingeschlossen.

Die Mehrheit der Migranten hält sich versteckt, um die Passage in Schwarzarbeit zu verdienen. Halb-Legale kehren in orangefarbenen Overalls die Straßen. Erwischte harren im Lager El-Fellah am Rande von Tripolis hinter Stacheldraht auf ihren Abtransport. Häufig werden tausend Migranten am Tag deportiert. Italiener sollen die Mannschaften libyscher Küstenwachboote erst ausbilden, dann mit ihnen gemeinsam Patrouille fahren.

Aus der einst italienischen Kathedrale ist eine Moschee geworden, aus dem Campanile das Minarett. Frisch gestrichen, hat das Relikt des Kolonialismus maurische Gitterfenster aus Stein erhalten. Auch die Kirche Santa Maria degli Angeli in der Medina ist restauriert – als nie besuchte Ausstellungshalle für Gemälde. In der Sakristei legt der Wärter Patiencen am Bildschirm. Die griechisch-orthodoxe Kirche St. Georg gegenüber, gegründet 1647, ist ein Kindergarten. Sogar die Synagoge wurde wieder hergestellt. Allerdings ist der letzte libysche Jude vor zwei Jahren gestorben.

Erschienen am 1. Dezember 2004

ZELTEN AM TRIUMPHBOGEN

2007
Der Staatsbesuch in Paris ist für Libyens Revolutionsführer
Muammar al-Gaddafi der letzte Beweis dafür,
dass ihm die Internationale Gemeinschaft verziehen hat

Wie ein Tennisspieler, der eine Partie gewonnen hat, streckt Muammar al-Gaddafi lächelnd seine Faust zum Regenhimmel empor. Er ist seiner überlangen weißen Mercedes-Limousine entstiegen, die er aus Libyen hat einfliegen lassen. Gelassen schreitet er auf Nicolas Sarkozy zu, der ihm die Stufen des Élysée-Palastes herab entgegenkommt. Zum letzten Mal war der libysche Revolutionsführer 1973 hier. Damals regierte in Frankreich Präsident Georges Pompidou, der dem Libyer 100 Mirage-Kampfflugzeuge verkaufte. Heiter erzählt Gaddafi dem Nachfolger Pompidous von jenem Tag: Ich hatte ihn um Frankreichs Hilfe zur Entwicklung der Atomenergie gebeten. Lassen Sie die Finger von diesem Höllenfeuer, habe ihm der französische Staatschef geraten. Er hatte recht, erkennt der Libyer heute mit weiser Resignation an.

Gaddafi kann sich Triumph-Gesten leisten. Er ist arriviert, er hat gewonnen. Sein Staatsbesuch in Paris ist in seinen Augen die letzte Bestätigung dafür, dass ihm die ehrenwerte internationale Gesellschaft seine Missetaten verziehen hat. Proteste der Linken in Frankreich, von Bürgerrechtsgruppen und selbst die Schmährufe von Sarkozys Staatssekretärin für Menschenrechte, Rama Yade, sowie ihre Rückendeckung durch Außenminister Bernard Kouchner ändern daran gar nichts. Weil Yade gesagt hatte, Frankreich sei kein Fußabstreifer, an dem fremde Regenten ob Terroristen oder nicht ihre Blutspuren loswerden könnten, sah sich der Präsident genötigt, den Libyer durch protokollarische Aufwertung bei der Begrüßung zu besänftigen. Statt Einwanderungsminister Brice Hortefeux, der in der Kabinettsliste an sechster Stelle rangiert, wurde eilig die Nummer zwei, Innenministerin Michèle Alliot-Marie, zum Flughafen Orly geschickt.

Die Mirages von damals stehen noch immer am Rande libyscher Pisten herum, fast alle flugunfähig. Im Westen wird Algerien derweil von den Russen mit neuen Maschinen ausgerüstet, Ägypten im Osten hat amerikanisches Material. Libyen dagegen ist als Folge von jahrzehntelangem Boykott und Isolierung militärisch zahnlos. Spötter nennen seine Streitkräfte eine Armee von Obersten. Dem sollen wieder die Franzosen abhelfen. Schon am ersten Abend des Besuchs wurde die Lieferung von 14 Rafale-Kampfflugzeugen, Dutzenden Hubschraubern, Panzerfahrzeugen, Artillerie, leichten Kriegsschiffen, Flugabwehrwaffen und Radar-Ausrüstung vereinbart. Das neue Gerät soll in erster Linie den Spezial-Einheiten zugutekommen, die der Gaddafi-Sohn Saadi derzeit aufbaut.

Sie sind als Elite gedacht, als Armee innerhalb der Armee, als sicherer Schutz des Regimes nach dem Vorbild der Nationalgarde in Saudi-Arabien. Auch die Rafale, falls der Kauf zustande kommt, ist vorerst für die Spezialeinheiten bestimmt. Nach Ansicht des Herstellers Dassault und der Pariser Regierung ist sie das beste Kampfflugzeug der Welt, aber mit einem Stückpreis von 50 Millionen Euro auch das teuerste. Kein ausländischer Kunde hat es bisher gekauft. Ob die Libyer wirklich zugreifen, wird sich in der ersten Hälfte des kommenden Jahres entscheiden. Gaddafi hat angemeldet, er würde während seines Aufenthaltes gern mit einer Rafale fliegen.

TRAUM VON DER MITTELMEER-UNION

„Unsere französischen Freunde müssen wissen, dass bei uns das Wirtschaftliche der Politik folgt, nicht umgekehrt", sagt Abdel-Adi al-Obeidi von der Europa-Abteilung des libyschen Außenministeriums. Zwei der wichtigsten Männer im libyschen Machtapparat waren in den letzten Wochen mehrmals in Paris, um die Visite des Bruders Oberst, wie Gaddafi genannt wird, vorzubereiten: Der Chef des Auslandsgeheimdienstes, Mussa Kussa, und Abderrahman al-Sid, verantwortlich für Waffenkäufe, ließen ebenfalls keinen Zweifel daran, dass weder das Zeremoniell eines Staats-

Neue Heimat im Land der einstigen Unterdrücker: Ein aus dem Maghreb stammender Frisör 1965 in der französischen Stadt Nanterre

besuchs noch Medien-Propaganda noch das Trommeln der großen Konzerne die sachlichen Entscheidungen beeinflussen würden.

Für sein Projekt einer Mittelmeer-Union braucht Sarkozy Brückenköpfe am jenseitigen Ufer. Die Algerier zeigten sich während seines jüngsten Staatsbesuchs unlustig. Libyen hingegen hat seine Bereitschaft erkennen lassen, diesen Plan bedingungslos zu unterstützen. Als Gegenleistung schwebt Gaddafi eine französisch-libysche Achse in Afrika vor, von der noch niemand weiß, wie sie in der Praxis aussehen soll. Sie könnte in den Staaten südlich der Sahara durch libysches Geld und Frankreichs internationalen Einfluss funktionieren. Ohne dass über dieses Thema viel gesprochen wird, geht es bei den Pariser Gesprächen wie schon bei Sarkozys vorausgegangenem Besuch in Tripolis auch um Uran. Die Lieferung von einem, zwei oder drei Atomkraftwerken wurde im Prinzip schon im letzten Sommer vereinbart und ist jetzt bekräftigt worden. Die erzeugte Energie soll an erster Stelle zur Meerwasser-Entsalzung verwendet werden. Darüber hinaus wollen sich die Franzosen an der Erschließung der reichen Uranerz-Vorkommen in der Sahara beteiligen. Paris ist daran im höchsten Maß interessiert, um langfristig seine Versorgung zu sichern.

Politisch ist die Sache nicht unproblematisch. Denn die Uran-Vorhaben liegen im Grenzgebiet Libyens zu Algerien, und die Libyer streben eine Revision der langen Grenze an. Sie behaupten, Karten zu besitzen, nach denen die Franzosen zur Zeit, als ihnen Algerien gehörte und die Wüste wertlos zu sein schien, stillschweigend libysches Territorium ihrer Kolonie zugeschlagen hätten. Algerien, das mit der russischen Gazprom eng zusammenarbeitet, hat Moskau um Unterstützung gegen alle Forderungen nach Neuvermessung der Grenze ersucht. Libyen wiederum möchte Paris mit der staatlichen Atom-Firma Areva mobilisieren.

Sein berühmtes Beduinenzelt, ohne das er nie ins Ausland reist, hat Gaddafi im Garten des Palais de Marigny, des Gästehauses der französischen Regierung, aufschlagen lassen, gleich vis-à-vis vom Élysée. Fotografiert werden darf es nicht. Dem Fernsehsender *TF 1* ist es gleichwohl gelungen, von einem nahen Hausdach aus eine Ecke des schwarzen Zelts zu filmen. Gaddafis Zelt in Tripolis ist klimatisiert, sein hiesiges ist warm geheizt. In ihm will der Libyer, wie von zu Hause gewöhnt, seine Besucher empfangen. Aber er schläft im Palais. Auch sonst hat er alles Exzentrische, was ihn sonst auszeichnet, bisher vermieden. Er brachte keine Kamelstute mit, sondern trinkt ihre Milch, auf die er beim Frühstück nicht verzichten mag, aus gekühlten Vorräten. Beim Diner im Élysée war der Revolutionsführer mit einem völlig konventionellen Menu zufrieden: Pilz-Fricassé, sieben Stunden lang gebratener Lammschlegel, eine Spezialität Frankreichs, mit Gemüsecouscous und als Dessert Schokoladenkuchen. Während seines EU-Besuchs in Brüssel vor drei Jahren hatte er auf heimische Leckerbissen wie Wachteln mit Trauben bestanden.

Er kleidet sich für Paris nicht in Phantasie-Uniformen und nicht in afrikanischen Bubu, sondern trägt meist die Landestracht Libyens, einen kamelhaarfarbenen Überwurf und eine schwarze Kappe. Frankreich war das erste Land, das sein Revolutionsregime im Jahre 1969 anerkannte. Als die Amerikaner 1986 unter Präsident Ronald Reagan als Vergeltung für einen Anschlag Tripolis bombardierten, mit der Absicht, den Revolutionsführer zu töten, verweigerte Paris den in England gestarteten Bombern den Überflug. Besonders verehrt Gaddafi Charles de Gaulle: Er hat Algerien die Unabhängigkeit gegeben, die Nato verlassen und nach dem Sechs-Tage-Krieg von 1967 Frankreichs pro-arabische Schwenkung in der Nahostpolitik vollzogen. Ursprünglich hatten die Franzosen Gaddafis Wunsch, zu de Gaulles Grab in Colombey-les-deux-Églises zu pilgern, abgeschlagen. Nun kann es sein, dass ihm doch noch ein privater Besuch gestattet wird, voraussichtlich am Freitag, zum Abschluss der Visite. Sonst sind Gaddafis Wünsche bescheiden. Er will die Spiegelgalerie des Schlosses Versailles sehen und die Champs-Élysées, zwei Minuten zu Fuß vom Palais Marigny entfernt.

Die Propagandathese, Gaddafis Einladung nach Paris sei Teil des Preises für die Freilassung der bulgarischen Krankenschwestern gewesen, wird von den französischen Medien fast kritiklos übernommen. In Wahrheit war die Befreiung der Pflegerinnen und eines palästinensischen Arztes die Frucht langer, zäher und meist vertraulicher Verhandlungen der EU mit Libyen. Alles Wesentliche, vor allem die Frage des Lösegeldes, war bereits geregelt, als der gerade gewählte Sarkozy seine inzwischen von ihm geschiedene Frau Cécilia nach Libyen schickte und sich diese Blume an den Hut steckte.

Auch Sarkozy strickt unverdrossen an dieser Legende. Die Angriffe von Intellektuellen, speziell die herbe Kritik des Philosophen Bernard-Henri Lévy am Besuch Gaddafis, weist er mit dem Argument zurück, er brauche keine Lektionen von Verteidigern der Menschenrechte, die ihre aufrechte Haltung im Café Flore am Boulevard Saint-Germain oder in der Rockmusik-Halle Zenith demonstrierten. Mit dieser aufrechten Haltung haben sie die bulgarischen Krankenschwestern acht Jahre lang schmachten lassen und seit fünf Jahren Madame Betancourt. Um die Befreiung der einstigen kolumbianischen Präsidentschaftskandidatin aus den Händen der Farc-Rebellen will sich Sarkozy als nächstes bemühen. Journalisten hatte der Präsident schon auf dem europäisch-arabischen Gipfel in Lissabon mit der Gegenanklage zurückgewiesen: Erst war ich der Mann der jüdischen Lobby. Bin ich jetzt der Mann der arabischen Lobby?

Erschienen am 12. Dezember 2007

RÜCKKEHR ZU DEN ALTEN RÖMERN

2008

Von Algier bis Amman: Wein aus Nordafrika erlebt einen neuen Boom – auch wenn strenge Muslime das nicht gerne sehen

Es gab eine Zeit, da wurde ein bekannter ägyptischer Wein von leidgeprüften Zechern „Château Migraine" genannt. Tatsächlich hieß er laut Etikett nach dem ursprünglichen Eigentümer des Weingutes, der aus Griechenland stammte, „Château Gianaclis". Doch der Diktator Gamal Abdel Nasser hatte das Gut in den Sechzigerjahren verstaatlicht, und es kam herunter. Als es 1998 privatisiert wurde, begann unter dem libanesischen Direktor André Hadji-Thomas ein langsamer Aufstieg. Heute produziert das Gut 8,5 Millionen Flaschen im Jahr und rechnet bei steigender Qualität und Absatz mit einer Verdoppelung in den nächsten fünf Jahren. Drei Viertel der Flaschen werden von Touristen getrunken.

Wegen des koranischen Alkoholverbots wurde der meiste Wein im Nahen Osten seit altersher von einheimischen Christen produziert. Aber nicht nur. Der Kellermeister des Château ist ein frommer Muslim und hat in 20 Jahren Berufstätigkeit nie einen Tropfen verkostet. Alljährlich verlangen die Muslimbrüder im Kairoer Parlament ein Weinverbot – ähnlich wie konservative Glaubensbrüder in anderen Anbauländern –, kommen aber damit nicht durch. In Marokko, Algerien, Tunesien, Ägypten und Jordanien, überall hat der Wein Konjunktur. Insgesamt 80 000 Hektar stehen in arabischen Ländern unter Weintrauben-Kultur. Aus ihnen werden jährlich 1,3 Millionen Hektoliter gekeltert und auf 146 Millionen Flaschen abgefüllt. Das Gütesiegel „Appellation controlée" nehmen 15 Provenienzen in Anspruch.

Die Zeiten von „Chateau Migraine" sind vorbei: Weinlese in Chatatba im ägyptischen Nildelta 2007, wo man jetzt Libanon Konkurrenz macht.

Unter der französischen Kolonialherrschaft war Algerien der viertgrößte Weinproduzent der Welt. Damals wurden 18 Millionen Hektoliter gekeltert. Algerischer Wein wurde in Tankschiffen über das Mittelmeer transportiert. Jene Schiffe folgten den französischen Truppen in diverse Kolonialkriege, um den „Pinard", die tägliche Rotwein-Ration der Soldaten zu sichern. Mit der Unabhängigkeit verschwanden die Franzosen und anderen Europäer, die in Algerien den größten Teil der Weingüter betrieben hatten. Den zweiten, diesmal tödlichen Schlag versetzte die europäische Wirtschaftsgemeinschaft in den Fünfzigern den nordafrikanischen Winzern, indem sie den Import von Wein-Verschnitten verbot.

Wie in Ägypten profitiert die algerische Weinwirtschaft, die auf die Phönizier, die Griechen und die Römer zurückgeht, inzwischen von der Abkehr vom Staatssozialismus. Mit besserer Qualität sind ihre Flaschen wieder in französische Supermärkte vorgedrungen. Algeriens Weine kommen vorwiegend aus dem Atlasgebirge zwischen Algier und Oran. Die anspruchsvollste Marke nennt sich „Cuvée du Président". Genau so heißt kurioserweise auch einer der führenden Weine aus dem benachbarten Marokko. Zwar hat das Land keinen republikanischen Staatschef, sondern wird von König Mohammed VI. regiert. Doch da dieser sich Beherrscher der Gläubigen nennt und auf direkter Abstammung vom Propheten Mohammed besteht, darf sich kein berauschendes Getränk auf ihn berufen. Der marokkanische Präsidentenwein kommt von der Domäne Ouled Thaleb bei Benslimane, nördlich von Casablanca, die in den Zwanzigerjahren von Belgiern gegründet wurde. Die Gegend von Tlemcen bringt den koscheren „Rabbi Jacob" hervor, über dessen rituelle Unbedenklichkeit das Rabbinat von Casablanca wacht und der viel exportiert wird.

Von den einst ruhmreichen Weingütern des Libanon waren nach eineinhalb Jahrzehnten Bürgerkrieg nur drei übrig. Jetzt sind es wieder 18. Das 150 Jahre alte Gut Ksara ist stolz auf die Preise, die es in internationalen Wettbewerben gewinnt. Ein französischer Experte nennt drei Voraussetzungen, die den Weinkonsum begünstigen: Geld, Frieden und Demokratie. Jordanien musste nach der Besetzung des Westufers durch die Israelis im Jahre 1967 von vorne anfangen. Zwei Unternehmen im Besitz von Christen legten nördlich von Amman neue Weinberge an. Ihr „Saint Georges" wird gern am Persischen Golf getrunken. Auch in Syrien war es die Politik, die vor 40 Jahren die Weinkultur durch Verstaatlichungen ruinierte. Bei Lattakia versucht nun ein Privatunternehmer mit einem großen Gut die Renaissance des syrischen Weines. In zwei Jahren sollen die ersten Flaschen abgefüllt werden.

Erschienen am 26. Mai 2008

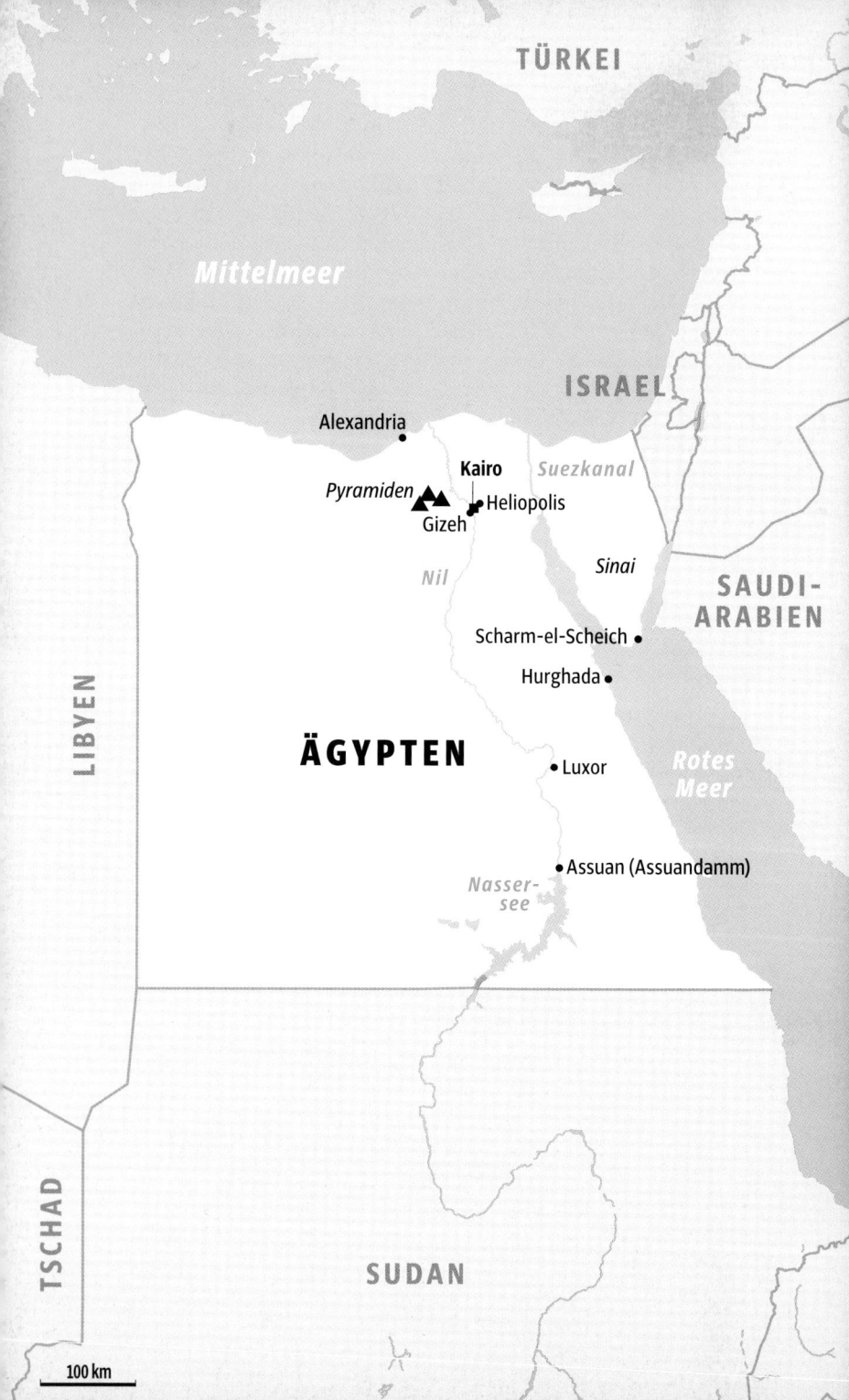

ÄGYPTEN

Die stolze Nation
lebt gedrängt im
schmalen Nildelta –
und hat sich seit 1952
glatt vervierfacht.

Beim Sturm auf ein Protestcamp haben Sicherheitskräfte diesen An-
hänger der Muslimbrüder im August 2013 verletzt.

Entweder ich – oder die Bärtigen. Das ist eine Ansage, mit der Ägyptens Präsident Fattah Abdel al-Sisi Staat macht am Nil: Entweder man unterstützt ihn, Sisi, der im Militär Karriere gemacht hat und der nun zwar autoritär regiert, aber immerhin säkular – oder man bekommt die Islamisten. Das Ergebnis lässt viele Beobachter im Ausland staunen.

2011 haben die Ägypter, die zu Hunderttausenden auf die Straßen gingen, ihren Langzeit-Herrscher Hosni Mubarak ins politische Aus geschickt. Doch inzwischen ist die Diktatur zurückgekehrt, und dies mit noch größerer Härte als in früheren Jahrzehnten. Sisi wütet furchtbarer als Mubarak in seiner nervösesten Endphase. Sisi bemüht sich, anders als sein Vorvorgänger, nicht einmal mehr um eine Fassade von Pressefreiheit und Opposition. Das Massaker auf dem Rabaa-Platz in Kairo am 14. August 2013 mit 817 niedergeschossenen Demonstranten, ein definierender Moment des neuen Regimes, war ein düsterer Eintrag in die Geschichtsbücher des 21. Jahrhunderts: das Verheerendste seit der Gewalt auf dem Tiananmen-Platz in Peking 1989. Seither hat der kleine Mann im Präsidentenpalast weiter Zehntausende seiner Gegner ins Gefängnis werfen lassen; gegen die wichtigste Oppositionsgruppe hat es Hunderte Todesurteile gegeben.

Ägypten erlebt eine Restauration. Es herrscht wieder eine Militärjunta, wie schon vor 2011, doch selbst wenn die Wahlerfolge dieser Junta bei scheindemokratischen Urnengängen seither ebenso wenig ein echter Indikator für die Zustimmung des Volkes waren wie weiland in der DDR, so ist für Beobachter im Land doch nicht zu übersehen: Die breite Mehrheit der Bevölkerung gibt sich zufrieden mit den neuen alten Zuständen. Sisi genießt Rückhalt.

Viele, nicht nur in Ägypten, sondern auch im Ausland, haben eine böse Alternative vor Augen: das chaotische Inferno, das Dschihadisten-Milizen rings herum in arabischen Bürgerkriegsländern anrichten. Bei der einzigen freien Präsidentschaftswahl, die Ägypten je erlebt hat, im Juni 2012, votierte eine deutliche Mehrheit dafür, den Bärtigen doch einmal eine Chance zu geben – nach Jahrzehnten in der Opposition. So gelangten die vergleichsweise moderaten Muslimbrüder an die Macht. Was folgte, erlebten viele Ägypter jedoch nicht als eine heilsame Abwechslung von Filz und Korruption, sondern als Chaos.

Dagegen verspricht Sisi immerhin Ordnung. Er stellt die Bevölkerung, beschwörend, vor die bekannte Alternative: Darauf antworten die allermeisten Menschen mit Zustimmung für ein System, das sie in ähnlicher Form bereits seit 1952 kennen. Ägyptens Bevölkerung ist inzwischen angewachsen auf etwa 90 Millionen – ein Blick zurück in die Geschichte verdeutlicht, was für ein Ritt das vergangene Jahrhundert für diese stolze Nation gewesen ist, mit einer glatten Vervierfachung der Bevölkerung seit 1952.

Der Tahirplatz in Kairo, 1979

DER FLUCH DES NILTALS

1965
Ägyptens Bevölkerung explodiert,
aber sie lebt gedrängt auf einem fruchtbaren Landstreifen,
halb so groß wie Bayern

Als der deutsche Fürst Pückler im Jahre 1837 nach Ägypten reiste, konnte er in sein Tagebuch notieren: „Die Fellahs sind arm, aber in den geringsten Dörfern Ägyptens, wo ich hinkam, fand ich fast immer Brot, Milch, Butter, Käse, Eier, Gemüse in Fülle, auch Geflügel, in den größeren selbst Schlachtfleisch, das man uns gern für einen sehr billigen Preis zum Verkauf anbot, sobald nur kein Gouvernementsbeamter dabei war, deren Raubsucht allerdings zu den Kalamitäten Ägyptens gehört – während in Griechenland häufig Zwiebeln und ein fast ungenießbares Maisbrot das einzige sind, das man sich verschaffen kann, auch die Leute selbst dort in der Regel von gleicher Kost leben müssen, wie in Irland von Kartoffeln und Whisky. Endlich hörte ich noch nie, dass ein Fellah verhungert sei, was zur Schande der Menschheit bei den irländischen Bauern notorisch schon öfter vorgekommen ist und vielleicht heute noch möglich sein mag."

Bei der Niederschrift seines Reiseberichts bemerkte Pückler 1843: „Ich habe später diesem Gegenstand fortwährende Aufmerksamkeit geschenkt und die feste Überzeugung gewonnen, dass die hiesigen Fellahs im Vergleich mit manchen anderen ihrer Kameraden in Europa – zum Beispiel den irländischen Bauern, welche doch Untertanen des erleuchtetsten Gouvernements in der zivilisierten Welt sind, oder den armen Webern im Vogtlande, von denen ich erst heute in den Zeitungen las, dass sie ihren täglichen Verdienst höchstens auf zwei Gröschel bringen könnten, und wenn ihre einzige Nahrung, die Kartoffeln, fehlschlügen, dem Hungertode nahekämen – dass, sage ich, diese Fellahs sich, obgleich mancher Härte und Willkürlichkeit ausgesetzt, die ich nicht ableugnen will, doch immer noch in einer Lage befinden, um welche viele unserer Proletarier sie nur beneiden könnten."

EIN SCHMALER STREIFEN IST BEWOHNBAR

Der heutige Alltag Ägyptens sieht anders aus. Seit Jahrzehnten beinahe ist der Fellache der Fleischtöpfe entwöhnt. In zunehmendem Maße hat er sich auf eine Kost umstellen müssen, deren wichtigste und beinahe einzige Stütze Brotfladen und Bohnengemüse geworden sind. Vor den Läden in den Wohnvierteln Kairos, in denen die neue Klasse der verhältnismäßig gut bezahlten Industriearbeiter lebt, stehen die Menschen im Jahre 1965 Schlange, um die billigen, von der Regierung subventionierten Lebensmittel zu erlangen. Aber auch auf dem freien Markt mit seinen hohen Preisen sind Butter, Reis, Tee und andere in Europa ganz alltägliche Güter rar geworden.

Selbst die besten Restaurants der Hauptstadt, deren teure Speisekarte nur noch wenige Angehörige der ehemaligen bürgerlichen Oberschicht, gehobene Funktionäre des Regimes und Ausländer bezahlen können, haben von den Behörden drei fleischlose Tage in der Woche verordnet bekommen. Fast zwei Drittel des Brotes, das in Ägypten gegessen wird, stammen aus der Lieferung amerikanischer Getreideüberschüsse, und wenn die in diesem Monat auslaufenden Abkommen nicht verlängert werden, müssen die Wirtschaftsplaner der ägyptischen Republik den Konsum auf anderen Gebieten noch drastischer beschränken, um den Import von Getreide notdürftig zu sichern. In den eineinviertel Jahrhunderten, die zwischen der mehrere Jahre dauernden Orientfahrt des Fürsten aus der Lausitz und den von Reisebüros arrangierten Nil-Exkursionen moderner 15-Tage-Touristen vergangen sind, ist etwas für die Versorgung Ägyptens Entscheidendes geschehen: die Zahl seiner Bewohner hat sich versiebenfacht.

Als Napoleon seine ägyptische Kampagne unternahm, lebten im Niltal 2,4 Millionen Menschen. Als Pückler seine Reisenotizen machte, waren es gerade über vier Millionen geworden. Als 1869 der Suezkanal eröffnet wurde, hatte Ägypten 5,2 Millionen Einwohner. Noch 1952, als General Nagib und der jetzige Präsident Nasser König Faruk absetzten, waren es 22 Millionen. In der kurzen Zeit von

13 Jahren aber hat sich ihre Zahl auf 29 Millionen erhöht, und wenn die Experten Recht behalten, wird es schon in zehn Jahren 40 Millionen Ägypter geben.

Auf der Landkarte bedeckt Ägypten mit einer Million Quadratkilometern eine ansehnliche Fläche. Tatsächlich jedoch drängt sich alles Volk in dem nur wenige Kilometer breiten grünen Streifen des Niltals und im Delta zusammen. Alles Land, das östlich und westlich davon liegt, ist unbewohnbare Wüste. 29 Millionen Menschen müssen auf nicht ganz 35 000 Quadratkilometern Kulturland leben, einer Fläche, kleiner als die Schweiz und nur halb so groß wie Bayern. Was für den größten Teil der Welt erst eine schauerliche Zukunftsvision der Demografen ist, ist für Ägypten schon heute Wirklichkeit geworden.

Mit 775 Einwohnern auf einem Quadratkilometer Kulturland stellt Ägypten alle anderen Gebiete der Erde, die als dicht bevölkert gelten, in den Schatten, die Insel Java mit ihren 500 Bewohnern pro Quadratkilometer, die Niederlande mit 300, Belgien mit 302, Japan mit 260 und die Bundesrepublik mit 225. Dies ist das Problem Ägyptens, und weder der Assuan-Damm noch das Landgewinnungsprojekt in der Befreiungsprovinz am Westrand des Nildeltas noch Industrialisierungspläne können an jener misslichen Ausgangssituation etwas entscheidend ändern. Im Jahre 1960 fasste die Regierung in Kairo den kühnen Plan, das Volkseinkommen innerhalb von zehn Jahren zu verdoppeln. Wie weit der in diesen Wochen endende Fünfjahresplan die in diesem Rahmen gesteckten Ziele erreicht hat, lässt sich bei der Undurchsichtigkeit ägyptischer Wirtschaftsstatistiken schwer übersehen; es dürfte Abstriche gegeben haben, von denen der Plan vermutlich in der Substanz nicht schwer getroffen wurde. Fest steht jedoch, dass der neue Fünfjahresplan in seiner Laufzeit um zwei Jahre bis 1972 verlängert wurde, was einer Kürzung um 40 Prozent gleichkommt. Fest steht auch, dass selbst die Finanzierung des auf diese Weise gestreckten Planes nicht gesichert ist.

ZWEI BROTE AM TAG

Rund fünf Milliarden Mark sollen durch langfristige ausländische Kredite gedeckt werden, aber trotz der großzügigen Wirtschaftshilfezusagen der Sowjetunion, Ostdeutschlands, der Tschechoslowakei und anderer Ostblockstaaten besteht noch immer ein Defizit von etwa drei Milliarden Mark.

Beobachter, welche die 13 Jahre der ägyptischen Republik miterlebt haben, sind darüber einig, dass Nasser und seine Mitarbeiter sich erst allmählich, schrittweise und tastend eine Staatsdoktrin erarbeitet haben. Nicht eine revolutionäre Ideologie war es, die den Sturz der Monarchie herbeiführte, sondern allgemeines Missbehagen über die Unfähigkeit und Korruptheit des Ancien Régime. Zuerst kam die revolutionäre Aktion, dann begann die Suche nach der Weltanschauung. Dementsprechend wurden erst verhältnismäßig spät im Sinne des arabischen Sozialismus die Weichen auf Verstaatlichung gestellt und auch dann nicht mit kommunistischer Konsequenz: noch heute sind 20 Prozent der Industrie und 80 Prozent des Einzelhandels in Privatbesitz. An einem bestimmten Punkt dieser Entwicklung muss Nasser auch zu der Überzeugung gelangt sein, dass sich durch ägyptische Innenpolitik wohl der Landbesitz neu verteilen, die Gesundheitsfürsorge ausbauen oder das Schulwesen verbessern lässt – viel ist auf diesen Gebieten geschehen –, dass sich aber die wirklichen Probleme des Landes auf lange Sicht nur großräumig lösen lassen.

Die arabische Einheit, ebenso häufig beschworen wie totgesagt und bespöttelt, ist aus der Sicht des übervölkerten Niltals kein leeres Schlagwort und kein chauvinistischer Traum, sondern eine wirtschaftliche Hoffnung und fast eine Notwendigkeit. Dies wird in Kairo zwar nicht laut gesagt, aber jeder weiß es. Dabei wird weniger an die Umsiedlung Millionen ägyptischer Fellachen in die fruchtbaren Ebenen Mesopotamiens als an die Mobilisierung der Ölmilliarden der arabischen Halbinsel und Libyens für die Bedürfnisse der ägyptischen Wirtschaft gedacht. Viele Aspekte der Kairoer Politik – die Unterstützung von Umsturzbewegungen in den „Bruderstaaten" oder das Abenteuer im Jemen – lassen sich aus jenem Drang zum Öl erklären.

Westliche und auch einheimische Kritiker des Regimes haben oft die berechtigte Frage gestellt, ob es nicht besser gewesen wäre, angesichts der schlechten Lage alle Kräfte auf Ägypten zu konzentrieren, die Geburtenkontrolle zu forcieren und das Produktionspotential auszubauen, statt die kostbaren Devisen für Fernlenkraketen, die Entwicklung eines eigenen Düsenjägers und andere ehrgeizige militärische Projekte auszugeben. Die Gegenfrage müsste lauten: Hätte Nasser, wenn er nicht „Großmachtpolitik" betrieben und sich für Ost und West interessant gemacht hätte, von beiden Seiten so viel Geld für sein Land erhalten? Die Frage stellen, heißt sie verneinen.

Allein die amerikanische Lebensmittelhilfe hat seit 1958 einen Wert von 3,4 Milliarden Mark erreicht. Die Sowjetunion hat bisher 3,2 Milliarden Mark an Krediten gegeben. Andere Ostblockstaaten, die Bundesrepublik, Frankreich und Kuwait haben geholfen. Insgesamt dürften Ägypten bisher nahezu zehn Milliarden Mark zugeflossen sein. Dies ist eine Summe, mit der die Planer vergleichbarer Entwicklungsländer, die eine selbstgenügsame Außenpolitik betreiben, nicht einmal in ihren kühnsten Träumen disponieren.

Über ein Jahrzehnt lang ist in Ägypten nach außen hin fast alles gut gegangen. Die zunehmende Knappheit an Verbrauchsgütern und hochwertigen Lebensmitteln, über die Ausländer wie wohlhabende Ägypter klagten, wurde von 80 Prozent des Volkes, das sich diese begehrten Dinge ohnehin nicht leisten konnte, bis in die jüngste Zeit kaum bemerkt. Der Bakschisch-Sozialismus der erhöhten Löhne, gesenkten Mieten und häufigen Gratifikationen hat das Regime populär gemacht. Erst in den letzten Monaten wurde auch der kleine Mann direkt in die Austerity-Politik einbezogen. Man verlangt von ihm zusätzliche Arbeitsstunden ohne Lohn, die Gewinnbeteiligung der Arbeiter in den verstaatlichten Betrieben wird nach dem deutschen Muster des „eisernen Sparens" neuerdings auf ein Sperrkonto gelegt, und Gamal Abdel Nasser kündigte kürzlich in einer Rede für die Zeit nach dem Ende der amerikanischen Weizenlieferungen an: „Wer bisher zwei Brote am Tag gegessen hat, wird in Zukunft nur noch eines essen."

Erschienen am 26. Juni 1965

ARABISCHER SOZIALISMUS

1967
*Präsident Nasser verwaltet die Krise mit Fünfjahresplänen und
Beschuldigungen gegen das Ausland*

Auf Gamal Abdel Nassers innerem Weg zum Sozialismus
spielt ein persönliches Erlebnis eine große Rolle, das der
ägyptische Präsident bei jeder Gelegenheit zu erzählen
pflegt. Nasser, damals schon Premierminister aber noch nicht
Staatsoberhaupt und noch ein Jahrzehnt von der Entdeckung des
arabischen Sozialismus entfernt, besuchte Anfang der Fünfziger-
jahre die Zuckerfabrik von Kom Ombo bei Assuan, ein Unternehmen Abbud Paschas, des einzigen Großindustriellen des Landes.
An die Besichtigung des Werks sollte sich ein Mittagessen an-
schließen, das der Vorstand dem Ministerpräsidenten zu geben
gedachte. Doch daraus wurde nichts. Gamal Abdel Nasser fielen
beim Anblick der reich gedeckten Tafel die Arbeiter ein, die er unter ihrem Zelt im Hof der Fabrik ihr übliches Mahl von trockenem
Brot und Zwiebeln hatte verzehren sehen. Empört machte er auf
dem Absatz kehrt und fuhr zurück nach Kairo.

Im Augenblick ist es den Arbeitern Ägyptens nicht möglich, ihr
Essen so schmackhaft wie seinerzeit in Kom Ombo zu gestalten:
Zwiebeln gibt es seit vielen Wochen nicht mehr. Die verzweifelte
Devisenlage zwingt die Regierung dazu, die gesamte Ernte, die im
Winter und in den ersten Frühlingsmonaten auf dem Weltmarkt
gut abzusetzen ist, den europäischen Aufkäufern in der Hafenstadt
Alexandria in den Rachen zu werfen. Der Mangel beschränkt sich
jedoch nicht auf Zwiebeln, obgleich schon allein das Fehlen dieser
Delikatesse auf dem Speisezettel des Orientalen schwerwiegend
wäre. Ägyptischer Reis ist seit Monaten für den Export reserviert.
Die Metzgereien bleiben seit Jahren drei Tage in der Woche geschlossen. Butter wird bis zur Unkenntlichkeit mit Rindertalg und

anderen Fetten gestreckt, Kaffee besteht zur Hälfte aus gerösteten Kichererbsen. Die Preise für Obst, Gemüse und die anderen Lebensmittel außer braunen Bohnen und Brot laufen dem Normalverbraucher davon.

Auch die Industrie ist von der Versorgungskrise betroffen. Etwa 50 wichtige Betriebe liegen gegenwärtig wegen Rohstoffmangels still. Das ägyptische Montagewerk von Fiat hat seit mehr als einem Jahr keinen Wagen mehr gebaut, weil zum Import der Teile aus Turin die Devisen fehlen. Industriell erzeugte Verbrauchsgüter sind dementsprechend teuer geworden: ein Radio einheimischer Produktion und billiger Ausführung kostet 500 Mark, ein 200-Liter-Kühlschrank umgerechnet 2400 Mark, eine Büroschreibmaschine 1300 Mark. Für einen zehn Jahre alten gebrauchten Volkswagen in gutem Zustand lässt sich mit einigem Glück für den Verkäufer das Dreifache des Neupreises in Deutschland erzielen.

Dem Staat geht es nicht besser als seinen Bürgern. Die Auslandsschulden Ägyptens betragen schätzungsweise sieben Milliarden Mark. Davon waren zu Beginn des Jahres etwa 600 Millionen Mark in harter Währung zur Rückzahlung fällig. Allein Kreditgeber in der Bundesrepublik hatten Anspruch auf 100 Millionen Mark. Diese Summe wird sich im laufenden Jahr durch neu fällig werdende Verpflichtungen auf 250 Millionen Mark erhöhen. Niemand erwartet mehr, dass Kairo diese Beträge fristgemäß zurückzahlen wird. Niemand erwartete wohl auch, als diese Gelder im Rahmen der Entwicklungshilfe bei Kenntnis der wirtschaftlichen Möglichkeiten Ägyptens gegeben wurden, dass Nasser seine Schulden jemals wie vereinbart tilgen könnte. Ägypten unterscheidet sich hierin nicht grundsätzlich von einer Reihe anderer Entwicklungsländer. Das für westliche Kreditgeber Ärgerliche ist im Falle Kairos, dass der von der Entwicklungshilfe erhoffte politische Effekt nicht eingetreten ist.

Nasser lässt seinerseits keinen Zweifel daran, dass er nicht zurückzahlen wird. In mehreren Reden der letzten Wochen drohte der Präsident Ländern, die gegenüber seiner Republik „wirtschaftlichen Druck", „Blockade", „Erpressung" anwendeten, sie würden ihre Anleihen nicht wieder erhalten. „Sie können tun, was sie wollen, um zu ihrem Geld zu kommen", sagte er in einer Versammlung in der Kairoer Universität. Unter „Erpressung", „Druck" oder „Blockade" versteht Nasser nicht nur die Verbindung von Wirtschaftshilfe

Ägyptens Herrscher rüstete mit Hilfe des Ostblocks massiv auf (hier Nasser zu Besuch in Moskau), später sollte Ägypten Partner der USA werden.

mit politischen Bedingungen, sondern auch schon das Bestehen auf pünktlicher Zahlung oder die fehlende Bereitschaft, neue Kredite zu geben.

Besonders die USA sind in dieser Hinsicht ins Schussfeld seiner Kritik geraten. Ägypten braucht jährlich 4,1 Millionen Tonnen Getreide, von denen 2,6 Millionen Tonnen importiert werden müssen. Bis zum letzten Sommer wurde dieser Bedarf mit Überschussweizen aus amerikanischen Regierungsbeständen gedeckt; Kairo konnte in ägyptischen Pfund bezahlen und erhielt überdies einen Teil des Kaufpreises als langfristige, billige Anleihe zur Verfügung gestellt. Aus Missbehagen über Nassers revolutionäre Politik auf der arabischen Halbinsel und über die weitgehende Koordinierung seines außenpolitischen Kurses mit dem Moskaus ließen die Amerikaner ihre Getreidelieferungen dann „auslaufen". Die akuten Versorgungsschwierigkeiten, die danach drohten, sind durch den Kauf von Weizen auf dem Weltmarkt gegen Devisen und durch die Lieferung von 650 000 Tonnen Getreide aus der Sowjetunion in diesem

Frühling vermieden worden. Spätestens im Herbst wird Ägypten wieder vor dem gleichen Engpass stehen, da Moskau auf die Dauer die Brotversorgung von 30 Millionen Ägyptern nicht übernehmen kann.

Diese Zwangslage hat Nasser jedoch nicht nachgiebiger gemacht. „Wir ziehen unsere Bitte um Weizen zurück", sagte er kürzlich dem scheidenden amerikanischen Botschafter Battle. „Betrachten Sie sie als nie gestellt. Wir werden künftig unseren Bedarf anderswo decken. Wir nehmen gar kein Getreide mehr von Ihnen." In einer Volksversammlung rief der Präsident: „Wenn wir geschwiegen hätten, wenn wir den imperialistischen Agenten in Jordanien, Saudi-Arabien und Tunesien ihr Spiel gelassen hätten, um uns den amerikanischen Weizen zu sichern, so hätte dies bedeutet, dass uns die Amerikaner an der Kehle fassen und beherrschen könnten. Aber wir sind ein hundertprozentig unabhängiges Land. Ich bin sicher, dass jeder unserer Bürger, wenn man ihm die Wahl zwischen amerikanischer Herrschaft und dem Verzicht auf Hilfe ließe, die Hilfe beiseiteschieben würde." Da Nasser weiß, dass seine Regierung künftig pro Jahr eine halbe Milliarde Mark knapper Devisen für Getreideimporte aufwenden muss, kann als sicher gelten, dass er zur Zeit seines propagandistischen Ausfalls gegen die USA mit amerikanischen Lieferungen ohnehin nicht mehr rechnete – obwohl sie doch weiterzugehen scheinen.

Auch beim Internationalen Währungsfonds (IWF), der in den letzten vier Jahren insgesamt 420 Millionen Mark zur Überbrückung von Zahlungsschwierigkeiten zur Verfügung stellte, ist Kairo in Verzug geraten. Rückzahlungen von je 18 Millionen Mark für die Monate Dezember, Januar und Februar blieben aus. Gerüchte, die deshalb von einem bevorstehenden Ausschluss der VAR mit weitreichenden Rückwirkungen auf ihren künftigen Kredit in der gesamten westlichen Welt wissen wollten, wurden jedoch bisher vom Währungsfonds zurückgewiesen.

Eine Reihe von Gläubigerstaaten hat in nüchterner Einschätzung der Lage den Ägyptern in den letzten Monaten Zahlungsaufschub gewährt. Italien, Frankreich und Spanien ließen sich auf Bitten Kairos zu einer „Umschuldung" herbei, welche die bereits fälligen Zahlungen auf einen Zeitraum bis zu fünf Jahren verschiebt. Zum Teil war damit auch die Gewährung von kleineren neuen Krediten verbunden. Mit Großbritannien wurde ein ähnliches Abkommen, die Schuldsumme von 56 Millionen Mark betreffend, ausgehandelt. Die Bundesrepublik ist dagegen wegen des Fehlens diplomatischer Beziehungen in einer schwierigeren Lage. Dem Vernehmen nach wäre Bonn bereit, die ausstehenden Beträge bei Wiedereröffnung der Botschaften ebenfalls zu stunden. Kairo verlangt jedoch mehr, nämlich neue Anleihen, wenn es auch mit seinen Forderungen, gemessen an früheren Dreiviertel-Milliarden-Erwartungen, relativ bescheiden geworden ist. Da es wegen der beengten Finanzmöglichkeiten Bonns und aus politischen Gründen noch zu keiner Einigung über die Wiederaufnahme der diplomatischen Beziehungen gekommen ist, besteht die Möglichkeit, dass die Bundesrepublik neben den USA das erste Opfer der ägyptischen Zahlungsverweigerung wird.

Ihren ehrgeizigen zweiten Fünfjahresplan, der schon am 1. Juli 1965 beginnen sollte und Investitionen von mehr als 30 Milliarden Mark vorsah, musste die Kairoer Regierung zu Beginn dieses Jahres fallenlassen. An seine Stelle trat ein Dreijahresplan, welcher der Entwicklung der dringendsten Projekte den Vorrang gibt. Auf die Höhe der von 1967 bis 1970 geplanten Investitionen legte sich die Regierung nicht fest. Schätzungen sprechen von zehn Milliarden Mark. Jeder Entwicklungsplan wird in der Praxis von der Höhe der ägyptischen Deviseneinnahmen abhängen. Deren wichtigste Quelle neben dem Suezkanal, der Baumwollexport, muss aber weitgehend zur Deckung der Verpflichtungen gegenüber dem Ostblock herhalten. Fast zwei Drittel der ägyptischen Baumwolle gingen im letzten Jahr in die Sowjetunion und die anderen osteuropäischen Länder.

In der ägyptischen Wirtschaftsmisere gibt es im Jahre 1967 nur einen Lichtblick: die Erdölfunde in der Libyschen Wüste. Für das laufende Jahr rechnet sich Kairo aus den neu entdeckten Quellen südlich von El Alamein, die von der amerikanischen Phillips-Oil-Company ausgebeutet werden, Deviseneinnahmen von 150 Millionen Mark aus, für die kommenden Jahre mehr. Beschwörend wie eine Zauberformel, mit der er die Ränke der Imperialisten und der arabischen Reaktionäre zunichtemachen will, spricht deshalb Gamal Abdel Nasser neuerdings in seinen Reden die Worte: „Wir haben Petroleum!"

Erschienen am 5. April 1967

OBERST DER NATION

1970

*Gamal Abdel Nasser war nach 2500 Jahren
der erste Ägypter, der Ägypten regierte*

G amal Abdel Nasser war, seit die Perser 525 vor Christus
unter ihrem König Kambyses das Niltal eroberten, der erste Ägypter, der Ägypten regierte. Die persischen Satrapen,
die griechischen Ptolemäer, die Kambyses folgten, die Römer, Byzantiner, die arabischen Herrscher aus dem Hedschas und Nordafrika, der Kurde Saladin, die türkischen und tscherkessischen
Mamelucken, die Osmanen und ihre albanischen Statthalter, deren letzter Spross in der Revolution von 1952 abgesetzt wurde –
sie alle waren für die ägyptischen Bauern, Handwerker, Händler
nur Fremde, deren Regiment es geduldig, aber misstrauisch zu er-
tragen galt. Abdel Nasser war einer von ihnen: Schon die hohen Ba-
ckenknochen, die vollen Wangen, die breiten Schultern, die massive
Stärke seiner Glieder wiesen ihn als den Sohn von Fellachen aus.
Dass er zum Volk gehörte, erklärt das gläubige Vertrauen, das ihm
fast zwei Jahrzehnte lang entgegengebracht wurde. Dass er in politischem Verstand, diplomatischem Geschick und organisatorischem
Talent über das in öffentlichen Angelegenheiten meist hilflose Volk
des Nils hinauswuchs, erklärt seine Macht, die über Ägypten in die
arabische Welt strahlte.

Nasser war einer der ersten und ist einer der wenigen geblieben,
die im Orient in die Politik gingen, nicht um sich zu bereichern oder
um ihrer Sippe Ansehen und Einfluss zu verschaffen, sondern um
etwas für seine Mitmenschen zu tun. Von ihm wusste jeder, dass er
ungleich anderen Staatsmännern östlich des Mittelmeers kein Kon-
to im Ausland und kein großes Bankguthaben im Inland hatte. Auch
als Präsident blieb er in der kleinen Villa im Kairoer Vorort Man-
schijat al Bakri, in der er mit seiner Frau und seinen fünf Kindern

schon gelebt hatte, als er noch Offizier war. Er zog für den Sommer in ein bescheidenes Haus am Strand von Alexandria. Er spielte, wenn er Zeit hatte, Schach und leistete sich als einzigen Luxus eine Fülle von importierten seidenen Krawatten und – als ihm die Ärzte das Rauchen noch erlaubten – amerikanische Zigaretten, mehrere Schachteln am Tag. Ein Drohnendasein für seine Kinder, persönliche Extravaganzen, Eskapaden, Romanzen sagten ihm auch seine erbittertsten Gegner nicht nach. Außer der Befriedigung, fast zwei Jahrzehnte lang die zentrale Figur des nahöstlichen Kräftespiels gewesen zu sein, hat die Macht dem Mann Gamal Abdel Nasser nichts eingebracht.

SEIN GRÖSSTER TRIUMPH

Seine außenpolitischen Ziele verfolgte er mit Umsicht, Phantasie, immer neuen Ideen, Zähigkeit, Schläue, List, Erpressung, Gewalt, langfristiger Planung oder rascher Improvisation – wie es die Lage erforderte. Durch kaltblütige Nutzung der Geografie, der Machtverhältnisse im Ost-West-Konflikt und der wechselnden Interessen der Großen erreichte er, dass Ägypten – ein Land von der Einwohnerzahl Thailands und dem wirtschaftlichen und militärischen Potential eines europäischen Kleinstaates – zeitweilig als Akteur in die erste Reihe der Weltpolitik vorrückte, mit Atommächten von gleich zu gleich taktierte, oder von Washington, Moskau und Peking im selben Augenblick hofiert wurde.

Seinen größten Triumph erlebte Nasser 1956, als binnen eines Jahres die letzten britischen Truppen das Land verließen, der Suezkanal nationalisiert wurde und er den militärischen Sieg der vereinigten britisch-französisch-israelischen Truppen mit politischen Mitteln rückgängig machen konnte.

Sein schwerster Augenblick kam, als am 9. Juni 1967 die ägyptische Armee zum zweiten Mal vernichtet war und die Israelis von neuem am Suezkanal standen. Zerschlagen, ausgebrannt von den Feuerstürmen der letzten Tage, sichtlich gealtert, mit melancholischem Gesicht und tonloser Stimme trat Abdel Nasser damals vor die Fernsehkamera, um seinen Rücktritt zu verkünden. Binnen Viertelstunden liefen Millionen durch die Straßen der arabischen Städte, rufend, klagend, weinend, gestikulierend und skandierten: „Nasser, komm zurück! Nasser, verlass uns nicht!" Sein großes

Spiel, das mit der Schließung der Meerenge von Tiran und dem Aufmarsch der ägyptischen Armee am Suezkanal begonnen hatte, war misslungen. Aber die arabischen Völker fühlten: Er hat es nicht für sich, er hat es für uns gewagt. Und nur er kann uns wieder aus der Katastrophe führen.

Bis zuletzt blieb es eine Konstante der nahöstlichen Politik, dass die Araber in ihrer Mehrheit bei allen Entscheidungen und Kurswechseln Nassers seinen guten Willen honorierten. Er allein konnte den amerikanischen Friedensplan akzeptieren, ohne in den Geruch des Verrats zu kommen. Nur unter seiner Autorität fanden sich noch an seinem letzten Lebenstag der jordanische König und die mit ihm bis aufs Blut verfeindeten Palästinenser zu dem Versuch bereit, ihre Differenzen zu überkleistern. Er allein hätte sich schließlich mit dem jüdischen Staat arrangieren können. Am Ende seiner Laufbahn war Nasser in allen wesentlichen seiner äußeren Ziele gescheitert. Arabien ist nicht geeint. Israel ist nicht geschlagen. Ägypten ist nicht von ausländischem Einfluss frei; zwar sind die Briten gegangen, aber die Russen sind gekommen. Trotzdem blieb Nasser in den Augen seiner Anhänger der „Rais" (der Chef), der charismatische Führer, die Vaterfigur, der man keine Niederlage übelnahm.

Sein im Ausland bekanntestes, friedliches Werk ist der Assuandamm, dessen Fertigstellung er gerade noch erlebte. Weniger bekannt ist das Landgewinnungsprojekt in der Befreiungsprovinz am westlichen Rand des Nildeltas, das den Vergleich mit der israelischen Urbarmachung der Negev-Wüste nicht zu scheuen braucht. Kaum jemand weiß im Ausland, dass Nassers Regime als einziges unter den nahöstlichen Systemen, die sich sozialistisch nennen, eine Monatsration stark verbilligter Lebensmittel für die arme Mehrheit des Volkes und fast kostenlose Gesundheitsfürsorge eingeführt hat. Als einziges Regime im Orient befasste sich das seine auch mit grundlegenden Problemen, die abseits der Tagespolitik liegen, aber das Schicksal der übervölkerten, hungernden Dritten Welt langfristig bestimmen werden: Die Geburtenkontrolle wurde energisch propagiert, das Heiratsalter wurde heraufgesetzt – Regulative, die es in anderen islamischen Ländern meist nicht einmal in Ansätzen gibt.

Als Revolutionär blieb Nasser mild. Während die Offiziersjuntas der meisten anderen Länder, die sich auf sein Vorbild beriefen, erschossen, henkten, oder sich am Regime mit Prozessen rächten, ließ er den abgesetzten Faruk höflich zum Schiff ins Exil geleiten, den Angehörigen des Monarchen Pensionen zahlen und den toten Exkönig schließlich in Kairo beisetzen. Als Staatschef blieb Nasser bescheiden. Während der Iraker Aref und der Jemenite Sallal sich zum Marschall ernannten, ließ er es beim Obersten, den er im Dienst erreicht hatte, und trug meist Zivil.

Als der gefährlichste Gegner Israels wurde Nasser nie zum Antisemiten und nie unversöhnlich: Er pflegte der jüdischen Gemeinde an hohen Festtagen Grußbotschaften zu schicken und ließ sich dabei bis zum Sechstagekrieg in der Hauptsynagoge Kairos durch einen Abgesandten im Generalsrang vertreten. Nach den langfristigen Überlebenschancen Israels befragt, antwortete der damalige Außenminister Scharett in den frühen Fünfzigerjahren einmal dem deutschen Sozialdemokraten Erler: „Nur in einer Föderation mit Nassers Ägypten."

BUND FREIER OFFIZIERE

Abdel Nassers Anfänge sind so gering, dass sie von den Biographen nicht ganz aufgehellt worden sind. Sein erst kürzlich gestorbener Vater war ein kleiner Postbeamter aus Oberägypten, seine Mutter die Tochter eines Kaufmanns aus Alexandria. Als sein Geburtstag wird der 5. oder der 15. November 1918 angegeben, als sein Geburtsort die Provinz Assiut in Oberägypten, Alexandria oder das Haus Nummer drei der Khamis-El-Ades-Straße in Kairo, die auf den Platz vor dem damals königlichen Palast mündet. Er besuchte die Schule, als alles Interesse der ägyptischen Jugend dem Unabhängigkeitskampf gegen die Briten galt, wurde als Jurastudent wegen Teilnahme an Demonstrationen ein paarmal eingesperrt und ging schließlich auf die Kriegsschule. Als 21-jähriger Leutnant lernte er im oberägyptischen Mankaba seine späteren Mitverschwörer Anwar el-Sadat und Sakaria Mohieddin kennen; die drei jungen Offiziere schworen gemeinsam, das Vaterland zu befreien.

Der Gedanke zur Revolution reifte, als Nasser mit seinem Regiment im Palästinafeldzug von 1948 von den Israelis eingeschlossen wurde und aus Kairo keine Befehle, keine Munition und kein Entsatz kamen. Das Resultat war der „Bund freier Offiziere", dessen Hauptfigur Nasser wurde, der aber nach der Revolution vom 22. Juli

Nasser beim Besuch in Marokko 1961, an seiner Seite König Mohamed V. und dessen Sohn Moulay Hassan, der zukünftige König Hassan II.

1952 zunächst General Mohammed Nagib zum Präsidenten erhob. Als der Rat der Offiziere Nagib 1954 abgesetzt hatte, wurde Nasser erst Premierminister, dann unter einer neuen Verfassung Präsident. In den Jahren seiner Macht galt er vielen im Ausland zuerst als Faschist, dann wurde ihm nachgesagt, er sei im Schlepptau Moskaus zum Kommunisten geworden. In Wirklichkeit ist Gamal Abdel Nasser immer nur eines gewesen: ägyptischer Nationalist und Araber. Am 28. September 1970 erlag er in Kairo einem Herzinfarkt. Das Staatspräsidentenamt hat Nassers bisheriger Stellvertreter Anwar el-Sadat übernommen.

Erschienen am 30. September 1970

HALBDURCHSICHTIGE SCHLEIER

2002
Der Wandel der Sitten erfasst
sogar den Bauchtanz

Politisch haben die Russen im Nahen Osten vorerst ausgespielt. Aber durch den Bühneneingang kommen sie gerade
wieder herein. Ägyptens Bauchtänzerinnen klagen bitter
darüber, dass sie von einer Konkurrenz verdrängt werden, die mit
allen Wassern gewaschen ist, nur nicht mit denen des Nils: Bereits
Hunderte von Russinnen machen es heute in Kairo billiger als sie
und, vor allem: Sie zeigen mehr Haut, wenn sie ihr Zwerchfell im
Rhythmus zittern lassen. Auf die fremdländische Konkurrenz
schaut die korrupte Polizei durch alle Finger, während die Tanz-
mädchen des Pharao bei weitem nicht mehr jene Kostümfreiheit
genießen, die auf vieltausendjährigen Malereien dokumentiert
wird. Schon der national-arabische Puritaner Nasser hatte dem
dekadenten Tanz einen revolutionären Bauchschleier aus dünner
Gaze verpasst. Und noch Jahrzehnte später nützt es nichts, wenn
Dina, einer der einheimischen Stars des Gewerbes, murrend auf
den Widerspruch verweist, dass ihr nackter Nabel am Strand erlaubt, auf der Bühne aber verboten ist.

Für die Islamisten wäre sogar ein Gastspiel des Bolschoi-
Balletts ein perfekter Anschlag auf die Sitte – lästerlich und kul-
turimperialistisch zugleich. Umso mehr ist es der Bauchtanz.
Aber, wenn Sünde schon sein muss im Land, dann ist es immer
noch besser, sie wird von Ungläubigen begangen. Deshalb kann
der Innenminister seiner Polizei gegenüber einem Mädchen, das
vielleicht unter dem Namen Elektrifikazia ins Geburtsregister
eingetragen wurde, mehr Toleranz erlauben als bei einer Fatme.

Direktoren von Nachtclubs und Hotels wiederum wissen, dass sich der Eifer der Islamisten ein bisschen legt, wenn sie wenigstens nicht die Töchter Rechtgläubiger bei sich auftreten lassen. Den spendablen Scheichs vom Golf ist es ohnehin gleich, wer ihnen die Sünde vermittelt. Tatiana, die auf dem Restaurant-Schiff eines Fünf-Sterne-Hotels tanzt, darf sich gern „Queen Noor" nennen, solange es für das Geschäft gut ist. „Aida" oder „Almas" (Diamant), „Hulia (Traum) oder „Dunia" (Welt) – keine mehr ist Ägypterin.

Und noch etwas spricht für die Gastarbeiterinnen. Sie sind weniger anfällig für Sondermissionen als ihre arabischen Kolleginnen von der Bauchtanzgruppe und – jedenfalls im nahöstlichen Milieu – leichter zu überwachen. Besonders der irakische Geheimdienst steht in dem Ruf, Tänzerinnen auf die Exil-Opposition anzusetzen, in arabischen Hauptstädten, aber auch an Plätzen wie London. Sogar der Verdacht des versuchten Mordanschlages kam schon einmal auf: In einem türkischen Kaffee („halbsüß"), den eine Künstlerin ihrem Bewunderer kredenzt hatte, wurde Gift gefunden. Überall wittert die Abwehr Scheherezades oder Mata Haris. Nur, seit dem Untergang der Sowjetunion und ihres KGB, bei Russinnen kaum mehr.

Erschienen am 7. März 2002

FAMILIE MUBARAK HAT VORGESORGT

2011
Der Langzeit-Präsident bereicherte sich schamlos,
während das Volk verarmte –
darum sind seine politischen Erfolge vergessen

Nur zwei Herrscher haben das Nilland in seiner sechstausendjährigen Geschichte länger regiert als Hosni Mubarak. Der eine ist der Pharao Pepi II., der schon als Kind auf den Thron kam, er herrschte 94 Jahre. Der andere ist Mohammed Ali Pascha, er brachte es als Gründer der modernen ägyptischen Monarchie auf 43 Jahre. Der jetzige Präsident kam nach der Ermordung seines Vorgängers Anwar el-Sadat am 14. Oktober 1981 ans Ruder. Sein 30. Dienstjahr wird er wohl nicht mehr vollenden.

Sein Biograph Makram Ahmed behauptete: „Er will nicht den nächsten Präsidenten aussuchen. Das sollen die Leute selbst machen." Die sind gerade dabei. Seine politische Langlebigkeit hat Mubarak dem Bündnis mit Amerika zu verdanken, das Ägypten 1979 rund 60 Milliarden Dollar einbrachte. Mubarak hielt im Gegenzug am Frieden mit Israel fest und versicherte seinen westlichen Partner stets überzeugend, es gebe nur die Wahl zwischen ihm und den „Bärtigen". Seitdem er an der Macht ist, hat er im Ausnahmezustand regiert, der es ihm ermöglichte, jede Opposition – nicht nur die der bärtigen Islamisten – niederzubügeln, alle Wahlen zu manipulieren sowie viele Tausende Verdächtige jahrelang ohne Prozess einzusperren und die Presse an der Kandare zu halten.

Hosni Mubarak wurde in dem kleinen Ort Kuisna, 60 Kilometer nordwestlich von Kairo im grünen Nildelta geboren, in einem Ort, den er nie mehr besuchte. Seine Heimatprovinz hat den Ruf, Ägyptens beste Esel und schlaueste Bauern hervorzubringen. Als Sohn eines Gerichtsschreibers erhielt er eine höhere Ausbildung, war ein guter Schüler, ein guter Sportler und blieb auch als Soldat lebenslang fleißig. Noch heute steht er früh auf, jahrelang spielte er danach Squash oder er turnte, bevor er an Routinetagen als ersten den Gouverneur der Zentralbank empfing, der ihm nur selten gute Nachrichten brachte. Er empfing ihn in seinem festungsartigen Palast-Areal im Vorort Heliopolis – einer grünen Oase im staubigen Kairo. Der Palast war aber wohl das einzige Ausschweifende in seinem Leben. An mondänen Vergnügungen hatte er nie Interesse. Meist war sein Abendessen um 21 Uhr beendet.

KONTEN IN DEUTSCHLAND UND DER SCHWEIZ

Ein Intellektueller war der Präsident nie. Charisma fehlt ihm. Selbst Funktionäre, die zur Loyalität verpflichtet sind, nutzten seine Reden häufig als Schlafmittel. Am besten verstand er sich mit dem französischen Präsidenten François Mitterrand, der Mubaraks Imitationen des libyschen Revolutionsführers Gaddafi oder des syrischen Staatschefs Hafis al-Assad amüsant fand.

Weniger Beifall fand der Ägypter allerdings, als er seinem amerikanischen Kollegen George W. Bush dringend vom Irak-Krieg abriet, der „Tausende bin Ladens" schaffen werde. Als die Amerikaner dennoch losschlugen, lautete Mubaraks Rezept: „Ernennen Sie sofort einen irakischen General zum Chef einer Übergangsregierung und gehen Sie wieder!" Die Amerikaner aber wollten seine Rezepte nicht. Einem Besucher aus den USA vertraute er daraufhin an: „In Iran haben Sie Khomeini gekriegt, und in Palästina haben Sie der Hamas durch Wahlen Legitimität verschafft." Noch kurz vor der Revolution in Teheran war Mubarak beim Schah und schlug ihm vor, die 800 modernen Maschinen der iranischen Luftwaffe nach Ägypten zu verlegen. Doch dazu kam es nicht mehr.

Die düstere soziale Bilanz dreier Jahrzehnte Mubarak verschleiert seine politischen Erfolge. Immerhin: Mubarak reparierte das Verhältnis zu den Russen, die sein Vorgänger Sadat aus dem Land geworfen hatte. Das war nur konsequent, denn als Luftwaffenoffizier hatte er an der Frunse-Militärakademie in Moskau studiert, bis heute spricht er gut Russisch.

Militärische Ehren? Am Steuer eines Tupolew-Kampfflugzeugs zeichnete sich Mubarak im jemenitischen Bürgerkrieg aus, und

*Die Straßen von Kairo waren schon in den 1970er-Jahren heillos über-
füllt. Um den Nil zu queren, müssen alle Autos durch ein Nadelöhr.*

nach dem Ramadan-Krieg von 1973 erhielt er aus den Händen Sadats als Nationalheld den höchsten Orden Ägyptens, den „Stern des Sinai". Mubarak war es auch, der Ägypten wieder mit den arabischen Staaten versöhnte, von denen das Land nach seinem Separatfrieden mit Israel gemieden wurde. Und er brachte die Arabische Liga nach Kairo zurück. Nie hat er dauerhaft israelischen Boden betreten. Erst zur Beisetzung des ermordeten Ministerpräsidenten Jitzchak Rabin kam er für einige Stunden.

Das Private erklärt vieles: Mubaraks Frau Suzanne ist die Tochter eines Ägypters, ihre Mutter stammt aus Wales. Sie haben zwei Söhne: den älteren Ala-ed-Din und den 47-jährigen Gamal, den die Eltern zum Nachfolger trainierten. Von ihm heißt es, er habe sich bereits ins Ausland abgesetzt. Nichts hat Mubarak und seine Familie so verhasst gemacht wie die schamlose Bereicherung, während die Mehrheit der Ägypter immer ärmer wurde. Nach algerischen und syrischen Quellen beläuft sich das Mubarak-Vermögen auf 40 Milliarden Dollar. Darunter sind Immobilien in Ägypten und im Ausland sowie Bankguthaben vorwiegend in den USA und in der Schweiz. Mubarak selbst soll an Kommissionen für Rüstungsaufträge sowie bei der Entwicklung des Tourismus in Scharm-el-Scheich auf dem Sinai und in Hurghada am Roten Meer kräftig verdient haben. Allein das Vermögen des Sohns Gamal wird auf 17 Milliarden Dollar geschätzt – alles versteckt auf Banken in der Schweiz, in Deutschland, in den USA und in Großbritannien. Es wäre also vorgesorgt.

Erschienen am 2. Februar 2011

IRAN

Vom Lieblingskind des Westens
zu Amerikas Erzfeind:
Das wechselvolle Schicksal der alten
persischen Kulturnation zeigt,
wie schnell sich im Nahen Osten
die Fronten verkehren.

Bald verblüht: Einen iranischen Frühling gab es nicht, auch wenn die Opposition 2009 aufbegehrte wie hier in Teheran.

In den 1970er-Jahren hatten die Unternehmensberater einen ganz heißen Tip: Investieren Sie im Iran. Das prowestliche Regime des Schahs Reza Pahlewi garantiere Stabilität, wirtschaftliches Wachstum und gute Geschäfte. Das Öl aus Persien galt im Westen als Rückversicherung gegen die arabischen Staaten, welche nach der Niederlage im Yom-Kippur-Krieg 1974 gegen Israel das Öl als Waffe erkannt hatten. Die verheerende Menschenrechtsbilanz im Lande interessierte kaum jemand, der erwachende Islam, dem in der Provinz scharenweise Anhänger gegen die Verwestlichung des Landes zuliefen, wurde ignoriert. Persien stieg bei Krupp ein, modernisierte sich in Lichtgeschwindigkeit und kaufte in Europa und den USA modernste Waffen, mit deren Hilfe, wie der Schah beteuerte, sein Staat sich behaupten werde, falls nötig.

Aber als die Feinde dann kamen, lief die Armee des Schahs davon. Sie kamen nicht aus der Sowjetunion und nicht aus Arabien, sondern von innen. Die islamische Revolution fegte 1979 erst den Herrscher vom Pfauenthron in Teheran und dann sein Regime davon. Aus dem Hätschelkind des Westens wurde wie über Nacht sein Erzfeind. Die Menschen Persiens waren plötzlich isoliert, von einer Diktatur in eine andere gefallen. Mit Freiheit hatte das Mullahsystem des Ayatollah Khomeini nichts im Sinn, auch nicht mit Kompromissen: Ein Jahr lang ließ es die Mitarbeiter der US-Botschaft in Teheran als Geiseln festhalten, der „Große Satan Amerika" und Iran blieben Feinde über Jahrzehnte.

1980 fielen irakische Truppen im Iran ein, der „Erste Golfkrieg" dauerte bis 1988 und kostete ungezählte Menschenleben, es waren die dunkelsten Jahre Persiens, der alten Hochkultur. Demokratische Bewegungen im Inneren wurden so brutal unterdrückt wie zur Zeit des Sawak, der gefürchteten Geheimpolizei des Schahs; einen persischen Frühling erstickte das Regime, seine Menschenrechtsbilanz füllt viele Seiten in den Berichten von Amnesty International.

Der Griff des Regimes nach der Atombombe provozierte internationale Sanktionen, sogar ein Militärschlag der USA oder Israels gegen die Nuklearanlagen schien denkbar. Ab 2013, unter dem im Vergleich zu seinem irrlichternden Vorgänger Ahmadinedschad gemäßigten Präsidenten Hassan Rohani, zeichnete sich eine Wende ab: Ein Verzicht des Regimes auf die Atombombe rückt nach intensiven Verhandlungen in die Nähe des Möglichen, auch wenn die Israelis sich gegen einen weicheren Kurs in der Iranpolitik stemmen. Gleichzeitig wird das Land als Partner gegen die Terrormilizen des IS in den Nachbarstaaten Syrien und Irak wieder gebraucht. Vielleicht kehrt Iran in die internationale Gemeinschaft zurück – doch für dieses Land sind Prognosen, wie die Vergangenheit zeigt, wie Märchen aus 1001 Nacht.

Herrscher auf dem Pfauenthron: Der Schah und seine Familie, 1967

IN KUGELSICHERER KUTSCHE ZUM THRON

1967

*Schah Reza Pahlevi und Kaiserin Farah
machen aus ihrer Krönung ein Volksfest
für die persischen Untertanen*

Die Diademe im Haar der weißgekleideten jungen Mädchen, die unter den Spitzbögen und Spiegelmosaiken des langen schmalen Thronsaales im Golestanpalast zu Teheran ihre Hymne auf den Schah anstimmen, sind falsch. Die Juwelen auf den kostbaren Roben der Damen, die sich für das gesellschaftliche Ereignis ihres Lebens modischen Rat bei Pariser Couturiers und bei altpersischen Miniaturen geholt haben, sind echt. Das Zeremoniell, das die kaiserliche Familie in einer blau-goldenen Prachtkutsche durch Teherans Avenuen gemessenen Schrittes in den Thronsaal wie in die Westminsterabtei ziehen lässt und anschließend den Gästen Champagner anbietet, ist unecht, ist importiert. Aber die Macht, die heute vom Pfauenthron ausgeht, ist so echt wie dessen 26 733 Edelsteine oder die Polizeihubschrauber, die ohne Unterlass über der Krönungskutsche kreisen.

Als Mohammed Reza Pahlevi Aryamehr Schahinschah von Iran sich am Donnerstag Schlag elf Uhr die Krone aufsetzt, hat er den vorläufigen Höhepunkt seiner wechselvollen Laufbahn erreicht. Er ist auf den Tag genau 48 Jahre alt. Er ist seit 26 Jahren an der Regierung. Das Herrschaftssystem, das er in dieser Zeit aufgebaut hat, ist gegenwärtig vom Druck befreit, den die innere Opposition, der große Nachbar im Norden, finanzielle Nöte und der revolutionäre arabische Nationalismus ausübten. Trotzdem bleibt Mohammed Rezas Miene während der ganzen fünfzig Minuten dauernden Zeremonie ernst. Seitdem er in seiner goldbestickten blauen Uniform, flankiert von einer säbelsalutierenden Eskorte der höchsten Offiziere des Landes, als letzter den Thronsaal betreten hat, ist nur einmal ein förmliches Lächeln, mit dem er die Mitglieder seiner Familie und das Kabinett begrüßte, über seine Züge gehuscht.

Den Reigen der kaiserlichen Einzüge hat der siebenjährige Kronprinz Reza – auch er inmitten einer säbelstarrenden Begleitung – eröffnet. Tapfer alle auf ihn gerichteten Blicke ertragend, marschiert er mit viel zu langen Schritten, um das Maß der Begleiter einzuhalten, zu dem Stuhl links neben dem Pfauenthron und setzt seine Füße auf einen Schemel. Die kleine schmale Gestalt in der goldbetressten ordensbehangenen Montur, deren starr nach vorn gerichteter Blick nichts als kindliches Unbehagen verrät, erhält viel mütterliches Lächeln. Auch die Begum, eingerahmt von Karim Aga Khan und Sadruddin Khan, die bei den Angehörigen des Schahs ganz nah am Thron sitzt, blickt huldvoll und noch immer dekorativ auf den Kronprinzen. Sie ist neben dem amerikanischen Staatssekretär Ball der einzige Gast von internationalem Renommee, der an der Krönung teilnimmt.

Eine weitere Säbeleskorte bringt wenige Minuten später Kaiserin Farah in den Saal. Sie trägt ein weißes Kleid, dessen meterlange Schleppe sechs Ehrenjungfrauen tragen und aufs Podest breiten, nachdem Farah den Stuhl rechts neben dem Thron besetzt hat. Ihr hübsches Gesicht ist schmal, blass und gespannt. Nervös legt sie die Hände ineinander, faltet sie von neuem und verschränkt die Finger ein drittes Mal. Im Gegensatz zur Kaiserin wirkt der Schah rosig, selbstbewusst, ja fast trotzig. Als Teherans oberster Imam Segensformeln aus dem Koran spricht und ihm das Heilige Buch zum Kuss reicht, hebt es der Schah gelassen an die Lippen – eine Geste für die traditionell Gesinnten, die ihren Herrscher stets verdächtigt haben, er sei kein guter Moslem. Auf goldbetresstem grünem Seidenkissen werden sodann der königliche Gürtel mit dem 175-karätigen Smaragden der Schließe, Nadir Schahs unbesiegliches Schwert, das goldene Szepter und der perlenbestickte goldbraune Umhang hereingetragen. Der Schah erhebt sich, löst seinen Uniformgürtel, lässt ihn zu Boden gleiten und legt sich zum ersten Mal die neuen Insignien seiner alten Würde um.

Im Park draußen vor dem Schloss erklingen Jubelgesang und Fanfarengeschmetter, als sich der Schah mit sicherer Bewegung die

Krone aufs Haupt setzt, die sein Vater vor 40 Jahren dem königlichen Kopfschmuck der Sassaniden nachbilden ließ. Die neue Krone von van Clef und Arpels (Paris), mit der sich Mohammed Reza nun zu der auf einem goldenen Polster vor ihm knienden Kaiserin neigt, geht nicht ganz ohne Schwierigkeiten über den hell getönten Chignon Farahs. Auch jetzt ist in den Zügen des Schahs kein Anzeichen innerer Bewegung zu entdecken – weder Rührung noch Freude noch das augenblicklich überwältigende Bewusstsein einer geschichtlichen Last.

Das dezent-farbenfrohe Bild des Krönungssaales, die grauen und blauen Sitzpolster vor den weißen Wänden mit ihrem Goldstuck, die blauweißen Kristalllüster, der rote Teppich auf bunten persischen Kacheln, das bewusst Konventionelle der Fräcke und Orden, der bestickten Diplomatenuniformen und der seidenen Schärpen, der reibungslose Ablauf der Zeremonie nach dem Diktat des Sekundenzeigers: all dies lässt die Krönung mehr als ein auf Wirkung nach außen hin gedachtes Schauspiel denn als vom Herrscher tief empfundene historische Notwendigkeit erscheinen.

KAISERIN FARAH – EIN REGLOSES GESICHT UNTER EDELSTEINEN

Die kleine Farahnas, des Schahs vierjährige Tochter, wird unruhig und gähnt minutenlang, während Premierminister Howeida vor dem Thron stehend die Ergebenheitsadresse des Kabinetts verliest. In der mit pathetischem Singsang vorgetragenen Krönungsode des Hofpoeten Lotfali Suratgar kommt einmal das Wort Mardom (Volk) – ehedem als zum revolutionären Vokabular gehörig verpönt – vor. Seit der Schah sich offiziell zur Revolution von oben bekennt, nimmt niemand mehr an solchen Dingen Anstoß. Kaiserin Farah, die sinnbildlich für die Emanzipation der Frau als erste Herrscherin in Persiens neuerer Geschichte eine Krone trägt, blickt unter den funkelnden Edelsteinen reglos geradeaus.

Im vollen Krönungsornat durchschreitet das Kaiserpaar im Garten ein mehrere hundert Meter langes Kürassierspalier und nimmt die Huldigung der auf den Tribünen wartenden Gäste entgegen, bevor es wieder die kugelsicher gebaute Prachtkutsche besteigt. Der kleine Reza folgt in der Kutsche seines Großvaters, aufgemuntert und ermahnt von einem uniformierten Kammerherrn. Draußen jubeln Hunderttausende: Jugendliche, alte Leute, Kinder gut Gekleidete, arme Bürgerliche, ganz Arme, Bauern, Frauen im Tschador, dem dunklen Umhang, der nach Volkssitte Kopf und Gestalt verhüllt. Die Schaulust und die Freude am großen Tag hat halb Teheran auf die Beine gebracht.

Der Rückweg des Krönungszuges zum Marmorpalast ist kürzer als die Anfahrt. Bald sind die Hubschrauber verschwunden, bald die Sicherheitsbeamten auf den Dächern offizieller Gebäude unsichtbar, bald dürfen die Gäste der Hotels an der Strecke des Zuges wieder in ihre Zimmer. Als die Prachtkutsche den Golestanpalast gerade verlassen hat, verlangsamen die acht Schimmel ihren Schritt und die gut gefederte Karosse neigt sich einmal heftig vor und zurück. Kaiserin Farah fällt die Krone vom Kopf. Einen Augenblick später hat sie den Schaden selber wieder behoben. Am Straßenrand stehen nur Wachsoldaten, kein Publikum. Kaum jemand hat es gesehen.

SIEBEN TAGE UND SIEBEN NÄCHTE

Der prunkvolle Pfauenthron, auf dem sich Schah Mohammed Reza Pahlevi am Donnerstag selbst gekrönt hat, ist ein Beutestück aus dem 18. Jahrhundert. 1739 war der persische Eroberer Nadir Schah von einem erfolgreichen Kriegszug gegen den Großmogul von Indien nach Persien zurückgekehrt. In dem Thron ist über eine Tonne Gold verarbeitet. Geschmückt ist er mit 27 000 Diamanten, Smaragden, Rubinen und anderen Edelsteinen. Den Namen Pfauenthron hat er erhalten, weil unter den Verzierungen auch die Nachahmung eines fächerförmigen Pfauenschwanzes aus Diamanten ist. Der Thron steht auf sechs massiven Goldfüßen. Die Rückenlehne gleicht einem Meer von Edelsteinen, sie läuft auf einen Kranz von Rubinen und Smaragden zu. Der Mittelpunkt des Kranzes ist ein Stern aus wertvollen Diamanten. Der Stern wird flankiert von zwei Vögeln aus Edelsteinen.

In seiner ersten Rede vom Pfauenthron, die stellenweise den Charakter eines Gebets annahm, erflehte der Kaiser die Hilfe des Allmächtigen für sein Aufbauwerk. Sein einziges Ziel sei die Mehrung des Ruhmes und des Fortschrittes der persischen Nation. „Ich habe keinen anderen Wunsch", sagte der Schah, „als die Unabhängigkeit meines Landes zu wahren, Iran auf den Platz der fortschrittlichsten Nation der Welt zu führen und seinen alten Ruhm und seine Größe wieder zu errichten. Für dieses Ziel werde ich nicht zögern,

mein Leben einzusetzen." Der Herrscher schloss seine knapp zwei-
minütige Thronrede mit der Bitte um die Hilfe Gottes und einem
Gedenken an die persischen Patrioten, „die im Verlaufe der Jahrtausende ihr Leben hingaben für die Unabhängigkeit von Iran".

Mit seiner Krönung gab der „König der Könige", die „Sonne der
Arier", gleichzeitig das Zeichen zum Beginn des größten Volksfestes
in der Geschichte Persiens. Sieben Tage und sieben Nächte sollen
in allen Städten, Dörfern und Gemeinden des großen Reiches die
Menschen feiern, singen, tanzen und sich an den Darbietungen von
Künstlergruppen aus dem In- und Ausland erfreuen, die in Sonder-
zügen und Omnibussen eine Woche lang das Land durchreisen werden. Die Hauptstadt bereitete sich auf ein Riesen-Galafeuerwerk
sowie eine große Zahl von Empfängen, Dinners, Bällen, Konzerten
und Theatervorstellungen vor.

Dem Kaiserpaar gingen aus aller Welt zahlreiche Geschenke zu.
Die Bundesrepublik ließ durch ihren Botschafter in Teheran ein Modell der drei mal drei Meter großen Rekonstruktion der historischen
Stadt Persepolis überreichen. Präsident Johnson schenkte eine ver-
goldete Silberbowle mit eingravierter Widmung, Präsident de Gaulle ließ einen Bronzetisch mit Porzellanplatte und Königin Elisabeth
ebenfalls eine silberne Bowlenschüssel übergeben.

Erschienen am 27. Oktober 1967

PFAU AUF KAISERART

1971

*Das Schlemmermahl zur 2500-Jahr-Feier Persiens –
vor den gekrönten und ungekrönten Gästen wird die lange
Geschichte des Landes beschworen*

D ie Ornamente – stilisierte Blumenranken, Arabesken, Mosaiken und Sterne – sind die gleichen. Sie finden sich an den leuchtenden Kachelwänden persischer Moscheen, in denen die schnurrbärtigen, von der Sonne gebräunten Männer des Volkes und ihre in den Tschador gehüllten Frauen sehnsüchtige Gebete an Allah und seinen schiitischen Statthalter auf Erden, Imam Ali, richten. Sie finden sich in Gold geprägt auch auf den 20 Pergamentseiten des bei Tolmer, Editeur à Paris, gedruckten und in blaue Seide gebundenen Menus, mit dem Schah Mohammed Reza im 2500-Jahr-Zelt neben der antiken Ruinenstadt Persepolis Könige, Präsidenten, Regierungschefs und andere Staatsmänner aus aller Welt bewirtet.

In den Rosengärten des nahen Schiras hat Hafis vor 600 Jahren das Lob des Weines seiner Heimat gesungen, aber den Vertretern von fast 80 Ländern wurden die erlesensten Kreszenzen aus Frankreich („Moët 1911") gereicht, um ein Festmahl zu begleiten, das in sieben Gängen von Wachteleiern, gefüllt mit rotgoldenem, dem Schah vorbehaltenem Königskaviar, über gebratenen „Pfau auf Kaiserart, mit seinen Federn dressiert und umgeben von seinem Hof", von Nüssen und Trüffeln bis zu Feigenturban, garniert mit Himbeeren in Portwein reichte. Das Galadiner, erst Stunden zuvor in einer Sondermaschine vom Maxim aus Paris eingeflogen und serviert von Schweizer Kellnern, war der gesellschaftliche Höhepunkt eines Festes, das an jenem Tag neben dem Geburtstag des Reiches auch den 33. seiner Kaiserin markierte.

Am Eingang des Zelts hatten der Schah und die Schahbanu Farah ihre Gäste mit Handschlag begrüßt. Es kamen in Kopftuch und wallenden Gewändern die Emire der arabischen Scheichtümer am Persischen Golf, die im Zeichen des bevorstehenden Abzugs der Briten in steigendem Maß Anlehnung an Teheran suchen. Es kam Präsident Podgorny mit seiner Tochter als Vertreter der Sowjetunion, da die UdSSR jede Gelegenheit nutzt, ihre Stellung in den südlichen Randstaaten in Richtung auf eben jenen Golf auszubauen. Es kamen die Könige von Belgien, Dänemark und Norwegen. Es kamen Prinz Philip, der Prinzgemahl, mit Prinzessin Anne sowie Prinz Bernhard der Niederlande. Es kamen Prinz Juan Carlos und Prinzessin Sophia, die sich freuten, dass sie schon jemand für die Herrscher Spaniens hält, und König Konstantin von Griechenland, glücklich darüber lächelnd, dass man in ihm noch den Vertreter der Hellenen sieht.

Es kam Fürst Rainier von Monaco, dem die gleiche Versammlung gekrönter Häupter auf den Festen seines Staates versagt geblieben ist, mit Fürstin Gracia, die wieder einmal zeigte, dass bürgerliche Monarchinnen die Hoheitsvollsten sein können. Es kam, ordensgeschmückt und in Uniform, Marschall Tito, der schon seit seiner Ankunft so nachdenklich und zufrieden schaut, als erwäge er, die Nachfolge-Probleme Jugoslawiens durch die Wiedereinführung der Monarchie zu lösen. Es kamen die Präsidenten der Tschechoslowakei, Ungarns, Finnlands, Rumäniens, der Türkei, Indiens und des mit ihm verfeindeten Pakistan, des Libanon und der Republik Südafrika. Es kamen der britische Presselord Thompson of Fleetstreet und James A. Linen, der Präsident von *Time* und *Life*, Professor Karl Fellinger, der Leibarzt des Schahs, und Wang Tschin-tschung, der Chargé d'Affaires der frisch anerkannten Volksrepublik China, der für den bei der Anreise aus Peking erkrankten Sonderbotschafter einspringen musste.

Bundestagspräsident Hassel, der dem Schah die Glückwünsche von Bundespräsident Heinemann überbrachte, blieb in der Begrüßungscour merklich länger als die meisten Staatsgäste vor dem Herrscherpaar stehen. Das persische Staatsfernsehen wiederholte am Donnerstagabend in einer Rückschau auch einen Streifen, der ausführlich die Ankunft Hassels auf dem Schiraser Flugplatz am Vortag zeigte. Dagegen erwähnte das Teheraner Blatt *Kayhan Inter-*

national, das am Freitag als einziges den in Schiras und Persepolis versammelten Journalisten zur Verfügung stand, in seinem zwei Drittel einer Zeitungsseite umfassenden Bericht über das Bankett den Bundestagspräsidenten nicht als Teilnehmer – so wie der größte Teil der persischen Presse schon vom Eintreffen Hassels keine Notiz genommen hatte. Die *Persepolis Post,* ein für den Gebrauch der Korrespondenten hektographiertes Journal, meldet dagegen am Freitagfrüh an zweiter Stelle, Walter Ulbricht, „das ostdeutsche Staatsoberhaupt", habe dem Schah „im Namen des ostdeutschen Volkes und Staatsrats" zur 25. Jahrhundertfeier der iranischen Monarchie telegraphisch gratuliert.

EIN HEER VON GEHEIMPOLIZISTEN BEWACHT DIE JUBELFEIERN
Durch die Wand des Bankettzelts dringt höfische Tafelmusik aus dem Europa des Ancien Régime: Händel und – mehrmals – Mozarts kleine Nachtmusik, gespielt von einem Kammerorchester. In seiner Tischrede beschwört der Schah die Erinnerung an Cyrus den Großen, Gründer des Persischen Reiches, der vor 2500 Jahren die bis dahin gängige Weise, „ohne Rücksicht und mit Gewalt zu regieren, völlig verwandelt hat in eine neue Art, gegründet auf Toleranz und die Achtung vor den Rechten und dem Glauben der anderen zu herrschen". Ihm antwortet als Doyen der Gäste der würdige 79-jährige Haile Selassie von Äthiopien, der die persische Geschichte als „eine Folge von einer Renaissance auf die andere" sieht. Der Zwölfpunktereform des Schahs vom Jahre 1963 sei es bestimmt, eine der größten jener Wiedergeburten zu werden. Erst lange nach Mitternacht wandeln der Kaiser und seine Gäste aus dem Zelt in die Ruinen der achämenidischen Königsresidenz, um sich, in warme Decken gehüllt, ein Tonlichtspiel zu besehen, das Artaxerxes aus seinem Felsengrab sprechen lässt und die Säulen von Persepolis in ein bengalisches Feuer wie bei der Brandschatzung durch Alexander den Großen taucht. Ein Brillantfeuerwerk am wolkenlosen Sternenhimmel zerknattert die besinnliche Note.

Am Freitag, dem letzten Tag des Festes, das am Wochenende ins 900 Kilometer entfernte Teheran weiterzieht, defiliert vor den Ruinen auf einem eigens geschaffenen Paradegrund aus Beton und Asphalt die persische Armee. Historische Kostüme, echte und falsche Bärte, Streitwagen, Kamelreiter, alte Waffen und Musikinstrumente rekapitulieren von den Achämeniden und den Sassaniden über die islamische Zeit bis in die Gegenwart sämtliche Epochen der persischen Geschichte.

Stacheldrahtverhaue, diskret in den grünen Farben der künstlichen Oase gestrichen, ein riesiges Truppenaufgebot, Panzerwagen in die Tiefen der gelben Landschaft getaucht, Wasserwerfer um die Ecken der nächsten Ortschaften geparkt, ein Heer von Geheimpolizisten, das neben den Uniformierten auf den Straßen von Schiras daumendrehende Flaneure markiert, sorgt indessen dafür, dass der Feier bis zuletzt jede Störung erspart bleibt. Die Täler und Hügel links und rechts der Straße zwischen Persepolis und Schiras, die sonst von den ins Winterquartier ziehenden Kaschgai-Nomaden in ihren farbigen Trachten und deren Herden bevölkert sind, erscheinen menschenleer. Im Basar von Schiras, dem Ort, wo die Kaschgais kaufen, verkaufen und tauschen, sind bei einem Rundgang am Donnerstag vier Nomadenfrauen und ein Mann zu sehen. Das stolze Hirtenvolk, dessen Aufstand noch im letzten Jahrzehnt niedergeworfen wurde, ist offensichtlich in die weitere Umgebung verbannt.

Den Kaschgais und dem Wind, der schon seit dem Schöpfungstag Windhosen aus Staub über das kahle Hochland von Fars weht, wird die Landschaft ab morgen wieder gehören. Touristen werden neben der Residenz der altpersischen Großkönige dank der Festbauten künftig bequemer leben; schöner ist Persepolis vorher gewesen. Aus allen Dekorationen, die sich die spielerische Phantasie persischer Künstler für die Jahrtausendfeier erdacht hat, hebt sich eine heraus, die deren Leitgedanken am klarsten ausdrückt: Sie zeigt den großen Cyrus auf einem Medaillon mit Kopfschmuck und Zeremonialbart im Profil. Vor ihm, um nur weniges nach rechts versetzt, Schah Mohammed Reza Pahlevi. Man braucht nicht weit entfernt zu stehen, um beide Herrscher für einen zu halten.

Erschienen am 15. Oktober 1971

EIN BLUTBRUNNEN,
DER IN STÖSSEN SPRUDELT

1985
Beobachtungen an der Front in den Sümpfen des Tigris,
wo die Revolutionstruppen Khomeinis
Positionsgewinne zu machen versuchen

Die Munitionskiste ist aufgebrochen. Ein Kochgeschirr aus Aluminium, ein geborstener Spiegel mit gelbem Plastikrand, ein Rasierpinsel und eine Tüte mit Salz waren ihr letzter Inhalt. Der Mann, dem diese Utensilien gehörten, ist seit zwei Tagen tot. Er liegt auf dem Rücken, die Arme ausgebreitet, ein schwarzes Loch in der Brustpartie seines staubigen Kampfanzugs. Zusammen mit 200 Kameraden wurde er überrascht, als persische Truppen in einem nächtlichen Angriff die irakische Stellung Alitsch stürmten. Sie arbeiteten sich mit Schlauchbooten durch Drahtverhaue und Minensperren im Schilf der Howeisah-Sümpfe und erklommen, offenbar unbemerkt, die beiden künstlich aufgeschütteten Inseln. Hinter den Sandsackwällen liegen die Leichen von etwa 40 irakischen Soldaten, verkrümmt, verfärbt, gegen die Verwesung mit Desinfektionsmitteln besprüht. Sie wurden im Nahkampf niedergemacht. Das Gefecht fand, 18 Kilometer östlich vom Tigris und von der Straße Bagdad-Basra, etwa 20 Kilometer hinter der Grenze auf irakischem Territorium statt.

Mit einer neuen Taktik der Nadelstiche, der nächtlichen Kommandounternehmen, der Überfälle suchen die Perser sich gegenwärtig an die Tigris-Linie heranzuarbeiten. Zumindest an dieser Stelle erwies sie sich als erfolgreich. Nach Auskunft von Parlamentspräsident Rafsandschani sind bei fünf Operationen, genannt nach der 1300 Kilometer westlich liegenden Stadt Jerusalem, etwa 350 Quadratkilometer befreit worden. Er sagt „befreit", nicht „erobert", obwohl es sich um ausländisches Gebiet handelt. Mochsen Resai, der Kommandeur der Parallelarmee der Pasdaran, der islamischen Revolutionsgarden, die diese Operation ausführten, erläuterte der iranischen Nachrichtenagentur, die neue Taktik diene dazu, den Mangel an Waffen auszugleichen, an dem die Streitkräfte der Islamischen Republik litten. Die Zeit der verlustreichen Großoffensiven, bei denen die Perser zuletzt im Frühling kurzfristig den Tigris überschritten hatten, bevor sie von der Materialüberlegenheit der Iraker zurückgetrieben wurden, ist vorbei. Die Eroberung der Stellung Alitsch hat nach Teheraner Angaben auf persischer Seite zwei Tote und zehn Verwundete gefordert.

In den Sümpfen, die sich östlich des Tigris und des Schatt-el-Arab etwa 200 Kilometer lang und bis zu 60 Kilometer tief hinziehen, wirkt sich eine Materialüberlegenheit nicht aus. Panzer und schwere Artillerie sind nicht einsatzfähig. Der Krieg in den endlosen Schilffeldern, die von Wasserläufen und Tümpeln durchbrochen sind, besteht im Inselspringen. Die Eilande, gewöhnlich mehrere Kilometer voneinander entfernt, sind Schwimmpontons oder Aufschüttungen. Hauptverkehrsmittel der persischen Streitkräfte sind Glasfiberboote, die am Kaspischen Meer gebaut wurden. Außenbordmotore aus aller Welt sind der Antrieb. Erst etwa zehn Kilometer östlich vom Fluss beginnt das feste Land, wo sich die Iraker mit schwerem Material eingegraben haben. An einer Stelle, behaupten die Perser, hätten sie sich bis auf fünf Kilometer genähert.

Die Munitionskiste des toten Soldaten stammt aus der Sowjetunion. „Upakowotschni list", Packliste, steht auf ihrem Deckel. Viel anderes Material, das noch in wirren Haufen herumliegt, kommt aus arabischen Bruderländern: Geschosskisten aus den Depots der jordanischen und der saudischen Armee, Plastikflaschen mit Wasser aus den Quellen König Husseins; die meisten Konserven wurden aus Österreich geliefert, andere Lebensmittel aus der Türkei. Von zerfetzten Titelblättern der Bagdader Zeitungen *Dschumhurija* (Republik) und *Thaura* (Revolution) lächelt Präsident Saddam Hussein, der, als er vor nunmehr fast fünf Jahren zum Angriff schritt, glaubte, der Staat des Ayatollah Khomeini werde zusammenbrechen wie ein Kartenhaus. Seitdem hat der Krieg meist geschlafen oder auf kleinem Feuer geschmort – und ist gelegentlich wieder ausgebrochen wie ein Vulkan. Kein Außenseiter weiß, wie hoch die Verluste bisher sind. Schätzungen der Gefallenenzahlen auf persischer Seite reichen von 80 000 bis zu mehreren 100 000. Die irakischen Verluste dürften zwar nur die Hälfte ausmachen, sind aber, gemessen an der Einwohnerzahl beider Länder, relativ höher.

„NICHT OSTEN UND NICHT WESTEN! ISLAMISCHE REVOLUTION!"

Die Soldaten der Revolution sitzen auf Bergen von Granatwerfermunition. Von Zeit zu Zeit schieben sie aus schierer Lust am Überfluss ein Geschoss ins Rohr und feuern es mit dem Sprechchor „Allahu akbar" irgendwohin nach Westen ab. Ein einziger Volltreffer durch den Gegner, und die ganzen Alitsch-Inseln flögen wegen des gelagerten Sprengstoffs in die Luft. Doch diesen Treffer erwartet niemand. Einmal schlagen zwei Granaten in vielleicht 200 Metern Entfernung ein, hohe Wasserfontänen werfend. Ein andermal klatscht, ebenso ungezielt, Maschinengewehrfeuer auf die spiegelglatte Oberfläche, und alles wirft sich für eine Minute zu Boden. Die irakische Luftwaffe bleibt unsichtbar bis auf vier einsame Hubschrauber und ein Kampfflugzeug, die zur Sicherung des eigenen Gebiets den westlichen Horizont queren. Kein Kampfhelikopter, kein Tiefflieger, nach dem die auf Plattformen stehenden leichten Flakgeschütze die Rohre drehen müssten. Die Perser können ihre Stellung in Ruhe konsolidieren. Wann immer die jungen Soldaten einer Kamera ansichtig werden, brechen sie in den Ruf „Marg bar Amrika" (Tod den USA) aus, dem „Marg bar Israil" oder „Marg bar Schorawi" (Sowjetunion) folgt. Die Rangfolge der anderen Satane kann wechseln, doch Amerika kommt immer zuerst.

Ähnliche Sprüche ruft auch eine Gruppe irakischer Gefangener, die man auf der Stellung Alitsch oder in deren Umgebung aufgegriffen hat. Sie sitzen unter einer Schilfmatte, den Schrecken der Kämpfe und die Angst vor möglichen Repressalien in den Gesichtern. Mit erhobenen Händen skandieren sie Reime, die man sich in arabischer Sprache für sie ausgedacht hat. „Nicht Osten und nicht Westen! Islamische Revolution!", lautet einer davon; ihm folgt die Verwünschung „Tod Saddam!" Sie seien Muslime, versichern sie, die Islamische Republik sei ihre wahre Heimat. Alles, was sie hier erlebten, sei brüderlich und gut, drüben sei die Hölle. Die Front ist an den beiden letzten Tagen um drei bis fünf Kilometer weiter nach Westen gerückt. Schrappnellwölkchen zeichnen sich am blauen Himmel ab, Detonationen von Raketen und Geschützfeuer klingen herüber. Die Revolutionsgardisten, die in Booten nach vorne gehen, und andere, die zurückkehren, begrüßen sich mit dem Zuruf von Gebetsformeln. Entlang der Wasserläufe sind gelegentlich Koran-Verse an Schilfbündel geknüpft oder die Bilder verehrter Ayatollahs.

Völlig unbehindert läuft der Nachschub von Ahwas ins Kampfgebiet. Die nur gut 100 Kilometer hinter der Front liegende Stadt ist nachts hell erleuchtet. Anders als in Teheran lässt man sogar die Straßenbeleuchtung brennen. Kriegsschäden, die von irakischen Boden-Boden-Raketen herrühren, sind kaum zu sehen. Im Basar wird, wenn auch zu hohen Preisen, mit Gold, Gewürzen, Lebensmitteln, Elektronik und allen anderen Schätzen gehandelt, die die Industrie dreier Kontinente hervorbringt. Nichts fehlt. Die Lastwagenkolonnen, die die Front versorgen, fahren nachts mit aufgeblendeten Scheinwerfern durch das öde Gebiet, das die Iraker 1980 im ersten Ansturm überrannt hatten und aus dem sie wieder vertrieben worden waren. Die Fabriken arbeiten, an den Ölquellen wird gepumpt, die Flammen, mit denen das Gas abgefackelt wird, brennen, die weißen Öltanks sind unbeschädigt. Entlang der Straße nach Khorramschar und neben den Fahrdämmen, die zu den Stellungen führen, liegt kein einziges Fahrzeugwrack. Auch am Tag ziehen die Laster unbehelligt ihre Staubfahnen über den flachen Horizont.

Wir sind nachts um drei Uhr in Ahwas abgefahren und erreichen den Rand der Sümpfe vor der Morgendämmerung. Am westlichen Himmel zuckt Mündungsfeuer. Die Mondsichel im Zenit wird bleicher, als die Soldaten aus ihren Erdbunkern und Moskitonetzen kriechen. Sie breiten ihre Schlafdecken auf dem Boden aus und verneigen sich gegen Mekka, während in ihrem Rücken wie ein roter Feuerball die Sonne aufgeht. Noch weht der Wind angenehm kühl und trocken aus der Wüste; es ist nicht wärmer als 25 bis 30 Grad. Bald wird er sich anfühlen wie das Gebläse eines Hochofens. Die normalen Mittagstemperaturen liegen in den Sommermonaten zwischen 45 und 50 Grad. Es wird schwierig, eine Waffe anzufassen, die in der Sonne lag. Auch der Krieg macht dann gewöhnlich Hitzeferien. Für Stunden werden die Howeisah-Sümpfe wieder friedlich.

Die Herrschaft des Schah verschwand wie ein Spuk und wurde 1979 durch die neue Staatsform der Islamischen Republik ersetzt.

Bunte Vögel stelzen durch das Schilf. Vom Grunde des moosgrünen Wassers steigen die schwefligen Blasen verwesender Pflanzen auf.

Die Untätigkeit der irakischen Luftwaffe ist ein Thema für Spekulationen, die nicht enden wollen. Während die Perser wegen Mangels an Ersatzteilen nur noch 50 bis 60 dereinst vom Schah gekaufte Maschinen flugfähig halten können, verfügen die Iraker über 500 Flugzeuge aus der Sowjetunion und Frankreich. Doch die werden nur sporadisch eingesetzt, greifen praktisch überhaupt nie in Erdkämpfe ein. Französische Spezialisten, die wissen, wie ihre ira-

kischen Kunden das Gerät handhaben, schätzen den Wirksamkeits-
grad der von ihnen gelieferten Waffen auf nur 30 Prozent ein. Da wegen ungenügender Wartung ständig nur die Hälfte der 60 Mirage I
einsatzfähig sei, bedeute dies – so zitiert *Le Monde* französische
Fachleute aus Bagdad –, dass praktisch bloß der Kampfwert von
neun Mirage zur Verfügung stehe.

Die Flugzeuge der Iraker attackieren niemals aus Höhen von
weniger als 5000 Metern – und erzielen damit eine entsprechend
geringe Trefferquote. Die Pontonbrücke auf die erdölreichen
Madschnun-Inseln, die etwa 30 Kilometer südlich der Howeisah-
Sümpfe liegen und von den Persern im Frühling 1984 erobert wurden, ist 15 Kilometer lang. Ein Fahrdamm aus Erde ist inzwischen
daneben aufgeschüttet worden. Beide Übergänge sind intakt.
Für gewöhnlich, so versichern die Franzosen, lassen sich Saddam
Husseins Piloten vom Bodenradar bis auf 40 Kilometer an ihr Ziel
leiten und feuern ihre Raketen aus großer Distanz ab. Sich mit
Bordradar näher heranzuarbeiten, sei nicht üblich. Die Kombina-
tion von Kampfflugzeugen des Typs Super-Etendard mit Exocet-
Raketen, die sich im Falklandkrieg für die britische Flotte als so
gefährlich erwies, bewährte sich in den Händen der Iraker nicht.
Die Franzosen liehen Bagdad Ende 1983 fünf Super-Etendards
und waren verblüfft, als sie im Frühling letzten Jahres entdeckten,
dass die Iraker ihre Exocet anfangs nicht im Flug über dem Golf
abschossen, vielmehr mit ihren Raketen auf Schiffe zielten, während Super-Etendards auf den Flugplätzen Nach Umr und Kal-Al-
Salih im Süden Basras standen. Später wurde eine Super-Etendard
über dem Golf von einer persischen Phantom abgeschossen, eine
zweite von einer Sidewinder-Rakete beschädigt. Die restlichen drei
werden nicht mehr eingesetzt. Bis zum vergangenen Frühling ver-
feuerten die Iraker, die rund drei Viertel der französischen Exocet-
Produktion abnehmen, rund 300 dieser Wunderwaffen über dem
Golf, einen großen Teil davon von Hubschraubern aus. Der persische Ölexport, lebenswichtig für den Krieg und die Versorgung des
Landes, wurde dadurch nicht nennenswert behindert. „Sie schie-
ßen auf den ersten Punkt, der auf ihrem Radar erscheint", sagt ein
Fachmann über die irakischen Piloten.

Gleichwohl drohte der Luftkrieg im Frühsommer eine dramatische Wendung zu nehmen. Zwischen dem 25. Mai und dem 15. Juni

richteten die Iraker ihre große Bomberoffensive gegen Städte des persischen Hinterlandes. Insgesamt 31 Orte wurden angegriffen, allein Teheran 37mal und oft mehrmals in einer Nacht. Die Iraker verwendeten nicht ihre schweren Tupolew-Bomber, die für Flächenangriffe besser geeignet wären, sondern zweckentfremdete MiG-Kampfflugzeuge. Sie kamen zu dreien oder vieren, flogen in Höhen bis zu 20 000 Metern und trafen mit ihren wenigen Raketen weder die Residenz Khomeinis noch den Flugplatz noch sonst irgendwelche militärisch bedeutsamen Ziele. Dennoch werden noch jetzt viele Teheranis schweigsam oder nervös, je nach Temperament, wenn sie an diese Wochen denken. Sie zucken zusammen, wenn der Strom ausbleibt, und greifen zum Radio, um auf Alarmmeldungen zu lauschen. Durch die wahllosen Einschläge im ganzen Stadtgebiet, die insgesamt 500 Tote gefordert haben dürften, wurde zum erstenmal die Moral ernsthaft angeschlagen. Jeden Nachmittag quälten sich Millionen Menschen in endlosen Verkehrsstauungen aus der Stadt, um die Nacht über draußen zu kampieren, und kehrten am Morgen in stundenlanger Fahrt wieder zurück. Sie schliefen schlecht, sie arbeiteten wenig. Die eigene Wehrlosigkeit wurde sichtbar, Kriegsmüdigkeit griff um sich. Da verkündete Bagdad eine 14tägige Bombenpause – und nahm die Attacken bis jetzt nicht wieder auf.

Denn die Perser hatten auf unerwartete Weise geantwortet. Man weiß heute, dass die Mittelstreckenraketen, die Anfang Juni auf Bagdad fielen, sowjetische Geschosse des Typs Scud waren. Etwa 20 dieser Raketen waren von Libyen heimlich an Persien geliefert worden. Eine Hälfte ist verschossen, die andere liegt in Bereitschaft: nicht nur um auf eine eventuelle neue irakische Luftoffensive reagieren zu können, sondern auch als Modell für den Nachbau. Das Projekt liegt in den Händen der Pasdaran. Ihr Kommandeur war jüngst bei Khomeini, um über neue Entwicklungen auf dem Gebiet der Waffentechnik zu referieren. Es gibt Indizien, dass darunter auch die Herstellung von chemischen Kampfstoffen, wie sie die Iraker mehrmals mit verheerenden Folgen gegen die Perser anwendeten, zu verstehen sein könnte.

Die Pasdaran, nach der Revolution ein wilder Haufen, sind in den vergangenen sechs Jahren zu einer wohlorganisierten Truppe von 100 000 bis 150 000 Mann geworden. Etwa die Hälfte ist mit Po-

Brennende Ölleitungen während des irakisch-iranischen Krieges

lizei- und Sicherheitsfunktionen in der Heimat beschäftigt, der Rest
steht an der Front. Die Pasdaran haben Panzer und leichte Artillerie erhalten. Ihre olivgrünen Uniformen sind aus besserem Tuch als
die hellen Monturen der regulären Armee. Ihre Fahrzeuge, gelän-
degängige Wagen aus Japan, glänzen in neuem Lack. Die täglichen
Siegesmeldungen während des Unternehmens Jerusalem in den
Howeisah-Sümpfen sind nicht zuletzt dazu bestimmt, das Prestige
der Revolutionswächter als militärische und politische Kraft aufzubauen.

Im Flugzeug zurück von Ahwas nach Teheran sitzen Verwundete, die sich selber bewegen können. Einige tragen die Flasche in
der Hand, aus der durch ein dünnes Plastikröhrchen Blutplasma

oder Nährlösung in ihre Venen tropft. Manche Gesichter sind vor Schmerz angespannt. Alle bleiben ernst und schweigsam. Ein zweites Flugzeug wird mit nicht gehfähigen Verletzten beladen. Wenn sie als Invaliden aus dem Lazarett kommen, wird es viele materielle Vergünstigungen geben: Studienplätze für sie oder ihre Kinder, Baudarlehen, verbilligte Einkaufsmöglichkeiten, eine Pilgerfahrt nach Mekka, Audienzen bei Khomeini. Die „Märtyrerstiftung" hat ein eigenes Eheinstitut geschaffen, das den Kriegsbeschädigten eine Gefährtin sucht. Es fehlt nicht an Kandidatinnen. Junge, schöne Mädchen sind darunter, die es als ihre islamische Verpflichtung ansehen, ihr Leben einem doppelt Beinamputierten zu weihen.

Die Toten, soweit sie nicht an der Front oder in ihrem Heimatort beigesetzt werden, beerdigt man auf dem Riesenfriedhof Beheschte-Sachra südlich von Teheran. Dort liegen auch die Opfer des „schwarzen Freitags", an dem der Schah vergeblich versucht hatte, die Islamische Bewegung in letzter Stunde durch ein Massaker aufzuhalten. Ayatollah Beheschti und andere Häupter des Regimes, die den Anschlägen der militanten Opposition erlagen, sind ebenfalls hier begraben. Hier ist auch jener berühmte Blutbrunnen, an dem die Photographen ihre Freude haben, so kitschig-schaurig wie das Märtyrertum von der naiven Volksfrömmigkeit ausgelegt wird, die den schiitischen Zweig des Islams seit dem Tod des Prophetenenkels Hussein erfüllt. Meist ist der Brunnen abgestellt. Er sprudelt nur noch auf Raten. Ein Wall von Bildtafeln mit den Photos der Gefallenen, von grün-weiß-roten Nationalfahnen, von schwarzen, roten und grünen Bannern des Islams steht über den Kriegsgräbern. Wenn die Körper von Gefallenen eintreffen, werden sie im Leichenhaus gewaschen, bevor man sie in weiße Tücher hüllt. Sie schauen genauso aus wie die toten Iraker in der Stellung Alitsch.

Erschienen am 14. August 1985

DER TSCHADOR
BLEIBT
IN DER GARDEROBE

1985
Trotz des offiziell verordneten Puritanismus
in der Islamischen Republik beginnt die Bevölkerung,
sich wieder Freiräume zu schaffen

E r hat den Wagen in die Garage gefahren, das Haustor ist geschlossen, seine Frau hat Kopftuch und Staubmantel abgelegt, die die Kleidungsvorschriften auf der Straße von ihr fordern. „Ein Bier?" fragt der Gastgeber mit gespielter Beiläufigkeit. Ein Bier? Der Neuling geniert sich, den Einwohnern des trockenen Teherans die knappen Vorräte wegzutrinken. „Wieso knapp? Ich mache mein Bier selber", wischt der Hausherr die Bedenken beiseite. Er kauft wie viele andere batterieweise alkoholfreies Malzgetränk, setzt Zucker und Hefe zu und lässt gären. Das Resultat ist ein Gebräu, das entfernte Ähnlichkeit mit Weißbier hat. Im Basar kann man den Apparat und die Kronkorken kaufen, mit denen die Flasche zum zweiten Mal verschlossen wird.

Vor dem Basar gibt es auch Spezialisten für den Handel mit leeren Flaschen: Whiskyflaschen, Wodkaflaschen, Ginflaschen, Weinflaschen, alle mit Originaletikett. Sie sind nicht billig. Für den guterhaltenen Behälter eines zwölf Jahre alten Scotch zahlt man 1200 Rial (offiziell 40, nach dem Schwarzmarktkurs sechs Mark). Er kann zur Karaffe für den Hausbrand werden oder auch zur gefälschten neuen Flasche zu 15 000 Rial (500 beziehungsweise 75 Mark), wie sie von gerissenen Händlern heimlich jenen angeboten wird, die auf die verderbte Lebensweise des früheren Regimes nicht verzichten wollen. „Sie müssen meinen Roten probieren, meinen Weißen, meinen

Schnaps!" Stolz auf das handwerkliche Geschick, mit dem 200 Kilo Trauben in berauschenden Rebensaft verwandelt wurden, spricht aus solchen Angeboten, aber auch Trotz gegen den offiziell verordneten Puritanismus.

Das Leben ist nicht amüsant in der Islamischen Republik, nicht für die Minderheit in Nord-Teheran, die ihr Haus, ihren Garten mit Schwimmbad, ihr Stadtviertel so gerne als Filiale der Levante, der mediterranen Städte Südeuropas oder kalifornischer Metropolen empfinden möchte. Man kann nicht mehr ausgehen, denn wenn man im Restaurant den letzten Bissen gegessen hat, gibt es außer der Verpflichtung, die Rechnung zu bezahlen, nichts, was einen Gast festhalten könnte. Die wie Nonnen gekleideten Sprecherinnen des Fernsehens haben neben Nachrichten, Erbauungssendungen, Kriegspropaganda oder Trickfilmen für Kinder wenig anzusagen. Unterhaltungsmusik ist verboten, genau wie Spielkarten, Schachfiguren oder das im ganzen Orient beliebte Brettspiel, das in der westlichen Welt Backgammon heißt. Aber selbst in kleinbürgerlichen Häusern steht ein Video-Gerät, Schlagersängerinnen von ehedem flimmern auf der Mattscheibe: Programme westlicher Kassetten vom Schwarzmarkt.

Man kann, um sich gegenseitig zu besuchen, im dichten Verkehrsstrom durch die abendliche Stadt fahren, in der die Straßenbeleuchtung abgeschaltet ist, aber die Lichtreklamen brennen. Bis im Frühling die irakischen Luftangriffe einsetzten, gab es wieder rauschende Feste in Teheran mit eleganten Roben, Musik und Tanz. Die Polizeiwache oder das zuständige Komitee werden bei gesellschaftlichen Veranstaltungen informiert und abgefunden. Der Tschador ist an der Garderobe abzugeben. Man kann sich arrangieren, das Leben ist nicht unerträglich in der Islamischen Republik.

„Das Regime hat im Grunde genommen alle abgeschrieben, die bei der Revolution älter als 20 waren", erklärt ein Intellektueller. „Als die oppositionellen Gruppierungen, über welche Andersdenkende nach politischem oder sozialem Einfluss trachteten, erst einmal zerschlagen oder entmachtet waren, begann man sogar, den Klassen von ehedem im privaten Bereich gewisse Freiräume zu lassen." Die großen Autos, die nach dem Sturz des Schahs in der Garage standen, werden wieder hervorgeholt. Neue Villen und Einfamilienhäuser werden gebaut. Es ist nicht anrüchig, Geld zu verdienen. Um die Mitarbeit von Spezialisten auch unter den Emigranten wird geworben. Ein Arzt, der bereit ist, nach seiner Heimkehr in der Provinz zu arbeiten, kann 650 000 Rial (rund 20 000 Mark) im Monat verdienen – in Teheran nur ein Drittel. Etwa eine Million Perser gingen im Zusammenhang mit der Revolution ins Ausland, doch immerhin 24 000 Studenten kehrten seitdem nach Abschluss ihrer Ausbildung wieder zurück.

Es fand eine Kulturrevolution statt, deren äußeren Zwängen sich jeder beugen muss, aber keine Sozialrevolution. Die geplante Bodenreform und die Verstaatlichung des Außenhandels wurden vom obersten theologischen Wächterrat, der alle Gesetze zu überprüfen hat, als unislamisch verworfen. Die konservative Klasse der Basarhändler, die mit Familienangehörigen etwa 2,5 Millionen zählte, behielt den größten Teil des gewinnträchtigen Imports in den Händen – und zahlt kaum Steuern. Während der letzten Jahre der Herrschaft des Schahs, so klagte im Frühling ein reformistisch gesinnter Abgeordneter im Parlament, hatten 40 Prozent der Stadtbevölkerung zwei Drittel aller Konsumgüter des Landes zu ihrer Verfügung. Daran habe sich kaum etwas geändert, „dabei haben wir die Revolution um der sozialen Gerechtigkeit willen gemacht".

Wer damals älter als 20 war, gehört heute zu einer Minderheit. Die Hälfte der Bevölkerung von 43 Millionen ist unter 18. Alle zehn Monate gibt es eine Million Perser mehr. Der Zustrom in die Städte von Menschen, die das flache Land nicht mehr ernährt, hält unvermindert an. Teheran, das im letzten Jahr der Monarchie fünf Millionen Einwohner zählte, hat jetzt zehn Millionen, Isfahan ist von 1,1 auf zwei Millionen gewachsen. In Karadsch, westlich der Hauptstadt, wo vor der Revolution 300 000 Menschen lebten, wurde soeben die Zwei-Millionen-Marke überschritten. Ebenso viele Menschen sollen jetzt nach inoffiziellen Schätzungen in der heiligen Stadt Ghom (früher 200 000 Einwohner) leben. Aus dem Kriegsgebiet sind zwei bis drei Millionen Menschen ins Landesinnere geflohen, aus Afghanistan kamen weitere zwei Millionen.

Die Jugend aber soll fest im ideologischen Griff des Regimes bleiben. Als die Universitäten nach dreijähriger Pause wieder öffneten, waren die Lehrpläne islamisiert, das heißt sorgfältig von westlichem Geistesgut gereinigt. Das Jura- und Volkswirtschaftsstudium wurde völlig umgekrempelt und den Bedürfnissen der neuen

Das Gesicht des anderen Iran: Oppositionsanhängerin in Teheran, 2009

Gesellschaft angepasst. In der Geschichtsschreibung werden Monarchien nur noch am Rande erwähnt. Romeo und Julia und ähnliche Fälle von „künstlicher Liebe" sind aus der Literatur gestrichen. An der Kunstakademie überlebten Bildhauerei und Tanz die Neuorientierung nicht. Etwa ein Drittel der Professoren wurde in den Ruhestand geschickt. Die Zahl der Studienbewerber ist so hoch, dass neun von zehn zurückgewiesen werden. Das erlaubt gründliches Sieben, nicht nur nach Leistung, sondern auch nach der Rechtgläubigkeit. Die Schulakten jedes Abiturienten werden nach Indizien für gegenrevolutionäre Gesinnung durchforscht. Im persönlichen Gespräch muss der Studienbewerber seine Ansichten zu gesellschaftlichen und politischen Problemen offenlegen. Bei den Nachbarn des Kandidaten wird erfragt, ob aus seinem Haus Musik klingt, ob die Frauen seiner Familie ihr Haar unter dem Kopftuch sehen lassen. Jeder zum Studium Angenommene verpflichtet sich durch Unterschrift zu sittsamem Verhalten: Mädchen verzichten auf lautes Lachen, auf zwanglosen Umgang mit männlichen Kollegen oder auf Make-up und tragen nur flache, leise Schuhe, keine Sandalen oder hohe Absätze. „Wir erwarten von euch Westlern nicht, dass ihr das versteht. Wir wünschen es nicht einmal", sagte der Minister für höhere Erziehung, Iradsch Fasel, zu einer britischen Journalistin. Der Minister, der früher in Ohio als Herzchirurg tätig war, fügte hinzu: „Dafür haben 98 Prozent des iranischen Volkes gestimmt. Das ist unsere Art."

Über die religiöse und kulturelle Ausrichtung des Unterrichts an Volks- und höheren Schulen wacht ein vom Erziehungsministerium aufgestelltes Corps von 21 000 „Ausbildern". Was in den Bibliotheken steht, ist ebenso Sache der Ausbilder wie die politische oder künstlerische Betätigung von Schülern oder die Organisation eines Ausflugs. Theoretisch haben die Ausbilder nur beratende Funktion, doch wer mit der moralischen Autorität des Islamischen Staates spricht, dessen Wort überhören Lehrer wie Schüler nicht leicht. Selbst bei jenen Schichten, die sich nicht im materiellen Komfort Nord-Teherans arrangieren, ist indessen die Wirkung alles andere als durchschlagend. Ein verwundeter Revolutionsgardist, noch mit Kopfverband und humpelnd, trägt auf seiner Jeansjacke ein Emblem, rührend ungelenk handgestrickt, aber dennoch klar erkennbar: den amerikanischen Wappenadler. In Goldfaden und mit einer Schrift, die der lateinischen Buchstaben ungeübt ist, steht darüber: „University". Immer wieder wettert die Obrigkeit gegen Kleidungsstücke mit fremdsprachigen Aufschriften. Vergeblich. Aus den Kassettengeräten vieler Taxis tönt Popmusik. Die staatliche Fluggesellschaft Iran Air käme nie auf den Gedanken, ihren Gästen ein anderes Getränk anzubieten als Coca-Cola.

„TUGENDEN VERBREITEN UND LASTER VERHINDERN"

Die Mode, offiziell aus dem Straßenbild verbannt, bleibt an den Puppen in den Schaufenstern als Möglichkeit und als Verheißung sichtbar. Frauen im schwarzen Tschador, im Kopftuch, im Staubmantel drängen sich vor den Vitrinen mit Kosmetik und Textilien, für die eigentlich kein Bedarf mehr bestünde. Das vom Gesetz vorgeschriebene Minimum ist ein Tuch, das das Haar verdeckt, ein Übergewand, das die Körperform verhüllt, eine Hose oder undurchsichtige Strümpfe, um die Beine zu verbergen, und geschlossene Schuhe. Doch ständig liegen die Perserinnen in einem Kleinkrieg um Zentimeter mit den „Schwestern", die in Nissan-Geländewagen patrouillieren, um Frevlerinnen zu mahnen oder ins Gefängnis zu schaffen. Wie zufällig rutschen die Kopftücher zurück; sie sind mit Goldfäden durchzogen oder farbig, auch wenn Khomeini murrt: „Unsere Frauen sehen aus wie Lampenschirme." Die Überwürfe nehmen Schnitte an, die man anderswo Poncho nennen würde oder Kasack. Aus den erlaubten Farben Blau, Grau oder Schwarz wird Türkis, Creme oder Beige.

Der Staubmantel fällt einen Fingerbreit zu kurz aus und enthüllt einen bunten Rocksaum. Die Hosen werden zu Bluejeans wie anderswo auch. Nach einer Periode relativer Liberalität brechen immer wieder die Schlägertrupps der Hisbullahi, der sogenannten Partei Gottes, über die Putzsüchtigen herein, um sie zu beschimpfen, zu schikanieren oder zu misshandeln. Der Staatsanwalt von Teheran wies im Juli auf einen Artikel des Islamischen Strafgesetzes hin, demzufolge Taten nicht verfolgt werden, die in der Absicht verübt wurden. „Tugenden zu verbreiten und Laster zu verhindern" – ein Freibrief für die Schläger.

Vor einem Kino stehen lange Schlangen. Es läuft ein neuer persischer Film, in dessen Mittelpunkt eine Frau steht, Familiengeschichte sozialkritisch gesehen. Auf Teheraner Leinwänden dominiert der Western, das Heldenepos oder das religiöse Lehrstück. Guter einheimischer Film ist selten geworden, aber es gibt ihn noch. Der Literatur hingegen geht es nicht schlecht. Es erscheint viel mehr neue persische Belletristik als unter dem Schah, versichern die Sachkundigen einhellig. Auch mehr Übersetzungen aus fremden Sprachen kommen heraus. Vorzensur gibt es nicht. Ein Verleger muss das wirtschaftliche Risiko tragen, ein Buch zu veröffentlichen und es dann unter Umständen nicht verkaufen zu dürfen. Im Theater, das früher eine Domäne von Anhängern der verbotenen kommunistischen Tudeh-Partei war, wird noch immer gelegentlich Brecht gespielt. Ein billiges Kino in einem volkstümlichen Viertel hat Eisensteins „Alexander Newski" auf dem Programm. An besseren Zeitungsständen gibt es die *Financial Times*, den *Observer*, *Time* und *Le Monde*.

Einmal am Tag, zu einer für jeden Teil der Stadt festgesetzten Zeit, wird für mehrere Stunden der Strom abgeschaltet. Das elektrische Verbundnetz des Landes ist in den letzten Jahren ausgebaut worden, aber im Sommer leeren sich die Stauseen. Auch die Versorgung der Riesenstadt mit Wasser stößt an die Grenzen der Kapazität. Nie war es im Verkehrsgewühl Teherans leicht, irgendwohin zu gelangen: 1,7 Millionen in der Hauptstadt zugelassene Fahrzeuge drängten sich mit 300 000 Wagen aus der Provinz zu den größten Verkehrsknoten Eurasiens. Fachleute haben ausgerechnet, dass auf diese Weise täglich 3,5 Millionen Stunden und umgerechnet 23 Millionen Mark verlorengehen. Vor einiger Zeit entschloss man sich zur Radikallösung. Das 23 Quadratkilometer große Zentrum der Stadt, das nur 200 000 Autos Platz bietet, wurde für den Individualverkehr gesperrt. An den strategischen Grenzen stehen Polizisten, die alles, was nicht öffentliches Verkehrsmittel, Taxi, Lieferwagen oder Staatsautomobil ist, abweisen. Zum ersten Mal läuft der Verkehr in Teheran.

Dafür ist es nur noch unter großen Schwierigkeiten möglich, die Islamische Republik zu erreichen oder zu verlassen. Ein Visum zu bekommen, ist nicht einfach, ein Platz im Flugzeug ist noch kostbarer denn je. Weil die Iraker den Luftraum sperren, haben die ausländischen Gesellschaften den Verkehr eingestellt. Neben der Landstraße durch die Türkei sind 16 Flüge der Iran Air pro Woche die einzige Verbindung zur westlichen Außenwelt. Auf Monate ausgebucht, besetzt bis zum letzten Platz, starten die Maschinen nach vierstündiger Abfertigungszeit vom Teheraner Flugplatz. Sie nehmen nicht mehr den direkten Weg wie zu normalen Zeiten. Nach einer Schleife, um Höhe zu gewinnen, überqueren sie das Albors-Gebirge und fliegen über das Kaspische Meer und die Sowjetunion aus. Eine Flugverbindung mit Moskau gibt es nicht mehr. Die Russen haben ihre letzten 1200 Experten, die an zwei Kraftwerken und am Stahlwerk Isfahan arbeiteten, im Frühsommer abgezogen. Um sie vor Kriegsgefahr zu schützen, lautete die Begründung. Die meisten Sowjets waren ausgereist, noch bevor die Iraker ihre Luftangriffe begonnen hatten.

Erschienen am 27. August 1985

HINRICHTEN IST PRIVATSACHE

2000

*Die Moral der Mullahs: Der Iraner Mortesa stand schon
unter dem Galgen, da fand er plötzlich Gnade*

Man kann Mortesa Amini Mokaddam nicht fragen, was es für ein Gefühl ist, gehenkt zu werden. Nicht, dass er tot wäre. Er ist bei bester Gesundheit, und kaum jemand auf Erden wäre so sehr wie er in der Lage, zu beschreiben, was in einem Delinquenten in den letzten Minuten vor seiner Hinrichtung vorgeht. Aber Mortesa sitzt im Gefängnis, und Fremde erhalten grundsätzlich keine Besuchserlaubnis. Ohnehin wäre es kein Zeichen von Zartgefühl, an diese Stunde im Dezember zu rühren, in der Mortesa, noch nicht ganz 18 Jahre alt, auf dem Galgengerüst stand. Seine Hände waren auf den Rücken gefesselt. Über den Kopf hatte ihm der Henker eine schwarze Kapuze gezogen. Die Schlinge lag bereits um seinen Hals.

Das iranische Staatsfernsehen war da, denn die Hinrichtung sollte während der aktuellen Sendung „In der Stadt" live ausgestrahlt werden, im beliebten fünften Programm. Fast zwanzig Minuten lang waren die Kameras auf die Exekutionsstätte gerichtet, das Pflaster vor einem kleinen Elektroladen mitten in Teheran. Dort hatte Mokaddam neun Tage zuvor den 33-jährigen Mohammed Hadi Mohebbi erstochen. Das Geschäft liegt an der Revolutions-Avenue, der fast 20 Kilometer langen, zentralen Achse, welche die Hauptstadt von West nach Ost durchquert. Für den Verkehr war der Abschnitt gesperrt. Millionen konnten die schäbige blaue Markise über dem einstöckigen Geschäft sehen, die mit roter Ölfarbe gestrichene Tür und die ebenfalls rote Umfassung des Schaufensters. Der Laden nebenan links verkauft Taschen und Gürtel, der Nachbar rechts Töpfe und Geschirr: ein banaler Schauplatz für eine Tragödie ohne Sinn. Die Millionen konnten sehen, was sie noch für das Ende eines kurzen, verpfuschten Lebens halten mochten. Da kam für Mortesa die Rettung.

MITLEID IST NICHT GEFRAGT – UND DOCH WIRD GNADE GEWÄHRT

Im letzten Augenblick verzieh der Vater des Opfers dem Täter. Nach islamischem Strafrecht sind die nahen Verwandten des Getöteten die höchste Instanz. Ihnen gehört das Leben eines Kapitalverbrechers. Sie können es einfordern, sie können es schenken, sie können sich die Gnade auch durch Blutgeld abkaufen lassen – ähnlich wie einst unter Germanenstämmen, bei denen ein Mord gleichfalls durch „Wergeld" zwischen den betroffenen Sippen geregelt werden konnte. „Als alle auf mein Wort warteten, wurde mir klar, dass es meinen Sohn nicht ins Leben zurückbringt, wenn dieser junge Mensch jetzt stirbt", erklärt der Vater seinen plötzlichen Sinneswandel. Den ganzen Schrecken der Todesstrafe hatte Mortesa sowieso ausgekostet. Was danach noch gekommen wäre, hätte er nicht mehr wahrgenommen.

Noch am Abend zuvor hatten die Mohebbis Familienrat gehalten. „Wir beschlossen einstimmig, nicht zu verzeihen", erzählt der älteste der vier Brüder des Toten. „Besonders ein Onkel von mir war unerbittlich. Wenn ihr nachgebt, breche ich jede Verbindung zu euch ab – so drohte er uns." An allen vorausgegangenen Abenden waren Abgesandte der Mokaddam-Sippe erschienen, um Gnade zu erbitten. Blutgeld sei dabei nicht angeboten oder angenommen worden. „Gerüchteweise war von 50 Millionen Toman (mehr als 50 000 Euro) die Rede. Aber das ist alles Blödsinn", sagt der Bruder. In einem Kleinbus mit verhangenen Fenstern wurden die Männer der Familie an die Richtstätte gebracht. „Jetzt war es der Onkel, der als erster weich wurde. Dafür gibt es Freunde, die seither nicht mehr mit uns reden, weil wir Mitleid bekamen."

Der Elektroladen wurde schnell verkauft. Er gehörte dem Toten. Über die Stadt verteilt, hatte die Familie Mohebbi vor dem Mord vier solcher Geschäfte. Der Bruder sitzt in der Zentrale, einem Großhandel in einer Seitengalerie der Lalesar-Straße: nicht weit vom Basar, vom Golestan-Palast des Königs der Könige, von der Metrostation am Imam-Khomeini-Platz, nicht weit auch von den Botschaften der alten Großmächte Europas. Früher gab es an der Lalesar-Straße Juweliere, armenische Schuster, die in Maßarbeit weiches Leder über ihren Leisten schlugen, Kaffeehäuser, Cabarets, die meisten Theater Teherans. Heute flaniert hier niemand mehr. Technik en gros ist eingezogen.

Am schmalen Schreibtisch zwischen hoch gestapelten Kabelrollen, Schaltrelais und Elektronik macht der Bruder seine Geschäfte. Wenn sein Mobiltelefon läutet, entschuldigt er sich und tritt ins Freie. Noch Wochen nach der Bluttat hängen in den Fenstern der umliegenden Läden Plakate mit dem Gesicht des Toten. Händler wie Kunden hier sind Profis, prosaisch, solidarisch in ihren Gefühlen. Umsätze und Mieten sind hoch, aber die Schuhe des Bruders sind reparaturbedürftig, die Ringe an seinen Händen nur aus Silber, wie es sich für einen Muslim gehört. Der neue Mittelstand zeigt Reichtum noch nicht.

Der Prozess? „Er hat nicht lange gedauert. Von 9. 30 Uhr bis 12 Uhr. Der Richter musste zum Gebet. Dann war auch das Urteil da. Der Richter war ein Türke." Gemeint ist ein Aserbeidschaner. Nur ein einziges Mal lächelt der Bruder, bei diesem Wort. Doch gleich ist er wieder ernst. „Sie sollen daran die menschliche Seite des Islam sehen. Er ist eine Religion der Vergebung, der Toleranz. Sonst säßen Sie übrigens nicht hier", sagt er unvermittelt zu mir. Die Fernsehreportage von der Beinahe-Hinrichtung wurde mehrmals ausgestrahlt. „Unter dem Eindruck des Geschehenen wurden 15 andere Mörder von den Familien der Opfer begnadigt."

Längst nicht alle verzeihen. Im Jahr 1998, für das die letzten Statistiken vorliegen, wurden in Iran 66 Verurteilte hingerichtet. In Saudi-Arabien waren es 29 (aber 122 im Jahr davor), in Kuwait sechs, im Jemen 17, in den Vereinigten Arabischen Emiraten zwei. Überall dort wird gleichfalls islamisches Strafrecht angewendet. Wie der Mohebbi-Vater trat in jenem Jahr auch ein Saudi, dessen Sohn getötet worden war, erst vor, als der Henker das Richtschwert bereits über dem Haupt des Mörders erhoben hatte.

„SEIN LEBEN GEHÖRT MIR, ER MUSS STERBEN."
Manchmal hat das Gnadenrecht bizarre Folgen. So wurde in den Achtzigerjahren in Saudi-Arabien ein Mann getötet, der als einzige Angehörige eine kleine Tochter hinterließ. Der Kadi entschied,

Moschee in Isfahan: Die Welt der Schiiten ist für Außenstehende oft ein Rätsel, selbst in Fragen von Leben und Tod.

dass ein Kind nicht über Leben und Tod eines Menschen verfügen könne. Dazu müsse die Volljährigkeit abgewartet werden. Erst als es acht Jahre später so weit war, wurde die Tochter in aller Form befragt, ob sie dem Mörder vergeben wolle. „Nein", antwortete sie. Er wurde nach dem nächsten Freitagsgebet geköpft.

Wie ein biblischer Herrscher pflegte Saudi-Arabiens Gründer, König Abdel Asis Ibn Saud, bei seinen Reisen durch das Land selber Recht zu sprechen. In einer Oase wurde ihm ein Angeklagter präsentiert, der einen Mitbürger versehentlich zu Tode gebracht hatte: Er war beim Dattelpflücken von seiner Palme gestürzt und auf den Vorbeigehenden gefallen. „Ein Unglücksfall", plädierten alle „Sein Leben gehört mir, er muss sterben", verlangte starrsinnig die Witwe, auch vom König. Dieser befand, nach der Tradition müsse die Todesart identisch ausfallen. „Du kletterst auf dieselbe Palme", befahl er der Witwe, „und springst auf den Beschuldigten hinunter." Sie verzichtete auf Rache.

Im Mordfall Mortesa Amini Mokaddam hatten Täter und Opfer sich nicht einmal gekannt. „Ein blöder Streit", sagt Hamid Amini Mokaddam, der 20-jährige Bruder des Begnadigten. Er packt für seinen winzigen Gemüsestand Gurken aus einer Kiste. „Ein Freund von Mortesa und ein Freund von Mohebbi waren in dessen Laden in Streit geraten. Mortesas Freund fühlte sich in der Minderheit und rief meinen Bruder zu Hilfe. So ist es passiert."

Hamid sucht besonders schöne Gurken aus und bietet mir eine davon an. Die andere isst er selber. Sein Geschäft – falls man es so nennen will – betreibt er in einem schmalen Durchgang einer Marktstraße unweit des Tatortes. Andere Stände an der Nasemi-Straße haben eine vielfarbige Auswahl von Obst und Gemüse ausgelegt. Bei Hamid gibt es außer Gurken bloß Tomaten und Orangen. Wer in den Hof hinter seinem Durchgang will, muss sich an den Kisten vorbeizwängen. Über der Ware hängen an offenen Drähten Glühbirnen. Sie brennen auch am Tag. Zerbrochenes Wellplastik ist als Dach über die Passage gelegt. Musik nähert sich. Sie kommt nicht aus dem Lautsprecher. Aserbeidschanische Volksmusikanten ziehen mit Trommel, Flöte und Akkordeon die Straße entlang. Alle in Hamids Umgebung kennen sich oder sind sogar miteinander verwandt. Alle stammen aus Aserbeidschan, meist aus der Stadt Ardebil. Hat das Verbrechen dem Ruf der Familie geschadet, seinen Eltern, seinen drei Schwestern und den beiden in Freiheit befindlichen Brüdern? „Eigentlich nicht" ‚findet Hussein. „Es kommen mehr Leute als früher. Sie wollen zeigen, dass sie uns unterstützen."

Eine Imbiss-Stube um die Ecke war zwei Monate vor Mohebbis Tod Schauplatz einer anderen Bluttat. Auch dort wurde ein Mann im plötzlichen Streit erstochen. Wie eine Schneise zieht sich von der Revolutions-Avenue mit ihrem Elektroladen her die Schahriwar-Straße durch das Viertel. An die Häuser ist für Schönheit wenig verschwendet worden. Aber auch Armut ist nirgends sichtbar. Und wenn es irgendwo in Teheran ein Gewalt-Milieu gibt, dann hier inmitten des Unscheinbaren: Die Gassen links und rechts der Schahriwar-Straße, die den Namen eines heiteren Sommermonats des persischen Kalenders trägt, haben in den zwei Jahrzehnten seit der Revolution 32 Kapitalverbrecher hervorgebracht.

Der gewisse Ruf des Quartiers ist jedoch viel älter. Noch immer spricht man von Schaaban-bi-much, Schaaban dem Gehirnlosen, der hier seine Heimat und Hausmacht hatte. Schaaban war ein Ringer-Champion, den ganz Iran kannte, verehrte oder auch fürchtete. Denn er und seine Mannschaft ließen sich vom Geheimdienst anheuern, um Regimegegner zu terrorisieren: damals vom Geheimdienst des Königs der Könige. „Dort drüben hat man zwei Drogenhändler aufgehängt." Der Führer zeigt auf eine Stelle der Schahriwar-Straße. Er lebt selber in der Nähe, kennt jeden und weiß alles. In einem Gewirr von älteren Gassen weist er mit einer Kopfbewegung auf ein Haus. „Hier hat Saddam gewohnt." Saddam? Er wird nach dem irakischen Diktator genannt, seit er Frau und Tochter mit dem Messer zerstückelte. Der Original-Saddam ließ 1998 offiziell mehr als 300 Menschen hinrichten – Kriminelle oder Missliebige. „Opium kann man hier herum kiloweise kaufen", behauptet der Führer. „Lastwagenweise", korrigiert ein Mann des hohen Establishments, als ich ihm in seiner Villa in Nord-Teheran von dem Erlebten erzähle.

Noch scheint die Sonne auf den Chayam-Park, noch dreht sich das Karussell mit seinen weißen Schwänen, noch verlassen Frauen im schwarzen Tschador die öffentliche Bücherei. Wenn es dunkel wird, wechselt das Publikum, denn abends ist der Park Treffpunkt der Gangster des Viertels. Schon jetzt brechen Süchtige auf einer Bank ihre Opiumstäbchen. Wie verwunschen liegt im Abendlicht eine Moschee jenseits der Straße. Der Führer entdeckt einen Bekannten, der zur Begrüßung zeremoniell die Hand auf die Brust legt und sich leicht verbeugt. Quer über seine Stirn läuft eine rote Messernarbe.

Schon bevor der Galgenstrick und dann die Gnade über ihn kamen, war Mortesa Amini Mokaddam nicht unbescholten. Die Polizei kannte ihn gut wegen verschiedener Delikte. Von der Schule war er geflogen, weil er bereits als 15-Jähriger jemanden fast erstochen hatte. Die Justiz hält ihn weiter fest, obwohl Mohebbis Tod nach dem Verzeihungsakt für sie eigentlich kein Thema mehr ist. Mortesa ist für unbestimmte Zeit eingesperrt. Zehn Jahre wird er wohl absitzen müssen. Dem Vater des Getöteten wollte die Islamische Republik einen Trost zukommen lassen. Vergeblich hatte er sich 18 Jahre lang darum bemüht, ins Kontingent der Mekka-Pilger aufgenommen zu werden. Jetzt sollte er bevorzugt Hadschi werden. Aber es scheint, dass er nicht reisen mochte. Nicht so. Nicht deswegen.

Erschienen am 11. März 2000

Propagandajubel des Mullah-Regimes für eine Geiselnahme: Szene vor der früheren US-Botschaft in Teheran, 2001

HUND MISCHKA
UND DIE WÜRDE DES VOLKES

2001
Der Überdruss am freudlosen Leben –
die Reformer können aus der veränderten Weltlage
kaum Profit ziehen

O rt der Handlung: Boulevard Jordan. Er schaut überhaupt nicht aus wie die römische Via Veneto, auch nicht wie der Pariser Boulevard Saint-Germain, sondern hat nur den Charme einer Stadtautobahn. Dennoch muss er notdürftig für die iranische Hauptstadt jene Funktion übernehmen, die einstmals die beiden genannten Straßen für junge Europäer hatten, die dabei sein wollten: Die iranische Jeunesse dorée geht hin, wenn sie gesehen werden möchte. Nicht zu Fuß. Sie fährt im Auto hin und her, beäugt sich, begrüßt sich, tastet ab, was derzeit „zu weit" bedeutet bei dem permanenten Versuch, die Grenzen der islamischen Kleidervorschriften hinauszuschieben. Wenn aus einem Wagen laute Popmusik tönt, wenn die Insassen verschiedenen Geschlechts sind, jung und mutmaßlich unverheiratet, fischen Polizisten oder Sittenwächter in Zivil die Verdächtigen rasch aus dem zäh fließenden Autokorso. Auf der Stelle werden Strafverfahren eingeleitet. Es ist eine sehr gebremste Dolce Vita.

Personen der Handlung auf dem Boulevard, der offiziell längst zu Ehren Afrikas umbenannt wurde, jedoch im Sprachgebrauch auch 22 Jahre nach der Revolution noch den Namen des haschemitischen Königreichs Jordanien trägt: der Hund Mischka, zwei Jahre alt, Pudelverschnitt, acht Kilo schwer, quirlig; Kambis, 20-jähriger Technik-Student, 1,82 Meter groß, 81 Kilo, sportlich; seine Freunde; seine Familie; die Staatsgewalt. Aber sie sind mit ihrem Auftritt noch nicht dran.

Wenn die Islamische Republik im internationalen Fußball siegt so wie letzte Woche gegen die Vereinigten Arabischen Emirate, stehen auf dem Boulevard die Autos Stoßstange an Stoßstange, bis in die frühen Morgenstunden. Die Insassen hupen, blasen in Alphörner aus buntem Plastik, hängen grün-weiß-rote Fahnen oder sich selber aus dem Fenster und klatschen rhythmisch. Auf Inseln im Stau wird getanzt. Frauen, geschminkt und lächelnd unter dem Tschador, drehen Körper und Hände grazil im Takt. Für einzelne Breakdancer bilden sich andere Inseln. An einem halben Dutzend Plätzen der Stadt, wo es ähnlich hoch hergeht, knallen Raketen und Böller. Anderswo wäre so etwas eher blasse Routine nach großen Fußballtagen. Hier wird damit das Strafgesetz kapitelweise missachtet. Doch die Polizei greift nicht ein. Heute nicht.

Bei vorausgegangenen Spielen hatte es harte Zusammenstöße zwischen Demonstranten und Ordnungskräften gegeben. Vor allem die Hilfsmiliz der Bassidsch, deren Mitglieder sowohl durch Indoktrinierung als auch materielle Vorteile ans Regime gebunden werden, gingen mit Knüppeln und Messern vor. Entsprechend reagierten die Sportenthusiasten und ihr Fußvolk, das immer marschbereit ist, wenn sich etwas tut. Ob nach Sieg oder Niederlage, mit einer Regelmäßigkeit, die fast schon zum Ritual geworden ist, schlägt Fußballbegeisterung um in politische Empörung. Randalierer reißen Verkehrsschilder aus. Sie schlagen die Scheiben staatlicher Banken und anderer Symbole der Obrigkeit ein. „Nieder mit der Despotie, es lebe die Freiheit", rufen plötzlich Sprechchöre, oder „Schande über Chamenei! Gib die Macht aus der Hand!" Die Schmähung des geistlichen Führers reimt sich im Persischen.

NUR LANGWEILIGES „MULLAH-FERNSEHEN"

Etwa tausend junge Leute sind im Zusammenhang mit solchen Zwischenfällen in den vergangenen Wochen verhaftet worden. Noch am Tag des Qualifizierungsspiels gegen die Emirate werden 80 von ihnen zu Haft oder Auspeitschung verurteilt. Diesmal indessen gibt es kaum Zwischenfälle. Die Führung hat gelernt. Sie lässt die Bassidsch nicht von der Leine, denn sie will nicht unnötig Feinde und Märtyrer schaffen. „So hat das Ende des Schahs auch angefangen", orakeln Iraner, die sich an die islamische Demonstrationswelle des Jahres 1978 erinnern. Doch die Parallele ist schlecht begründet. Überdruss am freudlosen Leben ist heute der Motor der Randale, vielfach enttäuschte Hoffnungen über ausgebliebene Reformen, Langeweile, wirtschaftliche Misere, Arbeitslosigkeit und fehlende Zukunftsaussichten für die Jugend. Kein politisches Konzept wird in den Krawallen artikuliert. Keine Organisation steckt dahinter.

Kambis und seine drei Freunde brauchen kein Fußballspiel, um aufzufallen. Sie werden auf dem Boulevard Jordan an einem ganz normalen Abend angehalten. Für motorisiertes Flanieren, sonst nichts. Ihr Geländewagen enthält keine Stereoanlage. Mädchen sind auch nicht im Wagen. Der Tugendwächter will schon wieder gehen. Da entdeckt er: „Sie haben einen Hund dabei!" Den Hund Mischka. Er gehört einem der Freunde. Ein Inspektor wird gerufen. Auf der Stelle beschlagnahmt er das Auto für einen Monat und setzt die Justizmaschine in Gang. Denn seit letztem Sommer ist es verboten, mit Hunden oder Affen, beides unreine Tiere, in der Öffentlichkeit zu promenieren. So wie es nicht mehr erlaubt ist, Damen-Unterwäsche in Schaufenstern zu zeigen oder Kunden durch Beschallung mit dekadenter Musik in ein Geschäft zu locken.

Der Kulturkampf wird auf sämtlichen Etagen geführt, auch auf dem Dach. Plötzlich sind aus dem Norden Teherans die Satelliten-Schüsseln verschwunden. Sie waren zwar seit Jahren verboten, wurden aber toleriert. Das Reform-Parlament bereitete gerade die förmliche Aufhebung des Verbots vor, da schuf die orthodox beherrschte Justiz abermals vollendete Tatsachen. Überfallartig erschienen Polizisten in Hunderten von Häusern und demontierten die anstößigen Teller. Aus Furcht vor Beschlagnahme und saftigen Geldstrafen schraubten die meisten noch nicht Betroffenen ihre Antennen selber ab. Einige vertrauen auf eine gute Tarnung, etwa den Kasten einer Klimaanlage. Die Mehrheit aber wartet darauf, dass der Sturm wieder abflaut – wie alle Kampagnen in Iran.

Ideologisch noch giftiger als westliche Sender sind für die Hüter der reinen Lehre zwei exil-iranische Stationen in Kalifornien, Pars und NITV. Wegen der penetranten Langeweile, welche die sechs einheimischen Kanäle ausstrahlen, sprechen die Iraner selber von „Mullah-Fernsehen". Die Emigranten dagegen unterhalten mit Musik und Filmen – und mit politischer Polemik. Regelmäßig rufen sie die Jugend dazu auf, nach Fußballspielen auf die Straße zu gehen. Vereinzelt ist dabei schon „Reza, Reza!" gerufen worden, weil die Sender dem Thron-Prätendenten und Sohn des letzten Schahs, Reza Pahlevi, viel Zeit geben: Ein Grund mehr für das Missfallen des Regimes über die Pläne für eine eventuelle Rückkehr des Ex- Königs Zahir ins benachbarte Afghanistan.

„Hau Amerika mit aller Kraft auf den Kopf!" Das Haupt Uncle Sam's mit seinem Zylinder aus einem gerollten Sternenbanner ist für die Besucher der amerikanischen Botschaft eine Art „Hau den Lukas". Wahlweise darf auch mit Tennisbällen in den Mund von Uncle Sam geschossen werden. Das verwaiste Botschaftsgebäude ist seit vorvergangenem Wochenende wieder geöffnet, aber nur für eine „Internationale Schau der amerikanischen Verbrechen gegen die Menschlichkeit". Auf Plakaten war die Ausstellung zunächst mit dem Titel „Die Zerschmetterung des Glaspalasts" angekündigt worden. Noch rechtzeitig fiel jemandem auf, dass dies als klammheimliche Freude über die Zerstörung des World Trade Center hätte missverstanden werden können. Hiroschima, Korea, Vietnam, Afghanistan, so heißen einige der Stationen der Schau. Und natürlich Iran, wo den Amerikanern 68 verschiedene Verbrechen vorgerechnet werden.

KEINE KOMPROMISSE MIT DEM GROSSEN SATAN

Am 4. November 1979 hatten radikale Studenten die Botschaft besetzt, 52 Diplomaten als Geiseln genommen und sie 444 Tage festgehalten. Die Studenten von damals sind bei der Eröffnung der Ausstellung nicht dabei. Sie wurden nicht eingeladen und wären nicht gekommen. Denn ihre Wortführer stehen heute fast alle im Lager des Reform-Präsidenten Mohammed Chatami. Einige gehören seinem engsten Kreis an. So hat Said Hadscharian, der letztes Jahr nach einem Anschlag nur knapp dem Tod entging, Chatamis Wahlstrategie entworfen. Massumeh Ebtekar, während der 444 Tage unter ausländischen Journalisten als Studenten-Sprecherin „Mary" bekannt, ist Vizepräsidentin. Abbas Abdi ist Berater des Staatschefs. Abdi bereut nicht wirklich, und allen fehlt bis heute die Einsicht für die Enormität ihres Handstreichs, der das Verhältnis zu den USA dauerhaft ruinierte und die Isolierung der Islamischen Republik einleitete. Unter den Bedingungen von 1979 lasse sich die Besetzung der Botschaft rechtfertigen, sagt Abdi der *New York Times*. Jetzt würde er es nicht wieder tun.

Einen Monat nach dem Beginn der Angriffe auf Afghanistan besteht kaum mehr Aussicht, dass die Reformer aus der veränderten Weltlage Profit ziehen könnten. Hinter den Kulissen wurde heftig darum gerungen, ob man einen neuen Anfang in den Beziehungen zu Washington versuchen soll. Die Frage ist negativ entschieden. „Diejenigen, die von Beziehungen sprechen, sind nicht bösen Willens. Sie sind nur schlecht informiert", sagt der geistliche Führer Ali Chamenei über seine Gegner, beinahe mitleidig. Er hat gerade in Isfahan ein Bad in der Menge genommen. Hunderttausende haben ihm zugejubelt, als wäre er der Messias oder der entrückte zwölfte Imam der Schiiten, dessen Wiederkehr ein Zeitalter der Gerechtigkeit einläutet. „Herangekarrt und bezahlt" nennen Kritiker die Jubelmenge. Aber sie war unübersehbar.

Der geistliche Führer lässt keinen Zweifel daran, dass Außenpolitik Chefsache ist, nicht Regierungssache – wie schon in der Ära des Schahs. Meinungsverschiedenheiten seien zulässig, wo es um Verwaltungsprobleme oder Gesetzesänderungen gehe. „Aber in allen kritischen Angelegenheiten, in allen Staatsaffären hat laut klaren Verfassungsbestimmungen der Führer das letzte Wort." Also spricht Chamenei. Die USA wollten Iran in den Afghanistan-Konflikt verwickeln und zum Partner bei Massakern an unschuldigen Menschen machen. Amerika wolle der Welt auch zeigen, dass die Islamische Republik von ihren revolutionären Idealen abgerückt sei. Daraus wird nichts. Durch Verhandlungen – so erklärt Chamenei – „würden die Amerikaner nur gieriger".

Sein Justizchef, Ayatollah Mahmud Schahrudi, ginge gern noch weiter. Er möchte gegen alle gerichtlich vorgehen, die offen den Dialog mit den Vereinigten Staaten fordern. Das nationale Interesse gebiete Gegnerschaft zu den USA. „Wir verdammen jede feige Haltung gegen Amerika und jede Rede von Kompromiss mit dem Großen Satan." Chatamis Reformfraktion hat derzeit, schonend gesagt, keinen Rückenwind.

Das schriftliche Urteil gegen Kambis und den Hund Mischka ist inzwischen ergangen. Es fällt niederschmetternd aus: eine Geldstrafe von 500 000 Rial, was immerhin der Monatsverdienst eines Arbeiters ist; der Hund muss von einem staatlichen Veterinär-

Institut eingeschläfert werden. Denn durch seine Zurschaustellung wurde – so der Text – „die Würde des Volkes verletzt". Das bringt den Vater von Kambis auf den Plan, der vor allem sein Auto zurückhaben möchte. Er zahlt und meldet Mischka gleichzeitig beim Gerichtsvollzieher als „entlaufen" an. Doch das wird nicht akzeptiert. „Wenn hier steht, der Hund wird aufgehängt, dann hänge ich ihn auf", sagt der pflichtbewusste Vollstreckungsbeamte. „Und wenn hier steht, du wirst aufgehängt, dann hänge ich dich auf. Zehn wie dich hänge ich auf am Tag! Raus!"

Spätestens an dieser Stelle wird das Drama zur Groteske. Um Mischka zu retten, wird ein Ersatzopfer gefunden, ein Hund, den sein Besitzer loswerden möchte. Seine kleine Tochter wird damit beschwichtigt, ihr Liebling werde in Zukunft statt in einer engen Etagenwohnung in einem schönen Garten leben. Aber zwei Veterinär-Institute weigern sich, den falschen Mischka zu töten. „So etwas ist nicht unsere Sache", sagen die Ärzte standhaft. Sie bestätigen es sogar schriftlich. Jetzt gibt das Gericht nach: Der Hund Mischka ist begnadigt. Mit dem Ersatz-Delinquenten fahren die vier Freunde spät in der Nacht 50 Kilometer weit aus der Stadt. Sie setzen ihn auf einem großen Villengrundstück aus. Wenigstens hat das Versprechen vom „schönen Garten" eine Chance.

Erschienen am 6. November 2001

LÜGEN, LEUGNEN, PROVOZIEREN

2006
Irans Präsident, der die Massenvernichtung der Juden bestreitet,
will mit einer Tagung erneut Unruhe stiften

Als einen Vorläufer der in Teheran geplanten internationalen Holocaust-Konferenz schickte das iranische Staatsfernsehen den Franzosen Roger Garaudy ins Rennen. „Keiner der Großen, die Hitler besiegten und seine barbarischen Taten bloß stellten, hat die Gaskammern auch nur mit einem einzigen Wort erwähnt", dozierte er in Paris. Als Kronzeugen zählte er Winston Churchill und Charles de Gaulle mit ihren Memoiren auf sowie Dwight Eisenhower mit seinem „Kreuzzug in Europa". Der 92-jährige Exzentriker Garaudy war einst Politbüro-Mitglied der damals stalinistischen KP Frankreichs und deren offizieller Philosoph. Später trat er zum Islam über. In seinem 1996 erschienenen Buch „Die Gründungsmythen der israelischen Politik" formulierte er jene Thesen, mit denen Irans Präsident Mahmud Ahmadinedschad nun weltweit Empörung ausgelöst hat.

Noch steht für die Holocaust-Konferenz kein Termin fest. Teilnehmer, die außerhalb Irans und der islamischen Welt Ansehen genießen, werden sich dafür kaum finden lassen. Veranstalter ist das iranische Außenministerium. Zum selben Thema „Die wahren Ausmaße des Holocaust" hielt bereits in der vorigen Woche die vom Regime gesteuerte „Gesellschaft für die Verteidigung der Palästinensischen Nation" ein Symposium. Ausliegende Schriften trugen Titel wie „Holocaust – Wirklichkeit oder Märchen?" oder „Holocaust: Die große Lüge vom 27. Januar". Von den eingeladenen Botschaftern islamischer Länder kamen die meisten nicht. In den offiziellen Medien unterstützen regierungstreue Experten die Thesen des Präsidenten. So wurde im Fernsehen mehrmals die Zahl der ermordeten Juden heruntergehandelt oder Gaskammern und Krematorien als Hygienemaßnahmen beschrieben. Zu sehen war auch Ayatollah Ali Meschkini, der in einer Freitagspredigt behauptete, die Zionisten hätten mit „dieser Lüge" von sechs Millionen Opfern die Welt überzeugt. Meschkini ist kein obskurer Prediger, sondern der Vorsitzende des Expertenrates, der den geistlichen Führer wählt.

Ähnliches tragen Imame seit einem Vierteljahrhundert vor. Dass Israel verschwinden müsse, gehört zum Verdammungsritual wie die Todeswünsche für Amerika. Von hundert Iranern hört vielleicht einer zu, keiner nimmt es ernst. Ahmadinedschad konnte nicht wissen, dass bei seiner anstößigen Rede zum Jerusalem-Tag ein Korrespondent der französischen Nachrichtenagentur AFP im Saal war. Der trug eine Sensation weiter, die sonst wohl untergegangen wäre.

Doch der Präsident begriff nach der empörten Reaktion in der Welt sehr schnell, welchen Joker er damit in die Hand bekommen hatte. Wer redet noch vom König von Marokko oder von sonst einem Führer der islamischen Welt? Wem fällt noch auf, dass König Abdallah von Saudi-Arabien weder Amerika noch Europa zum Ziel seiner ersten Auslandsreise macht, sondern China und Indien? Selbst Osama bin Ladens Tonbänder verklingen rasch. Durch Drohungen gegen Israel hat Ahmadinedschad Iran ins Zentrum gerückt, was ihm allein mit dem Atomstreit nie gelungen wäre. Die Holocaust-Konferenz ist ein Instrument, um diese Aufregung am Leben zu halten.

Doch wer kommt zur Konferenz? Natürlich fährt er nach Teheran, sagt der Mann, der die NPD vor dem Bundesverfassungsgericht vertreten hat. Immerhin habe er die Konferenz über den „so genannten Holocaust" doch „wärmstens empfohlen". Horst Mahler, ehemaliger RAF-Mann, später zum Rechtsextremisten gewendet, dem bald auch die NPD zu bieder wurde, ist ein Überzeugungstäter. Er hält den Mord an den Juden für eine riesige Erfindung. „Der Holocaust ist abgehakt, den hat es nie gegeben", sagt Mahler ins Telefon. Und nun hat er mal wieder die Möglichkeit, seine Ansicht prominent zu vertreten – immerhin hat er Schützenhilfe aus Teheran, vom Präsidenten Ahmadinedschad.

Mahler ist einer, den sich das Neda Institut für politische Wissenschaft in Teheran gut für eine Holocaust-Konferenz vorstellen kann. Am schönsten, sagt Mahler, wäre ja der gestrige 27. Januar als Termin dafür gewesen. Der 27. Januar – das ist der Tag, an dem das Konzentrationslager Auschwitz befreit wurde. Mahler sagt so etwas ganz kühl, er weiß um die Provokation. Andere halten solche Äußerungen für obszön. Acht Anklagen laufen gegen ihn, im Januar 2005 wurde er wegen Leugnung des Holocausts zu neun Monaten Haft verurteilt. Im Gefängnis war er deswegen noch nicht – er hat Rechtsmittel eingelegt. Andere Revisionisten jedoch sitzen hinter Gittern.

Im Herbst hatte Irans Präsident erstmals erklärt, die Deutschen und Österreicher sollten die Juden doch bei sich ansiedeln. Danach ging es im gleichen Tonfall weiter. Und offenbar fühlt sich der Chef des Neda Instituts in Teheran, Jawad Sharbaf, von seinem Präsidenten angefeuert. Sharbaf schrieb am 19. Dezember dem französischen Revisionisten Robert Faurisson und regte eine Holocaust-Konferenz an. Ahmadinedschad werde „unzweifelhaft sein Bestes tun", wenn die Revisionisten Hilfe für eine Konferenz benötigten. Eine Woche später antwortete der französische Professor: Der Name von Ahmadinedschad werde in die Geschichte eingehen, er habe den Mut gehabt, zu erklären, dass der „Holocaust" nichts als ein Mythos oder eine Legende sei.

Erschienen am 28. Januar 2006

AUFRUHR IM GOTTESSTAAT

2009
Die Bürger begehren auf gegen das Regime –
doch sind die Proteste eher spontane Ausbrüche von Wut
und Enttäuschung und ändern nicht viel

Die Bilder gleichen sich. Wie vor der islamischen Revolution ziehen wieder Menschenmengen durch die Straßen. Damals riefen sie „Tod dem Schah", heute verdammen sie den Diktator. Doch die Ähnlichkeiten sind oberflächlich. Die Riesenschlange der Demonstranten, die vor 30 Jahren die Monarchie verschluckte, war wohlorganisiert. Durch die Moscheen war das Netzwerk des Revolutionsführers Khomeini in ganz Iran flächendeckend. Hingegen können sich die unterlegenen Präsidentschaftskandidaten, die jetzt die Wiederwahl Mahmud Ahmadinedschads anfechten, auf keine strukturierte Opposition stützen. Nicht einmal mehr Mobiltelefone und Internet funktionieren zuverlässig für Absprachen. Die Proteste sind spontane Ausbrüche von Wut, Enttäuschung oder Hoffnung, aber alles andere als eine konzertierte Aktion.

Nicht vergessen werden sollte, dass damals monatelang die Ölarbeiter streikten und dass die Staatskasse immer leerer wurde. Heute wird kaum etwas von der Geheimpolizei so sorgfältig überwacht wie die Petroleumindustrie und ihre Beschäftigten. Während sich die Repression verschärft, setzen die Regierenden offenbar weiter auf Abnutzung: die Unzufriedenen demonstrieren trotz Verbots, nachts dürfen sie von den Dächern „Allahu akbar" rufen – und sollen dabei allmählich in die Apathie zurückfallen, wenn sie begriffen haben, dass sie an den Machtverhältnissen nichts ändern werden. Für das Regime wäre das die bequemste Lösung.

Iran ist immer noch eine absolute Monarchie. Der geistliche Führer hat mehr Vollmachten als ein König von Gottes Gnaden.

Doch wenn er die Krise beilegen will, muss sich Ali Chamenei Besseres einfallen lassen als den Iranern abermals zu ihrer glücklichen Wahl zu gratulieren und ein Ende der Demonstrationen zu gebieten, wie er dies in seiner Freitagspredigt getan hat – noch dazu in Anwesenheit Ahmadinedschads. Die Herausforderer an der Spitze der Protestbewegung sind keine Dissidenten, sondern alle Veteranen des Apparats. Sie wollen nicht die Islamische Republik abschaffen, sondern sie modernisieren, damit sie effizienter und für das Volk attraktiver wird.

Selbst wenn das offizielle Wahlergebnis stimmen würde, stünde ein Drittel der Iraner hinter den geschlagenen Kandidaten. In Wahrheit sind es viel mehr, unter ihnen städtische Eliten, der Mittelstand, die produktivsten Kräfte, auf deren guten Willen nicht verzichtet werden kann. Ihre Wünsche gehen freilich weit über das hinaus, was Mir Hussein Mussawi oder Mehdi Karrubi bieten könnten. Die Demonstranten wollen Ahmadinedschad nicht mehr, aber auch von der „Herrschaft des Gottesgelehrten", der tragenden Idee des Staates, wollen sehr viele nichts mehr wissen. Niemand sagt dies öffentlich, aber alle wissen es. Das demokratische Element von Volkssouveränität, das durch die Wahlen in die Verfassung geriet, und der übergeordnete Grundsatz der Souveränität Gottes, so wie der geistliche Führer sie versteht, vertragen sich schlecht. Acht Jahre lang versuchte der Reformpräsident Mohammed Chatami die Diskrepanzen dieser hybriden Staatsform zu überspielen. Die Quadratur des Kreises glückte ihm nicht.

Hinter den Kulissen wird verhandelt, um aus der akuten Sackgasse herauszukommen. Direkt oder durch Vertreter sind alle Betroffenen beteiligt: Chamenei, die Unterlegenen der Wahl, der Königsmacher der Republik, Haschemi Rafsandschani, einflussreiche Kleriker. Von dem Dutzend schiitischer Groß-Ayatollahs, die Iran zählt, hat bisher keiner Ahmadinedschad zur Wahl gratuliert. Vier von ihnen haben verlangt, dass die Staatsmacht die Beschwerden über die Wahl unparteiisch behandeln soll. Drei haben sich über den Wahlschwindel beschwert, unter ihnen der greise Ali Montaseri, der einmal zum Nachfolger Khomeinis bestimmt war.

Die Suche nach einem Kompromiss mutet zur Stunde noch so aussichtslos an wie die Experimente von Alchimisten oder Goldmachern. Auch das weniger glanzvolle hölzerne Eisen als Baumaterial für Eselsbrücken ist bisher nicht gefunden. Aber die Iraner sind ein geduldiges Volk von Schachspielern und Teppichknüpfern. Sie haben Talent für Kombinationen und Feinarbeit. Und immer schon hatten ihre Poeten die Gabe, Worte so zu fügen, dass sie für den Augenblick beinahe zur Realität werden. Eine politische Formel, die sich für das wütende Fußvolk der Reform wie „ja" anhört, aber in der Substanz „nein" bedeutet, scheint nicht völlig außer Reichweite.

Inzwischen werden die Einsätze erhöht. Chamenei lastet die Verantwortung für Blutvergießen, Gewalt und Chaos im Voraus der Opposition an, falls die Protestmärsche weitergehen. Aber schon für den heutigen Samstag hat Mussawi zur nächsten Kundgebung aufgerufen. Er und seine Parteigänger müssen den Druck aufrechterhalten. Das Risiko von Zusammenstößen, die niemand geplant oder gewollt hat, wird größer. Das Schlimmste wäre, wenn sich das Regime zum großen Unterdrückungsschlag entschlösse. Der Schah war erledigt, als er von seinen Truppen einige üble Massaker anrichten ließ. Auch die Reformanhänger, die jetzt in wütender Stimmung sind, würden sich vermutlich nicht abschrecken lassen. Von alters her hat der Märtyrerkult einen ehrenvollen Platz im Bewusstsein der Iraner.

Erschienen am 20. Juni 2009

DER REALIST

2013
*Irans neuer Präsident Rohani will die wirtschaftliche
Lage verbessern – dafür muss er den Westen dazu bringen,
die Sanktionen abzubauen*

Irans neuer Präsident Hassan Rohani hat kurz vor seinem Amtsantritt am Sonntag einen programmatischen Satz gesagt: „Mäßigung in der Außenpolitik bedeutet weder Kapitulation noch Konflikt, weder Passivität noch Konfrontation. Mäßigung ist wirksame und konstruktive Gegenseitigkeit in den Beziehungen zur Welt." Kompromisse mit der internationalen Gemeinschaft in schwierigen Fragen, besonders zu Irans Atomprogramm, seien nicht gleichbedeutend mit Kapitulation. Für die Innenpolitik hatte er bereits vor seiner Wahl, in der er am 15. Juni seine konservativen Konkurrenten überraschend mit 51 Prozent der Stimmen schlug, eine Bürgerrechts-Charta sowie intensive Bemühungen zur Reparatur der maroden Wirtschaft angekündigt. Einem Jugendmagazin sagte er: Zu den Idealen Irans gehörte ursprünglich „nicht die Unterdrückung von Fröhlichkeit und Freude". Die Sittenpolizei hat sich auf den Straßen Teherans seit Rohanis Wahl rar gemacht.

Um die materiellen Erwartungen der Iraner nicht zu enttäuschen, braucht er einen raschen Abbau der Spannungen mit dem Westen. Beides ist eng miteinander verknüpft. Priorität hat deshalb für den Präsidenten die Aufhebung der für die iranische Wirtschaft ruinösen Sanktionen. Voraussetzung sind Fortschritte in den seit Jahren stagnierenden Atomverhandlungen. In ihnen soll unter Rohani „vollkommene Transparenz" das neue Element sein. Wie in seiner Umgebung versichert wird, soll es ungeklärte Fragen nicht mehr geben. Die Internationale Atomenergiebehörde soll künftig uneingeschränkt Zugang zu allen nuklearen Einrichtungen Irans erhalten. Die Kompetenz für die Verhandlungen will Rohani vom Nationalen Sicherheitsrat, in dem bisher der in der Präsidentenwahl abgeschlagene ultrakonservative Said Dschalili das Sagen hatte, auf das Präsidentenamt oder das Außenministerium übertragen. In den vergangenen Wochen hat Rohani schon einen Teil seines Stabes aus der Zeit der relativ erfolgreichen Verhandlungen mit dem EU-Trio Frankreich, Deutschland, Großbritannien reaktiviert.

„EINE WUNDE AM KÖRPER DER ISLAMISCHEN WELT"

Gestützt auf ihre damaligen Erfahrungen mit Rohani, haben westliche Diplomaten eine hohe Meinung von ihm. Der frühere deutsche Botschafter Paul von Maltzahn sagt: „Er ist im iranischen Machtsystem hervorragend platziert, lässt sich nicht leicht manipulieren und ist selbstbewusst." Auch der Franzose Stanislas de Laboulaye, seinerzeit Politischer Direktor im Pariser Außenministerium, nennt Rohani einen „zentralen Spieler in Irans Establishment". Westliche Unterhändler erinnern sich, wie der künftige Präsident sein Telefon aus der Tasche holte, als die Verhandlungen in der Sackgasse waren, den Obersten Führer Ali Chamenei anrief und ihn überzeugte, ein Moratorium in der Urananreicherung sei nötig. Rohani und Chamenei kennen sich, seit sie, lange vor der Revolution, in Maschhad gemeinsam beim Militär waren. „Er war der einzige", so der Franzose, „der den anderen Führern etwas zutiefst Unbeliebtes verkaufen konnte."

Auf die Anreicherung werden die Iraner auch unter Rohani nicht verzichten. Sein Ziel ist im Gegenteil, dass die USA das volle Recht Irans auf Entwicklung der zivilen Atomenergie anerkennen – bei völliger Sicherheit, dass es keine Bombe geben wird. Dass das US-Repräsentantenhaus unmittelbar vor Rohanis Amtsübernahme nochmals für eine deutliche Verschärfung der Sanktionen votiert hat, zeigt wie schwer es der neue Präsident haben wird.

Wirbel gab es am Freitag um Äußerungen Rohanis anlässlich des „Jerusalem-Tages". Iranische Staatsmedien hatten ihn zunächst sowohl auf Farsi als auch in Englisch mit den Worten zitiert: „Das zionistische Regime und die Besetzung von Jerusalem sind eine Wunde am Körper der islamischen Welt, die beseitigt werden muss." Wie ein später veröffentlichtes Video belegt, wandte er sich gegen „jede Art der Unterdrückung", ohne Israel direkt zu nennen. In der

Präsident Hassan Rohani: 2014 beginnt Iran nach zähen Verhandlungen in der Atomfrage nachzugeben – ein wenig.

Region gebe es „seit Langem eine Wunde auf dem Körper der islamischen Welt" die „in dem Schatten der Besetzung des Heiligen
Landes von Palästina und des geliebten Jerusalem" liege. Das Wort
„entfernen" fällt in dem Video nicht. Gemessen an der an diesem
Tag üblichen Rhetorik, kann dies als relativ moderate Bemerkung
gelten. Auch wenn sich Rohani weder von der Rhetorik noch von der
Ideologie der Islamischen Republik distanziert, hat er einen soliden
Ruf als realistischer Außenpolitiker. Sein Einfluss hat verhindert,
dass Iran sich an die Seite der Iraker stellte, als Saddam Hussein Kuwait besetzte – wie es die Radikalen in Teheran forderten.

ROHANI IST KEIN REFORMER, ABER MILDER ALS SEIN VORGÄNGER

Zur Einführung Rohanis vor dem Parlament werden die Präsidenten Pakistans, Afghanistans, Libanons und der zentralasiatischen
Republiken kommen. Der Syrer Baschar al-Assad ist mit seinen eigenen Problemen beschäftigt. Über einen Teheraner Besuch von
Russlands Präsident Wladimir Putin in den nächsten Wochen
wird bereits gesprochen. Die UN schicken ihren stellvertretenden
Generalsekretär Jan Eliasson. Aus Europa kommen möglicherweise der frühere britische Außenminister Jack Straw und Javier
Solana, der vormalige EU-Beauftragte für Außenpolitik. Die EU-
Mitgliedstaaten lassen sich durch ihre Teheraner Botschafter vertreten. Der Ex-Reform-Präsident Mohammed Chatami ist nicht
eingeladen.

Rohani hat zwei Wochen Zeit, seine Regierung zusammenzu-
stellen. Doch er will sein Kabinett, das vor allem aus erfahrenen
Fachleuten der Ära von Ex-Präsident Haschemi Rafsandschani besteht, dem von Konservativen beherrschten Parlament schon am
Sonntag vorstellen. Dieses muss binnen zehn Tagen über jeden
einzelnen Minister abstimmen. Reformer stehen allerdings nicht
auf Rohanis Liste. Die Revolutionsgarden und Ultras unter den Abgeordneten haben sogar gefordert, dass nur Minister werden solle,
wer die Protestbewegung gegen die umstrittene Wiederwahl Präsident Ahmadinedschads vor vier Jahren verurteilte.

Rohani ist kein Reformer, aber er steht gut mit ihnen sowie mit
Rafsandschani. Er hat das Vertrauen Chameneis und ist bei den hohen Klerikern in Ghom hoch angesehen. Als Außenminister ist der
erfahrene Diplomat Dschawad Sarif vorgesehen, an amerikanischen

Hochschulen ausgebildet und langjähriger UN-Botschafter Irans. Während dieser Jahre erlaubten ihm die Amerikaner oft, nach Washington zu reisen, wo er im Gespräch mit den wichtigsten Iran-Experten der USA die abgebrochenen Beziehungen zu pflegen suchte.

Erschienen am 3. August 2013

Im Frühjahr 2015 scheint der neue Kurs zum Ziel zu führen: Am 2. April unterzeichneten die fünf UN-Vetomächte und Iran sowie Deutschland als Vermittler in Lausanne einen Kompromiss, wonach die Regierung in Teheran sein Atomprogramm für die nächsten zehn Jahre internationaler Kontrolle unterwirft. US-Präsident Barack Obama sprach von einer „historischen Übereinkunft".

VON ISTANBUL BIS INDIEN

Das Verhältnis zum Westen und zu
islamistischen Bewegungen wird
die Zukunft dieser Länder entscheiden.

Der Despot ganz in Gold: Neobarocke Selbstverherrlichung des „Turk-menbashi" in Turkmenistans Hauptstadt

Von Istanbul bis Bombay, von den Wüsten Usbekistans bis an die friedlichen Küsten Omans: Die Welt des Islam ist im Umbruch, auch dort, wo sie lange unterdrückt wurde wie in der ehemaligen Sowjetunion oder der weltlichen Türkei. Das Verhältnis zum Westen und zu islamistischen Bewegungen wird die Zukunft dieser Länder entscheiden, die meist weniger oft in den Nachrichten zu sehen sind als die Krisenregionen des Nahen Ostens.

Die Türkei, die weltliche Republik Kemal Atatürks, erlebt eine Renaissance des Islam, mit bedenklichen Untertönen. Das Land, dem die EU die kalte Schulter zeigt, muss seine Rolle zwischen den Welten noch finden. Anders im erzkonservativen Königreich Saudi-Arabien, wo Reformen ein solches Schneckentempo haben, das man es kaum erkennen kann. Das reiche Königreich, „Hüter der heiligen Stätten" von Mekka und Medina, ist einerseits ein Verbündeter der USA, die es 1990 sogar gegen den irakischen Diktator Saddam Hussein zu Hilfe gerufen hat, hat andererseits aber ein ungeklärtes Verhältnis zu fundamentalistischen Terrorgruppen. 2015 versuchte sich Saudi-Arabien als regionale Ordnungsmacht gegen schiitische Milizen (und damit gegen den nahen Iran) im benachbarten Jemen und schickte Kampfflugzeuge.

Ganz neu erfinden müssen sich die ehemaligen Sowjetrepubliken Zentralasiens, für welche der Islam ein wichtiges Identifikationssymbol ist. Ölpotentaten und selbstherrliche Tyrannen schaden dem Ruf der Region, doch noch gibt es keine islamische Radikalisierung wie in Pakistan, das nach wie vor ein undurchsichtiger Akteur im Machtspiel um Afghanistan ist. Von dort sind die Nato-Kampftruppen zwar 2014 abgezogen, doch will der Westen das Land nicht preisgeben, das er seit 9/11 zur Demokratie führen wollte.

Unfrieden in den Hütten: Slums in Bombay

MÖRDERISCHE ZEICHEN IN GRÜN UND SAFRANGELB

1993
Nach blutigen Unruhen
zwischen Muslimen und Hindus drohen die
Zukunftschancen Indiens zu ersticken

Slums gibt es viele. Allein Bombay zählt mehr als 1000 solcher Siedlungen, die sich die Bewohner aus Brettern, Ziegelsteinen, Wellblech, Plastik, Zeltplanen und Karton gebastelt haben: auf öffentlichem Grund, auf Boden, den Bauhaie teuer abgeben, entlang der Bahndämme oder am Straßenrand, unter Brücken, in Röhren, auf Bauplätzen oder einfach an die Hauswand gelehnt, auf Trottoirs, von denen die Fußgänger auf die Straße und wo die Autos auf die Gegenfahrbahn verdrängt werden. Fast 60 Prozent der Einwohner Bombays, der sechstgrößten Stadt der Erde, leben heute in Slums. Erst 22 Prozent waren es vor 30 Jahren. Wenn sich nichts ändert, werden es zur Jahrtausendwende 75 Prozent sein. Slums gibt es viele, immer mehr. Dieser ist der größte – nicht nur der Stadt oder Indiens, sondern Asiens: Dharavi.

So weit das Auge reicht, ebenerdiger oder einstöckiger Eigenbau. Ein vergifteter See bildet die eine Grenze des Ghettos nördlich vom Stadtzentrum, eine Bahnlinie und Straßen die anderen. Die Luft ist schwer vom Rauch brennender Abfallhaufen, vom Gestank der Gerbereien und chemischen Kleinbetriebe, die ohne hindernde Auflagen arbeiten, von Staub und vom Geruch offener Kloaken. Gestalten kauern am Wegrand oder an Rändern eines Kanals. Hygieniker haben für diese Art, seine Notdurft zu verrichten, den Ausdruck „verstreute Defäkation" erfunden. 700 000 Menschen leben hier. Doch an den Bushaltestellen und an der Bahnstation warten Berufstätige in adretter Kleidung. Wer in Dharavi oder in einem anderen Slum haust, ist nicht notwendigerweise ein Bettler oder asozial. Nicht nur Tagelöhner wohnen hier, sondern Angestellte, gewerkschaftlich organisierte Arbeiter, Handwerker, kleine Händler, einige Ärzte, sogar Rechtsanwälte. Sie alle können sich keine Wohnung leisten, aber sie müssen in Bombay sein. Denn in Bombay findet jeder Arbeit, er mag im klimatisierten Komfort eines Hochhauses nächtigen oder in der feuchten Tropenluft, die von der Arabischen See her weht. Rund 350 Zuzügler kommen täglich in die Stadt, die sich nur schwer ausdehnen kann, weil sie aus sumpfigen Inseln zusammengewachsen ist.

Gebraucht würden 60 000 Wohnungen im Jahr, gebaut werden 25 000, davon nur 5000 Sozialwohnungen. Dafür ist Bombay Indiens Wirtschaftszentrum. Die Börse sitzt hier, die Zentralbank, die Filmindustrie; die meisten Großunternehmen werden hier gesteuert. Rund 60 Prozent der Exporte und Importe gehen durch Bombays Hafen. Die 13 Millionen Einwohner der Stadtregion – Hindus, Muslime, Christen, Parsen, Sikhs, Juden – bringen mit ihrer Steuerleistung ein Drittel des Budgets der Zentralregierung auf.

Normalerweise. Aber seit 6. Dezember ist gerade in Bombay nichts mehr normal. Indiens modernste, intellektuelle, kosmopolitische Stadt, die sich gern mit New York verglich, leidet an Selbstzweifeln. In der Händlermetropole, wo Verkäufer und Kunden niemals schliefen, halten viele Geschäfte sogar tagsüber die Rolläden geschlossen. Die Uferpromenade und die Hauptstraßen, wo sonst lange nach Mitternacht Zehntausende flanierten, sind abends um neun Uhr verwaist. Am Gateway of India, dem Triumphbogen, durch den 1911 König Georg V. die größte Besitzung seines Imperiums betrat, ist es am Samstag um 23 Uhr leer wie auf dem Münchner Marienplatz am Sonntag um sechs Uhr früh. Sonst drängten sich Einheimische und Touristen wie auf dem Pariser Montmartre. Kein Händler verkauft Teller mit frischem Obst oder Scheiben gesalzener Ananas. Die Eismänner und Souvenirverkäufer, ja selbst die Bettler sind abgezogen. An einer Tankstelle wacht ein 20-köpfiges Polizeiaufgebot mit Schlagstöcken aus bleigefülltem Bambus und Stahlhelmen. In der Halle des neugotischen Taj-Mahal-Hotels langweilt sich ein einsamer Araber von der Golfküste. Seine Landsleute, die sich im toleranten Bombay vom heimischen Puritanismus zu erholen pflegten, sind abgereist. Örtliche Zeitungen fragen, ob die Stadt dabei sei, zum Beirut Indiens zu werden.

Als an jenem 6. Dezember radikale Hindus im nordindischen Ayodya die Babri-Moschee abgerissen hatten, brachen in Bombay Unruhen aus wie in vielen Städten. Muslime demonstrierten gegen die Demütigung, die Polizei schoss freigiebig in die Menge. Nach offiziellen Angaben kamen 240 Menschen zu Tode, nach unabhängigen Quellen mehr als 300. Mehr als 80 Prozent der Opfer waren Muslime, viele unbeteiligte Zuschauer oder Passanten. Die nächste, noch viel blutigere Runde begann am 6. Januar. Zwei Hafenarbeiter, Hindus, waren in einem Muslimviertel erstochen gefunden worden. Obgleich die Polizei eine Arbeitsstreitigkeit als Hintergrund sah, erhielt die Sache sofort einen konfessionellen Aspekt. Vergeltung und neue Rache, Ausschreitungen und Repression breiteten sich wie ein Feuerbrand aus. Am Abend hatte er den Riesenslum von Dharavi erfasst, an den beiden folgenden Tagen die ganze Stadt. Taxis und Handkarren, die Muslimen gehörten, wurden angezündet, Läden, Werkstätten, Elendsquartiere gingen in Flammen auf.

In Jogeshwari, einem Slum nahe des Flugplatzes, brannte ein bekannter Gangster namens Guli Khan eine Hütte nieder, in der er eine vierköpfige Hindufamilie, darunter ein behindertes Kind, eingeschlossen hatte. „Ströme von Hindu-Blut fließen im Mini-Pakistan von Bombay. In 72 Stunden 70 Tote", schrieb – zu jenem Zeitpunkt noch fälschlich – das Sprachrohr der extremistischen Hindu-Organisation Shiv Sena (Schiwas Armee), *Saamna,* was als Pogromsignal gemeint war und als solches verstanden wurde. „In Jogeshwari kamen sie zu mehr als 3000 um 11.30 Uhr abends", erzählt ein Zeuge. „Die Polizei, statt uns zu schützen, gab ihnen Feuerdeckung." Verkohlte Balken, eingestürzte Mauern, durchschossene Dächer sind Spuren der Kämpfe. Viele der winzigen Häuser stehen leer. Die Bewohner sind geflohen. Deshalb bleiben auch alle Angaben von Opferzahlen fragwürdig.

„Welcome Military by Muslim Youth" steht auf Wänden. Die Armee, zu der die Bewohner mehr Vertrauen haben als zur Polizei, hat die Sicherung übernommen. Es herrscht wieder Ruhe. In den gepflegteren Vierteln machten die Shiv-Sena-Aktivisten systematisch anhand von Wählerlisten Jagd auf Muslime. „Nie habe ich so etwas gesehen", sagt S. A. Sabavala, ein Direktor des Tata-Konzerns, des führenden privaten Unternehmens Indiens. „Selbst nach der Teilung (in Indien und Pakistan) gab es hier nur vereinzelte Fälle von Gewalt, aber nicht so etwas." Die Chefredakteure neun führender Zeitungen des Landes beschwerten sich in einem Brief an Premier Narasimha Rao: „Wir wissen jetzt, dass die Polizei an vielen Stellen den Aufruhr und die Plünderungen geduldet oder sich daran beteiligt hat. Die Regierung des Staates Maharashtra, die dies wissen muss, hat nichts unternommen und sich damit zum Komplicen des Verbrechens gemacht."

„MAN WIRD ZUM VERTRIEBENEN IM EIGENEN LAND"

Die Parteilichkeit der Polizei, die Untätigkeit der Regierung von Maharashtra, Delhis langsame Reaktion, die Nachsicht für die Täter haben die Muslime traumatisiert. Aber nicht allein sie. „Ich gehöre zu den Privilegierten", erklärt der Chef einer großen Wirtschaftszeitung, der selber kein Muslim ist. „Ich habe ein Auto mit Fahrer, der mich von meiner Wohnung im Norden zur Redaktion ins Zentrum bringt." Nun hat er seine Limousine gegen einen Jeep mit Drahtnetzen an beiden Seiten vertauscht. „Ich habe Angst. Ich möchte nicht in einer Stadt leben, in der mich Rabauken anhalten und nach meiner Konfession fragen. Noch sechs Monate warte ich ab, dann gehe ich." Aber wohin? „Komisch, in den Tagen der Teilung war ich nicht so benommen und deprimiert wie jetzt", sekundiert der Journalist Bhisham Sahni, der damals selber aus Pakistan fliehen musste. „Die Flüchtlinge von früher hatten einen Platz, an den sie fliehen konnten. Heute sind sie übler dran. Man kann von seiner Stadt in sein Dorf fliehen, aber was tun, wenn die Dörfler auch schon mit blutunterlaufenen Augen auf dich warten? Man wird zum Vertriebenen im eigenen Land."

Das Schreckgespenst heißt Kommunalismus, ein Zustand, in dem die Bürger politische Entscheidungen nicht nach Überzeugung oder Interessen, sondern nach ethnischer oder religiöser Herkunft treffen. „Falls der Faschismus nach Indien kommt, wird er in Form des Kommunalismus kommen", sagte Jawahrlal Nehru, der das laizistische Indien entscheidend prägte. Die Gefahr des Kommunalismus war für ihn größer als jede Bedrohung von außen. „1947 war der muslimische Kommunalismus im Angriff, und das Land wurde zweigeteilt", warnt Asghar Ali Engineer, Direktor des Instituts für Islamische Studien. „45 Jahre nach der Unabhängigkeit ist der Kommunalismus der Mehrheit in der Offensive. Das kann die Fragmentierung unseres Landes zur Folge haben. Die säkularistischen Kräfte müssen die Schrift an der Wand sehen." Schon hat die Mehrheit der Muslim fast alle Hindus aus dem Kaschmirtal vertrieben. Schon hat der Kampf radikaler Sikhs für ein unabhängiges „Kalista", – und dessen Unterdrückung – Tausende Opfer gefordert. Gefährlicher als Separatismus von Minderheiten ist aber militantes Identitätsbewusstsein der Hindu-Majorität. Es gibt den Unruhen eine andere Qualität als frühere Zusammenstöße zwischen Muslimen und Hindus.

Indiens Muslime stellen nur zwölf Prozent der Bevölkerung. Aber zwölf Prozent von 875 Millionen sind mehr als 100 Millionen. Von Kennern werden die indischen Muslime auf 120 Millionen geschätzt. Das entspricht der Einwohnerzahl Persiens und der Türkei oder der doppelten Zahl der Ägypter. Geographisch sind die Muslime über die ganze Union verteilt, was eine zweite Teilung von vornherein ausschließt. Nur in Kaschmir sind sie in der Mehrheit, in Kerala und in Westbengalen machen sie etwa ein Fünftel der Bevölkerung aus. Zum indischen Staat haben sie seit der Teilung ein gebrochenes Verhältnis. Er ist für sie Ergebnis einer historischen Niederlage. Ein halbes Jahrtausend lang waren sie nach der islamischen Eroberung des Subkontinents die Herren – freilich nur dem subjektiven Empfinden nach, denn die Masse der indischen Muslime besteht aus Nachkommen konvertierter Hindus niedriger Kasten.

Während der zwei Jahrhunderte britischer Herrschaft waren die Muslime eine Minderheit, die sich abseits hielt. In der Schlussphase entwickelten sie Interesse am Fortbestand eines britischen Protektorats, um nicht der Hindumehrheit ausgeliefert zu werden. Der Ausweg aus diesem Dilemma hieß „Pakistan", ein Staat der Muslime auf indischem Boden, wenn auch nach den Absichten des Staatsgründers Mohammed Ali Jinnah kein islamischer Staat. Jinnah war aus Bombay. Sein Haus an der Mount Pleasent Road auf dem Malabar Hill, dem vornehmsten Wohnviertel der Stadt, ist für Muslime eine Kultstätte. Das Ansinnen Pakistans, es zu erwerben und zum Konsulat auszubauen, hat Delhi soeben abgelehnt.

Durch die Teilung verloren die Muslime im heutigen Indien ihre Führungsschicht. Akademiker, Offiziere, Beamte, Literaten wanderten fast geschlossen nach Pakistan aus. Die Künstler, Poeten und Diener, die von den Nabobs und anderen Feudalherren lebten, verloren ihre Pfründen. Das in arabischen Buchstaben geschriebene Urdu, bis 1947 vorherrschende Sprache der nordindischen Elite, verbauerte. Zurück blieben kleine Handwerker, Basarhändler, Landwirte, denen als intellektuelle Stütze nur die konservativsten Schriftgelehrten zur Verfügung standen. An den Universitäten, im öffentlichen Dienst, in der Wirtschaft sind die Muslime chronisch untervertreten. Es gibt unter ihnen kaum Unternehmer im modernen Sinne. Weil sie ihr Geld wegen des islamischen Zinsverbots immer mit Vorliebe in Boden anlegten, gehört ihnen relativ mehr Land als den Hindus. Bestimmte Berufe wie Bäcker, Metzger, Schreiner sind ihre Domäne – weshalb es in Bombay nach den Unruhen kaum Brot gab. Die Muslime sind ärmer als der Durchschnitt, sie haben mehr Analphabeten als alle anderen Religionsgemeinschaften.

GLAUBEN GEGEN GLAUBEN, HINDUS GEGEN MOSLEMS

Seit Jahren wehen an der Großen Moschee zu Delhi schwarze Fahnen. Ihr Imam, Saied Abdullah Bukhari, protestiert damit gegen immer neue Benachteiligungen, denen er seine Glaubensgenossen ausgesetzt sieht. Seit dem Bau der Moschee durch Schah Dschahan vor 350 Jahren wird das Amt des Imams in der Familie Duchari vom Vater auf den Sohn vererbt. Diplomatie oder theologische Geschmeidigkeit gehören nicht zu den Stärken des Imams. Er ist ein Mann der harten Konfrontation mit der Regierung. In der vorletzten Woche rief er dazu auf, aus Protest gegen den Abbruch der Moschee von Ayodya und die jüngsten Massaker die Feierlichkeiten zum Tag der Republik zu boykottieren.

Seither suchte er durch einen Marsch zum Parlament seine Verhaftung zu provozieren. Nur wenige folgten ihm. Dennoch scheint seine militante Linie Anklang zu finden. Wenn der Muezzin zum Freitagsgebet ruft, eilen mehr Gläubige herbei als seit langem. Der riesige Hof der Moschee ist bis zum letzten Quadratmeter besetzt. Polizei mit Schutzschilden und Einsatzwagen steht rund um die Moschee, um zu verhindern, dass Gläubige sich auf der Straße zum Gebet niederwerfen. Für die grüne Fahne mit dem weißen Halbmond auf dem Dach gegenüber, Pakistans Flagge zum Verwechseln ähnlich, haben die Polizisten keine Aufmerksamkeit. Sie sind gewöhnt, dass indische Muslime bei jedem Cricket- oder Hockeyspiel Indien-Pakistan vor Freude Knallfrösche springen lassen, wenn die Pakistaner gewinnen.

Das Freitagsgebet auf der Straße vor überfüllten Moscheen ist für die Hindus zum besonderen Ärgernis geworden. Sie sehen darin ein Zeichen neu erwachten, streitsüchtigen Selbstbewusstseins der Muslime. Militante Hindus beginnen damit, ihrerseits am Samstag vor den Tempeln zu beten, obgleich es dafür in ihrer Glaubenstradition keine Grundlage gibt. „Wenn sie den Verkehr blockieren dürfen, dann wir auch", lautet die Logik. Das eigene Familienrecht, das die indische Verfassung den Muslimen zugesteht, ist Hindus wie Laizisten ein Dorn im Auge. „Die Regierung verhätschelt die Minderheiten", findet als Propagandathese der Shiv Sena und der gleichfalls hinduistischen Baratha Janata Party (BJP) bei der Mehrheit viel Beifall. Für die Hindunationalisten sind die Gewaltausbrüche deshalb ein Mittel, die säkularistische Kongresspartei, die mit geringen Unterbrechungen seit der Unabhängigkeit regiert, aus dem Amt zu hebeln. Absolute Mehrheiten erzielte die Kongresspartei nur durch die Stimmen der Minderheiten.

Auf dem Shiv-Sena-Haus weht die safranfarbene Fahne der Hindus. In einer Glasvitrine vor dem ersten Stock des grauen Eckhauses im Norden Bombays thront Gott Schiwa, der Weltzerstörer und Verwandler. Im Erdgeschoss werden bei der Bank von Maharashtra Geschäfte herkömmlicher Art erledigt. Auch Shiv-Sena-Chef Balashaheb Thackeray, der im zweiten Stock residiert, weiß mit Geld umzugehen. Seit den Unruhen sind seine 40 000 Mann (Bombays Polizei hat nur 30 000) größtenteils mit dem Eintreiben von Spenden beschäftigt: bei Muslimen als Schutzgeld, bei Hindus als Beitrag zur Linderung der Not vertriebener Glaubensgenossen. Zeitungen haben im Faksimile Quittungen gedruckt, die von der Shiv Sena ausgestellt waren. Aber Thackeray wird nicht belangt, auch nicht, wenn er in Interviews sagt: „Lasst die Muslime gehen. Wenn sie nicht gehen, werft sie hinaus. Sie haben mit den Unruhen angefangen. Meine Burschen haben nur zurückgeschlagen. Die Muslime akzeptieren keine Geburtenkontrolle. Sie wollen in meinem Mutterland die Scharia (islamisches Gesetz) verwirklichen."

In den geschädigten Slums sind Thackerays „Burschen" auch mit Hilfe schneller als andere. Im Slum Jawahar Nagar, wo die Zusammenstöße besonders heftig waren, hat die Shiv Sena ein Büro mit Lagerraum eröffnet. 900 Familien bekommen Reis, Mehl, Zucker und Kochöl gratis. Mehr als 10 000 Menschen leben hier, Hindus, Katholiken und Muslime. Die Polizei hat ihnen Hunderte von Molotowcocktails, Hackmesser, zu Splittergeschossen umgebaute Neonröhren und sogar eine selbstgebaute Donnerbüchse abgenommen: Ein Leitungsrohr, das mit Isolierband auf einen primitiven Holzkolben befestigt wurde; geladen wird vorne, eine Zündschnur in einem Bohrloch ersetzt den Abzug. „Aber man kann damit einen Menschen töten", sagt der Polizei- Kommandant." „Schreiben Sie nicht, dass man so etwas für zehn Rupien (rund 60 Pfennig) bauen kann", ermahnt er die Journalisten. Ein Stück hangabwärts vom Shiv-Sena-Büro ist die Slumgasse durch eine frische Lehmmauer versperrt. Nur mit Mühe kann sich ein Mensch durch die Lücke zwängen. Dahinter liegt ein Niemandsland zerstörter Buden und jenseits der Bereich der Muslime. Sie wagen sich nicht mehr herüber, ein Hindu riskiert sein Leben, wenn er auf die andere Seite geht. Die Grenzlinie sind stinkende, nicht mehr nutzbare Latrinen.

„Bombay ist eine der 13 am schlimmsten verunreinigten Städte auf Erden", sagt melancholisch Rashmi Mayur, Direktor des Studieninstituts für Stadtentwicklung. „Die Luft im Winter ist so giftig, dass sie nicht mehr zu atmen ist. Elend und Leid sind überall. Unabhängig von Nationalität, Religion, Sprache oder Kaste sind Hunger, Krankheit, unkontrollierte Vermehrung und Umweltverschmutzung die wahren Feinde der Völker. Gegen sie haben wir nicht einmal Anfangserfolge erzielt. Statt dessen entzweien wir nach wie vor die Menschen im Namen der Religion, der Sprache oder irgendeines anderen erdachten Grundes."

Nur wenige hören auf den Doktor. Dafür denken manche Hindus und Muslime über die Teilung genau umgekehrt als ihre Väter vor 45 Jahren. „Sie haben ein islamisches Land, sie können gehen", sagen immer mehr Hindus über ihre muslimischen Landsleute. „Wir hätten nicht teilen sollen, wir wären zusammen mit Pakistan und Bangladesh 400 Millionen", klagen wehmütig viele Muslime.

Erschienen am 1. Februar 1993

DER EXODUS
DER BLONDSCHÖPFE

1994

Zentralasien: Das neue Nationalbewusstsein
der einstigen Sowjetrepubliken

Die Störche sind weg. Solange Buchara besteht, saßen sie klappernd auf Kuppeln und Minaretten der Moscheen. Jetzt sind die Nester verwaist. Die Vögel, die auch in Zentralasien als Glücksbringer gelten, hielten die Giftstürme nicht mehr aus, die mehrmals im Jahr vom 400 Kilometer entfernten Aralsee herüberwehen. Jahrzehntelang hatte die Sowjetmacht, um den Baumwollertrag zu erhöhen, rücksichtslos Kunstdünger und Schädlingsbekämpfungsmittel auf die Felder streuen lassen – im Unionsdurchschnitt 30 Kilo pro Hektar und Jahr, hier bis zu 600 Kilo. Jetzt stecken Millionen Tonnen von Salz und Chemikalien im getrockneten Schlamm um das schrumpfende Binnenmeer. Wenn der Wind aus der Wüste sich hebt, verdunkelt eine Staubmasse aus Sandpartikeln, Salz und Chemie die Sonne. Das halten Störche so wenig aus wie Menschen. Sowieso fanden sie in der vergifteten Landschaft immer weniger Frösche und Eidechsen.

Auch die Russen gehen. Viele der Herren von einst wollen sich nicht damit abfinden, dass nun „die Schwarzen" das Sagen haben. So nannten sie, als noch die rote Fahne wehte, pauschal Turkvölker, persischsprachige Tadschiken sowie Kaukasier. „Zwei Eis und zwei Gläser Limonade." Der junge Mann an der Theke versteht die russisch vorgebrachte Bestellung nicht. Es ist kein schlechter Wille. Bereitwillig übersetzt ein Freund. Aber in einem zentralen Café von Taschkent hätte jemand, der nur Usbekisch spricht, früher nicht arbeiten können. Nicht die schäbige Altstadt der Einheimischen prägte den Charakter von Taschkent, sondern die koloniale

Neustadt mit ihren pompösen Verwaltungsbauten, schattigen Alleen und riesigen Plätzen.

Die Russen waren in der Republikhauptstadt in der Mehrheit. Jetzt stehen an manchen Tagen bis zu 2000 von ihnen Schlange an der russischen Botschaft, um die Formalitäten für die Übersiedlung in eine Heimat zu erledigen, die sie oft gar nicht kennen und die sie nicht haben will. Wenn der Zug Taschkent-Moskau um fünf Uhr früh den Bahnhof verlässt, dann schauen fast nur blonde Köpfe, kaum schwarze aus den Fenstern. Eine Dreizimmerwohnung kauft ein Usbeke einem Slawen höchstens für 2000 Dollar ab: Er kennt und nutzt dessen Zwangslage. Nur noch 750 000 der 2,2 Millionen Einwohner Taschkents sind Russen. Ihr Anteil an der Bevölkerung der Republik (22 Millionen) ist binnen fünf Jahren von zwölf auf acht Prozent gefallen.

UNGEMÜTLICHE STIMMUNG

Mit Behagen verlangt der Milizionär von einem Autofahrer, der an der Scharaf-Raschidow-Straße, früher Lenin-Prospekt, eine rote Ampel überfahren hat, die Papiere. Der selbstbewusste Polizist ist Usbeke, der devote Fahrer Europäer. Usbekisch ist Staatssprache. Wer es nicht kann – und genau 99 von 100 Russen können es laut Zensus nicht –, hat keine großen Chancen. Russische Kinder werden in der Schule als „Iwane" gehänselt. Gegenüber einer alten Frau, die auf dem Markt keine weichen Tomaten nehmen will, macht ein hünenhafter Herumsteher die Geste des Halsabschneidens. Gewalttaten wie im benachbarten Tadschikistan, wo schon so gut wie alle Fremden gegangen sind, kommen hier nicht vor. Aber die Stimmung ist ungemütlich.

Scharaf Raschidow hatte Usbekistan 24 Jahre lang als Parteichef und treuer Vasall Moskaus zur eigenen Bereicherung regieren dürfen. Als er 1984 Selbstmord beging, wurde die Politkriminalität, die in der Union allgegenwärtig war, als Spezialdelikt der „usbekischen Mafia" dargestellt. Heute ist Raschidow rehabilitiert. Auf dem Paradeplatz hat ein goldener Globus mit den Umrissen Usbekistans als neuer Mittelpunkt der Erde den ehernen Riesen-Lenin ersetzt, der seinen Völkern den Weg in die Zukunft wies. Und an der Stelle einer monumentalen Büste von Karl Marx, des Urhebers der fremden Irrlehre, erhebt sich das Reiterstandbild des Turktataren-Chans

Timur-Lenk, im Westen als Tamerlan bekannt: Für die Russen ein Mordbrenner, für die Usbeken einer der ihren, der Nationalheld.

Drei Synagogen sind in der Nähe. Im früheren Frunse-Bezirk der Stadt leben viele Juden; Buchara-Juden, deren Vorfahren im Altertum nach Zentralasien wanderten, möglicherweise schon nach der Befreiung aus babylonischer Gefangenschaft; Aschkenasen, die während des Kriegs aus den westlichen Teilen der Union vor den Deutschen flohen. Doch über die Dächer klingt neuerdings, dünn und getragen, der Gebetsruf des Muezzins. Der Islam kommt. Schon dürfte es in Taschkent etwa 150 Moscheen geben. Die Provinz Samarkand hatte am Ende der Sowjetzeit zwölf, jetzt sind es zwölfhundert. Mit Geld und Lehrern helfen die Saudis, die Perser, aber auch die Partei des türkischen Islamistenführers Erbakan.

Nur wenige Frauen tragen freilich bis jetzt jenes Kopftuch und die Kleider, die Haupthaar und Körperformen total verhüllen. Fundamentalismus scheint, anders als in Tadschikistan, keine Massenbewegung zu sein. Wenn es nach Islam Karimow geht, wird der Glaube tragender Pfeiler der usbekischen Identität bleiben, aber nicht zur revolutionären Ideologie werden, in der sich unter anderem die von Stalin erfundenen staatlichen Grenzen zwischen Usbeken, Tadschiken, Kasachen, Turkmenen und Kirgisen auflösen würden. Im tadschikischen Bürgerkrieg hat Karimow, usbekischer KP-Chef seit 1989, später Chef von deren Nachfolgeorganisation Demokratische Volkspartei, Staatspräsident seit 1990, die Kommunisten gegen die Islamisten unterstützt.

Seine Gegner sehen darin nur Machtwillen, nicht Prinzipientreue. Der Vorsitzende der gemäßigten Oppositionspartei „Erk" (Würde, Freiheit), Mohammed Salih, sagt über Karimow: „Er kann Kommunist sein, oder Nationalist, oder alles sonst. Wenn man ihm die Maske abnimmt, ist nichts dahinter. Beängstigend." Karimow wurde vor 56 Jahren von einer tadschikischen Mutter und einem usbekischen Vater in Samarkand geboren – in Sichtweite der Grabstätte jenes Tamerlan. Seine Frau Tatjana ist Russin. Er schwört auf den Koran, aber er trinkt Wodka. Als einziger Gegenkandidat Karimows hat der Dichter und Kafka-Übersetzer Salih bei der Präsidentenwahl von 1991 in einem Land, das gewohnt ist, für den Chef zu stimmen, mit 13 Prozent einen beachtlichen Erfolg erzielt. Heute lebt er im Exil in Istanbul. Acht der sechzehn Mitglieder des

Erk-Zentralkomitees sind verhaftet. Einer von ihnen, Olipow, wurde kürzlich zu sechs Jahren Zwangsarbeit im Goldbergbau verurteilt. Die Zeitung von Erk kommt in Moskau heraus, weil sie im Land verboten ist. Auch russische Zeitungen aus Moskau gibt es in Usbekistan längst nicht mehr.

Abadurrahim Pulatow, der Führer der verbotenen Partei „Birlik" (Einheit), urteilt: „Wenn Usbekistan demokratisch ist, dann wird es auch die Region, wenn es islamisch wird, dann wird auch Zentralasien islamisch. Und der Schlüssel zu Usbekistan ist Karimow." Hinter dem Literaten Pulatow, der bei einem Anschlag vor zwei Jahren schwer verletzt wurde und danach gleichfalls nach Istanbul auswich, stehen Antikommunisten, Panturkisten und Umweltgruppen, welche die Katastrophe um den Aralsee mobilisierte. Pulatows Bruder Abdumanap, der als Menschenrechtler hervorgetreten war, wurde vom usbekischen Geheimdienst zusammen mit zwei anderen Birlik-Aktivisten aus der kirgisischen Hauptstadt Bischkek entführt. Mitglieder der kleinen islamistischen Gruppen werden unnachsichtig verfolgt. Doch auch mit dem traditionellen Islam hat Karimow seine Schwierigkeiten. Der frühere Mufti von Zentralasien ist nach Saudi-Arabien geflohen. Im März wurden vier Mitglieder des Mufti-Rates unter dem Vorwurf verhaftet, sie hätten tadschikischen Glaubensbrüdern 200 000 Dollar zukommen lassen.

Zwischen halb fertigen Hochhäusern stehen die Baukräne. Seit Ende 1992 bewegt sich nicht mehr viel in Taschkent. Die Menschen auf der Straße schreiten gemächlich. Sie haben keinen Grund zur Eile. Allein die Inflation galoppiert. Ein Reformprogramm der Regierung sieht die Privatisierung von Staatsbetrieben vor, den Abbau der lähmenden Bürokratie, Sicherheit für Privatunternehmer, erleichterten Kapitalverkehr, fünf Jahre Steuerfreiheit für Joint Ventures. Doch die Gewohnheiten von 70 Jahren Planwirtschaft sind schwer abzuschütteln.

Am Rand des Obstmarktes drängen sich fixe junge Leute mit Taschen und Köfferchen. „Dollar, Dollar", murmeln sie rasch, und ihre Lippen bewegen sich kaum, oder „Rubel, Rubel". Nachdem die Turkmenen ihren „Manat" und die Kirgisen ihren „Some" eingeführt hatten, entschlossen sich 1994 auch Kasachstan mit dem „Tenge" und Usbekistan mit dem „Sum", die Rubelzone zu verlassen. Theoretisch sollte ein Sum einen Rubel wert sein oder 1700 Sum einen Dollar. Doch diese Parität hielt nur Tage. Die Bankschalter warten noch immer auf Naive, die einen Dollar zum inzwischen verbesserten Parallelkurs von 3600 Sum tauschen möchten. Vor dem Basar werden 20 000 Sum geboten. Bis ein Pfiff ertönt, und die Polizei erscheint. Binnen Sekunden verschwinden Sum-Stapel in Behältnissen, langsame Händler verschwinden in Streifenwagen. Auf praktizierte Marktwirtschaft stehen fünf Jahre Gefängnis.

Aus importierten Bausätzen montiert Mercedes Sattelschlepper, die Lufthansa kommt dreimal in der Woche. Der Lhonro-Konzern hat einen Vertrag über Goldschürfung in der Wüste geschlossen, und andere britische Firmen interessieren sich für Baumwolle, Tabak oder Telekommunikationsanlagen. Am leichtesten tun sich noch die Türken, sie haben 10 000 Studenten aus Zentralasien Stipendien gegeben, darunter 2500 Usbeken. Insgesamt 130 ihrer Firmen sind in Usbekistan tätig, und sie sind die einzigen, denen bisher Gewinntransfer geglückt ist. Bei den anderen ist die Goldgräberstimmung, die nach dem Zusammenbruch des Sowjetimperiums herrschte, in Ernüchterung umgeschlagen.

DIE LUFTWAFFE BLEIBT IN RUSSISCHER HAND

Nun hat Frankreichs Präsident François Mitterrand, der gerade als erster westlicher Staatschef Usbekistan besuchte, eine Marktlücke entdeckt. So werden die Franzosen die Erdölraffinerie von Buchara bauen und bei der Modernisierung des Flughafens von Taschkent helfen – beides Projekte, an denen den Usbeken viel liegt. Doch langfristig interessanter ist die militärische Kooperation, die sich abzeichnet. Diplomaten in der usbekischen Hauptstadt hatten oft darüber gerätselt, weshalb die französische Botschaft größer ist als jede andere westliche Vertretung, weshalb sie als einzige einen Militärattaché und einen Stellvertreter für ihn hat. Die Antwort gibt Mitterrand, als er von den Gefahren spricht, die für ihn – und offensichtlich Islam Karimow – von den Konflikten in Afghanistan und Tadschikistan ausgehen. Nicht mehr allein von Flugsicherung ist plötzlich die Rede, sondern von Luftraumkontrolle. Grenzüberwachung, Modernisierung von Rüstungsfabriken, Austausch von Informationen und Kadern. Eine französische Militärmission wird in absehbarer Zeit nach Usbekistan entsandt. Das Wort Algerien nimmt der Präsident nicht in den Mund, aber es ist erkennbar, dass er die Islamisten nicht nur als Drohung an Europas Südflanke, sondern auch am weichen Unterleib der GUS sieht.

Wie es den Russen gefallen wird, dass andere in ihrem Garten spazieren, bleibt abzuwarten. Noch sind 80 Prozent der Offiziere bei den usbekischen Streitkräften – im Augenblick 40 000 Mann – Russen. In Turkmenien sind es 90, in Kasachstan fast 95 Prozent. Nach wie vor hat die russische Armee eigene Kontingente in Usbekistan stationiert, Fallschirmtruppen in Tschirtschik, eine Garnison im Fergana-Tal. In Turkmenien wurden die russischen Streitkräfte von 18 000 auf 15 000 Mann reduziert, möglicherweise aber nur, um das Kontingent an der tadschikisch-afghanischen Grenze zu verstärken. Die Luftwaffe ist in allen zentralasiatischen Republiken fest in russischer Hand. So haben die Turkmenen neben 1500 Panzern 600 Flugzeuge, darunter viele MiG 29, von der UdSSR geerbt. Doch es gibt, wie in der Umgebung Mitterrands verlautet, „nur sieben oder acht turkmenische Piloten". Eigentlich sollten die russischen Soldaten bis Ende 1995 abgezogen sein, aber daran glaubt niemand mehr.

Nach der neuen Militärdoktrin, die im Oktober letzten Jahres in Moskau angenommen wurde, bleibt Zentralasien innerhalb des strategischen Interessenbereichs Russlands. Auch der Schutz russischer Minderheiten wird diesen Interessen zugerechnet. Der russische Verteidigungsminister, General Pawel Gratschow, soll nach zuverlässigen Berichten in einer internen Besprechung bekanntgegeben haben, der Beschluss zum Rückzug auf die Grenzen Russlands gelte nicht mehr. Besonders in Zentralasien und im Kaukasus werde die Armee die alten sowjetischen Grenzen schützen. Präsident Boris Jelzin sagte, die Grenzen Tadschikistans seien effektiv Russlands Grenzen. Obwohl Tadschikistan formell unabhängig ist, bestreitet Moskau jetzt 70 Prozent von dessen Budget; das ist mehr, als die Sowjetrepublik von der Zentrale bekam. Islam Karimows private Residenz wird weiter von russischen Sicherheitskräften bewacht. Russische KGB-Kader bilden das Rückgrat des usbekischen Geheimdienstes.

Auch in der turkmenischen Hauptstadt Aschgabad, seiner nächsten Station, gibt Mitterrand zu erkennen, wie wichtig es ihm ist, die Eigenständigkeit der Zentralasiaten zu stärken. Die kleine Republik hat das Zeug, ein Kuwait in der Karakum-Wüste zu werden. Sie zählt nur 3,6 Millionen Einwohner, besitzt aber enorme Erdgasreserven. Mit einer Förderung von 76 Milliarden Kubikmetern war Turkmenien 1993 der viertgrößte Produzent und der zweitgrößte Exporteur der Erde. Bisher geht jedoch fast alles an Kunden, die kein Geld haben: Russland, die Ukraine und Georgien. Die Turkmenen möchten eine zweite Leitung durch den Iran und die Türkei ans Mittelmeer, um ihr Gas frei verkaufen zu können. Das Projekt würde 3,5 bis fünf Milliarden Dollar kosten, doch die Hindernisse sind politischer Natur: Washington will, dass die Isolierung Teherans nicht durchbrochen, sondern verstärkt wird. „Man hat mir manchmal ins Ohr geflüstert, dass gewisse Länder, durch welche die Leitung natürlich gehen müßte, einigen Westlern nicht gefallen", erklärt der französische Präsident seinem Gastgeber Saparmurad Niasow. „Ich sage Ihnen gleich, dass mich das nicht stört."

Turkmeniens Präsident nennt sich neuerdings „Turkmenbaschi" (Haupt der Turkmenen), so wie sich der türkische Republikgründer „Atatürk" (Vater der Türken) nannte. Auch Niasow ist ehemaliger KP-Chef der Republik, der die früheren Machtstrukturen unter das neue Firmenschild Demokratische Partei rettete. 1959408 Turkmenen stimmten für ihn, als er sich im Juni 1992 zur Wiederwahl stellte, 212 gegen ihn. Zur Belohnung bekam sein Staatsvolk alsbald Strom, Gas und Wasser kostenlos geliefert. Man landet in Aschgabad auf dem Saparmurad-Turkmenbaschi-Flughafen. Studenten gehen auf die Saparmurad-Turkmenbaschi-Universität. Der Lenin-Prospekt, der Hafen Krasnowodsk am Kaspischen Meer sowie zahlreiche Dörfer und Betriebe wurden nach ihm umbenannt. Sein Geburtstag ist Feiertag. Unlängst hat er sich eine Boeing mit modernstem Komfort als Privatflugzeug bestellt. Mitterrands Besuch bringt ihm die Gelegenheit, mit der französischen Baufirma Bouyges einen 400-Millionen-Dollar-Vertrag für ein neues Präsidentenpalais zu unterzeichnen. Turkmenbaschi zahlt bar. Das zweite Kuwait geht glücklichen Zeiten entgegen, falls sich kein zweiter Irak findet.

Erschienen am 2. Mai 1994

DAS SCHMUTZIGE GELD DER AGAS

1995
Szenen des Kurdenkonfliktes,
den reiche Kollaborateure, Militärs und Kommunisten
auf Kosten der Armen immer wieder schüren

Mit einem pantomimischen Schwenk zeichnet Ismet Çeltik den Umfang seines Besitzes ab: „Von hier, wo die Sonne aufgeht, bis dort, wo sie untergeht." Von Horizont zu Horizont. Weder nach Dönüm, dem herkömmlichen Flächenmaß, noch nach Hektar wird hier gemessen. Im Gebiet östlich des Atatürk-Stausees zählt Landeigentum eines Aga, eines Herren, nach Dörfern. Çeltik gehören zwischen Diyarbakir und Sanli Urfa viele Dutzend Dörfer. Tausende von Bauern sind als Pächter nicht nur wirtschaftlich von ihm abhängig. In dem Land, das nach offiziellem türkischen Sprachgebrauch Südosten heißt und im Westen Kurdistan genannt wird, ist der Aga in ungebrochener Feudalmacht zugleich politisch-administrativer Führer seiner Leute, Vermittler zum Staat, Gerichtsherr.

Letztes Jahr hat sich der Aga einen gepanzerten Mercedes 600 gekauft. Der Preis, umgerechnet mehr als eine halbe Million Mark, tat ihm nicht weh. Çeltik braucht nicht allein von dem Zins zu leben, den seine Bauern auf kargem Boden für ihn erwirtschaften. Wie andere kurdische Großgrundbesitzer hat er Gefolgsleute in der Dorfmiliz organisiert, die im Auftrag Ankaras die marxistische Arbeiterpartei Kurdistans (PKK) bekämpft. Die Regierung weist ihm für seine Privatarmee, etwa 1500 Mann, im Monat umgerechnet 375 000 Mark an. Einen Teil des Geldes gibt der Aga weiter.

Çeltik heißt nicht Çeltik. Sein Name und einige geographische Daten wurden verschleiert, aber sonst nichts. Die Personalien der

Beteiligten offenzulegen, könnte Abhängigen oder Informanten unbekömmlich werden, vielleicht sogar dem Autor selber. Denn der Aga wacht über alles, was in seinem Herrschaftsbereich geschieht. Ohne seine Billigung läuft nichts, kein Schmuggel, keine Prostitution, kein Mord an Missliebigen, kein organisierter Vertrieb gestohlener Autos. Vor allem kein Handel mit Rauschgift.

Auf weiten Feldern um etwa drei Dutzend Dörfer Çeltiks wird Cannabis zur Haschischgewinnung angebaut. Die Polizei drückt sämtliche Augen zu. Ankaras örtliche Abgesandte, gleich, ob am Gewinn beteiligt oder nur machtlos, wissen, dass das Gebiet ohne Hilfe des Aga nicht ruhig zu halten wäre. Örtliche Würdenträger sind mit ihm befreundet. Sie haben ihm schon mehrere Lastwagenladungen mit Kalaschnikows für seine Dorfwächter geliefert. Sein großes Geld macht Çeltik mit Heroin. Wenn aus dem Norden des Irak oder aus Iran Lieferungen eintreffen, werden die Transporte ab der Grenze von bewaffneten Dorfmilizen begleitet. Anstandslos passieren die Lastwagen, die so ostentativ vor Angriffen der PKK geschützt sind, alle Straßensperren der Polizei und der Armee.

Die Lieferanten des Stoffs sind meist örtliche Kommandeure des Geheimdienstes der iranischen Revolutionswächter, der Pasdaran. Sie sitzen im Westen ihres Landes und arbeiten auf eigene Rechnung, nicht unbedingt im Auftrag Teherans. Obwohl benachbarte Großgrundbesitzer im Gegensatz zu Çeltik mit der PKK zusammenarbeiten, herrscht für die Dauer der Transporte regelmäßig Burgfrieden. In Istanbul wird das Heroin dann vom kurdischen Vertriebsnetz für Westeuropa übernommen. Derzeit lagern in einigen Dörfern des Herzlandes von Çeltik mehrere Tonnen Rauschgift – sicher wie auf exterritorialem Gebiet. Kein Vertreter des Staates im Krisengebiet wagt sich an ihn heran. Für die Drogenfahnder von außerhalb ist Çeltiks Organisation nicht infiltrierbar: Ausschließlich Angehörige seiner Großfamilie sitzen in Schlüsselpositionen. Niemand sonst kennt Strukturen und Verbindungen.

Die PKK hat den 138. Lehrer umgebracht, meldet das Erziehungsministerium. Rund 4000 Schulen im türkischen Kurdistan sind geschlossen. In einem Flugblatt verkündet die PKK: „Man wird in den Schulen nicht die türkische Hymne singen! Die Fahne wird nicht gehisst! Es wird keine Stunden in türkischer Geschichte geben und keine über Atatürk! Keine kolonialistische Erziehung mehr für kurdische Kinder! Die Lehrer entrichten einen Teil ihres Gehalts als Steuer an die Organisation!" Gezeichnet „Die revolutionären nationalen Erzieher". In ihrem jüngsten Bericht beschuldigt Amnesty International nicht nur die Armee, sondern auch die PKK des Mordes und der Folter: Zwischentöne im Schwarzweißbild, das Kurdistan-Autoren im fernen Deutschland seit Karl May so gern zeichnen.

In den elf Jahren seit den ersten Attentaten sind dem Aufstand 14 000 Menschen zum Opfer gefallen – durch Terror und Gegenterror; durch Massaker, welche die PKK und die Dorfmilizen verüben, oft entlang der Trennungslinien zwischen verfeindeten Kurdenclans; durch militärische Operationen gegen die wahrscheinlich nur 15 000 PKK-Guerilleros, für welche die Armee rund 160 000 Mann aufgeboten hat. In der Türkei leben zwölf bis fünfzehn Millionen Kurden (bei einer Zuwachsrate von mehr als drei Prozent im Jahr), große Worte wie „Genozid" oder „systematische Ausrottung" sind da überzogen. Dennoch sind die Folgen dramatisch.

Mehr als 2000 Dörfer sind von der Armee zwangsevakuiert und größtenteils zerstört worden. Dem Partisanenfisch, der sich laut Maos Lehre inmitten einer sympathisierenden Bevölkerung bewegen muss, sollte das Wasser entzogen werden. Aber das gelang nur teilweise. Die vertriebenen Einwohner wurden nicht entschädigt und blieben sich selber überlassen. Zwei Millionen Menschen flohen aus dem Kriegsgebiet, viele von ihnen in Gecekondus, Eigenbauviertel am Rand der großen Städte.

Die Weidewirtschaft halb nomadisierender Hirten auf den Berghängen und Hochflächen Ostanatoliens, eine Grundlage des bäuerlichen Lebens der Region, ist in weiten Gebieten aufgegeben, wahrscheinlich für immer. Schon leben mehr Kurden in der Westtürkei als im Südosten, allein in Istanbul schätzungsweise drei Millionen. Die demographische Basis für Autonomieforderungen dünnt aus. Fast die einzige Hoffnung liegt darin, dass Türken und Kurden, wo Ruhe herrscht, sich mit Ausnahme kleinerer Reibereien noch immer vertragen.

Politisch und wirtschaftlich ist „der Krieg mit niedriger Intensität", von dem der vormalige Generalstabschef Dogan Güres sprach, für die Türkei ruinös. Innenminister Nahit Mentese beziffert die Kosten des militärischen Aufwands und der materiellen Ausfälle

Wachwechsel am Mausoleum des türkischen Staatsgründers Kemal Atatürk, dessen Erbe heute im Land umstritten ist wie nie zuvor.

auf 18 Milliarden Mark. Bescheidenere Schätzungen gehen von fünf Milliarden Mark im Jahr aus, westliche Quellen von sieben Prozent des Sozialprodukts. Solange die Demokratie in Istanbul und Ankara, im Westen und Norden des Landes herrscht, aber für den Südosten suspendiert bleibt, ist der Weg nach Europa für die Türkei ein demütigender Hindernislauf.

„Die Kurdenfrage ist der Faden, mit dem sich alle anderen Probleme der Türkei entwirren lassen", sagt Cem Boyner. Der 39-jährige Industrielle, reich, elegant, redegewandt, ist das neue Wunderkind der türkischen Politik. Als ehemaliger Vorsitzender des Unternehmerverbandes TÜSIAD hat er viele einflussreiche Gesinnungsgenossen. Aber seine neue Demokratiebewegung YDH ist noch keine richtige Partei. Unter dem Generalnenner liberal haben sich Intellektuelle von rechts bis links, Geschäftsleute, sogar Militärs um ihn gesammelt. Wenn Boyner spricht, hören alle zu, denn er sagt Dinge, die andere Politiker allenfalls verklausuliert sagen. „Wenn jemand kurdische Eltern hat, ist er kein Japaner, Chinese oder Türke. Er ist einfach Kurde", ruft er auf seiner ersten Versammlung in Diyarbakir. Boyner, dem Optimisten 20 Prozent der Stimmen zusprechen, will auch die Islamisten integrieren, weil der Staat den Leuten nicht vorzuschreiben habe, wie sie ihren Glauben zu leben hätten. Vor allem aber propagiert Boyner die „zivile Lösung" für Kurdistan, die Verwandlung der Türkei in den „unteilbaren Einheitsstaat der Türken und Kurden".

27 000 TÜRKISCHE PFUND FÜR EINE D-MARK

Die Regierung schafft sich nach den Worten des sozialdemokratischen Ministers für Menschenrechte, Azimet Köylüoglu, „mit der Tötung jedes einzelnen PKK-Mannes hundert neue Feinde". Andere Strategien zu entwickeln, dazu ist sie kaum mehr in der Lage. Das letzte Wort behalten im Augenblick drei mächtige Gruppen, die kein Interesse an einem raschen Ende des schmutzigen Krieges haben: Agas wie Ismet Çeltik und ihre Dorfwächter, die kräftig verdienen; ein Teil der Militärs, das nach dem Zusammenbruch des Sowjetreichs und dem Abflauen der Nahostkonflikte auf schmälerer Rechtfertigungsgrundlage steht; die PKK und ihr stalinistischer Führer Abdullah Öcalan, die das Gros ihrer Sympathisanten rasch an gemäßigte Politiker und kurdische Honoratioren verlören, wenn die Waffen schweigen würden. „Wir wollen normale Verhältnisse, nicht einen kurdischen Nadschibullah oder Pol Pot", sagt ein Transportunternehmer, der es satt hat, zwischen zwei Feuern zu stehen.

Auf dem Weg ins Restaurant zeigt die grüne Leuchtschrift im Fenster der Wechselstube 27 000 Türkische Pfund für eine Mark an. Nach dem Essen sind daraus 27 500 Pfund geworden, am Abend 28 000. Die neue Eine-Million-Lira-Note mit dem Porträt des strengen Atatürk, die vor wenigen Wochen als Flutmarke der raschen Geldentwertung herauskam, ist somit etwa 35 Mark wert. Bei einer Inflationsrate von 156 Prozent im Jahr bleibt es dabei nicht lange.

Graphisch ähneln die Ziffern, mit denen die Flüssigkeitskristalle der Quarzuhren die Zeit wiedergeben, der elektronischen Kurstafel. Aber hier wird weniger umgesetzt und noch weniger verdient. Die Uhren hängen, fein säuberlich auf blauem Samt gereiht und mit Plastik gegen das Wetter geschützt, auf einer Holztafel mit zwei Abstellfüßen. Es war für den hinkenden Händler mühsam, die Tafel herbeizuschleppen. Erst muss er in seinem Gecekondu den vollen Kleinbus nehmen und 20 Kilometer weit zum Edirnekapi, einem der Tore in der byzantinischen Stadtmauer Istanbuls fahren. Dort nimmt er die Straßenbahn ins Zentrum. Der Mann spricht Deutsch. Er hat früher in Karlsruhe gearbeitet und hat daran gute Erinnerungen. Auch jetzt beklagt er sich nicht. Gestern war ein guter Tag: Zwei Uhren verkauft, Reingewinn 15 Mark.

Der Bettler, der an der Tür eines Buchladens in der relativ wohlhabenden Istiklal Caddesi kauert, ist geistesgestört. Er merkt es nicht, wenn ihm jemand einen Geldschein in die ausgestreckte Hand schiebt. Sein graues Haar ist struppig. Sein amputiertes rechtes Bein steckt in einem Lederstumpf. Zwei Mädchen kommen vorbei, sechs oder acht Jahre alt, Bettelkinder. Ihre Hände sind voll von Paketen mit Papiertaschentüchern, wie sie gerade jetzt Hunderte von Kindern in Istanbul verkaufen. Sie bleiben stehen und schauen den Alten an, fassungslos vor Mitleid. Sie geben, was sie können. Eines der Mädchen steckt dem Krüppel ein Paket Taschentücher zu.

Premierministerin Tansu Çiller schildert indessen einem ausgesuchten Publikum, wie der Alltag der Türken im 21. Jahrhundert sein wird: Während sie duschen, betrachten sie die Börsenkurse auf dem Bildschirm. Die Kinder brauchen nicht mehr physisch in die Schule; sie geben ihre gelösten Aufgaben per Computer durch. Der Vater erledigt Einkäufe über das Telekommunikationsnetz, während die Mutter auf eintägiger Geschäftsreise in Japan ist. Wirtschaftsführer auf der Veranstaltung, die von der türkischen Niederlassung des deutschen Henkel-Konzerns ausgerichtet wird, werden unruhig. Aber sie bleiben höflich. Tansu Çiller lebt in einem völlig anderen Land.

Erschienen am 2. März 1995

DAS LÄCHELN DER EIFERER

1995

*Selbst in Istanbuls Rotlichtbezirk hat die islamistische
Stadtregierung wenig verändert – doch die Furcht,
dass Radikale endlich Taten sehen wollen, wächst*

Ein maßgeschneidertes Sakko aus leichtem Kaschmirtweed,
eine italienische Seidenkrawatte, ein gepflegt gestutzter
Bart: So stellt man sich einen Islamisten nicht vor. „Die Leute
reden falsch über die Refah", sagt Nusret Bayraktar mit verbindlichem
Lächeln. Er ist Bürgermeister von Beyoglu, seit seine
islamische Wohlfahrtspartei vor einem Jahr die Gemeindewahlen
gewonnen und damit die Rathäuser von Istanbul, Ankara sowie
24 weiterer der insgesamt 76 türkischen Provinzhauptstädten
erobert hat.

Der Stadtbezirk Beyoglu – 400 000 Einwohner plus ein bis zwei
Millionen Menschen, die hier täglich arbeiten, einkaufen oder sich
amüsieren – ist der Montmartre Istanbuls. Wer sich als Bohemien
oder Intelligenzler fühlt, findet dort leicht einen Landeplatz unter
Gleichgesinnten. „Was hat sich geändert, Herr Bürgermeister,
seit Sie regieren?" Ein erster Versuch, den sichtbaren Konsum von
Alkohol auf Caféterrassen zu unterbinden, hatte sich nach wenigen
Tagen totgelaufen. Die Bierbars und Kartenspielhäuser in
den Seitengassen der Istiklal-Straße sind mehr geworden, nicht
weniger. Die westliche Popmusik, mit denen die Läden die Passanten
beschallen, wird lauter. Die Fälle, in denen Eiferer Frauen
mit offenem Haar oder nackter Haut anpöbelten, lassen sich an
den Fingern einer Hand abzählen. Die Pornokinos spielen weiter.
Nicht einmal die Bordelle in den steilen Fußgängergassen abseits
des Pera-Turms wurden geschlossen. Wenigstens finanziell geht
niemand dort ein Risiko ein: „Vizit 200 000 Lira" (sieben Mark),
der Tarif ist von außen lesbar angeschrieben. Fellinis Kameraleute

freilich, wären sie hier gewesen, hätten ihren ersten Schock erleben können. „Ein frommer Muslim, Herr Bürgermeister, könnte enttäuscht sein."

Die Dolmetscherin des Rathauses übersetzt „frommer Muslim" mit „Fanatiker". Auf dem Schreibtisch Bayraktars steht ein Kristallmedaillon mit dem arabischen Schriftzug „Allah". Ein gesticktes Wandbild lässt den Namen Gottes kalligraphisch in eine grüne Tulpe übergehen. Aber das obligate Atatürk-Porträt ist viel größer, das goldene Halbrelief des Staatsgründers im Vorzimmer noch größer und seine Büste in der Halle riesig. Die anderen Frauen im Rathaus tragen Kopftuch. Die Dolmetscher-Sekretärin nicht.

Bayraktar blickt hinaus aufs Goldene Horn. Es freut ihn, dass sein Name sich auf den Fahnenträger des Propheten bezieht, der am Ende dieses Horns begraben liegt. Nachsichtig sagt er: „Wir wollen nicht, dass die Leute unter strengen Gesetzen leben. Wir möchten nicht mit Verboten regieren oder zusperren – abgesehen davon, dass wir das gar nicht könnten. Es müssen nur die Gesetze angewandt werden. Die Restaurants müssen hygienisch in Ordnung sein, die Preise müssen stimmen." Sogar Gegner geben zu, dass die Stadt sauberer geworden ist, dass es mehr Grün gibt. Erstmals schließt der Haushalt von Beyoglu mit Überschuss ab.

MISS TÜRKEI LÄSST SICH NUR NOCH MIT KOPFTUCH SEHEN

Ohne dass die Welt davon viel Notiz nimmt, findet in der Islamistenbewegung ein Generationswechsel statt. Neben den 68-jährigen Parteigründer Necmettin Erbakan, der in Aachen Ingenieurwissenschaft studierte, am Leopard-Panzer mitbaute und sich politisch auf das konservative Landvolk Anatoliens stützt, tritt eine jüngere Führungsgarnitur von Managern, Geschäftsleuten, Technokraten, Intellektuellen. Sie profitieren von der Enttäuschung über die Linke, die in den Elendsvierteln um die Großstädte herrscht. Dort sind Millionen zu Wasser und Brot verurteilt, aber sie betrachten heute selbst das als Vorzug: An städtischen Bäckereikiosken gibt es 320 Gramm „Volksbrot" für umgerechnet 15 Pfennig. In Tankwagen, die wie Lokomotiven an Zapfstellen gefüllt werden, bringt die Verwaltung Wasser in Gegenden, die keine Röhre erreicht. Reichere fahren, wenn der Hahn versiegt, an eine Tankstelle, wo aus der Säule nicht Benzin, sondern Was-

ser verkauft wird. Der Wasserreferent der früheren sozialdemokratischen Stadtverwaltung sitzt derzeit im Gefängnis.

Unter Leuten wie Bayraktar, dem Istanbuler Oberbürgermeister
Recep Tayyip Erdogan oder dessen Berater und Ideologen Ali Bu-
lac ist die Refah zu der am besten organisierten Partei der Türkei
geworden. Sie hat als einzige einen ständigen Apparat, die anderen
nur während der Wahlkämpfe. Von den 500 000 Refah-Mitgliedern
Istanbuls sind viele in den Parteibüros bis zur Blutgruppe erfasst.
Es kommt vor, dass eine Klinik oder die Polizei sich an die Wohlfahrtspartei wendet, wenn eilig ein Blutspender gebraucht wird. Sogar Renommierfrauen hat die Refah: Da ist die frühere Miss Turkey,
das Photomodell Gülay Pinarbasi, die sich nicht mehr in Dessous,
sondern nur noch mit Kopftuch sehen lässt. Die Zahnärztin Filiz Er-
gün, die ihr blondes Haar auch im Wahlkampf nie verdeckte, wird
weniger gezeigt, seit herauskam, dass sie mit einem verheirateten
Mann zusammenlebte.

Fachleute geben der Refah landesweit mehr als 20 Prozent der
Stimmen, in manchen Ballungsgebieten 30 Prozent, im Südosten
der Türkei bis zu 40 Prozent, denn sie hat als einzige große Partei
kurdische Kulturautonomie im Programm. „Die Islamisten können ohne weiteres die Parlamentswahlen des kommenden Jahres
gewinnen", sagt Nilüfer Göle. Alarmiert ist die Soziologieprofes-
sorin an der Bosporus-Universität deshalb nicht. Sie glaubt, dass
die Islamisten, um dieses Ziel zu erreichen, viel ideologisches
Profil abschleifen müssen. Mindestens so sehr wie die Bärtigen
fürchtet die Professorin den „Verfolgungswahn" der kemalisti-
schen Eliten, deren jakobinisches Bürgerideal von einem einzigen, laizistischen Volk der 60 Millionen Türken immer weniger
konsensfähig ist.

Jene Eliten wehrten sich heftig gegen die ersten Studentinnen
mit Kopftuch. Aber es störte sie nie, dass alle ihre Dienstmädchen
Kopftücher tragen. „Früher hatten die Leute Angst zu sagen, dass
sie gegen den Kemalismus sind", konstatiert der linke Publizist Ah-
met Taner Kislali, „heute ist die Furcht vorbei." Professor Ilter Tu-
ran, Politologe an der Istanbuler Universität, ist überzeugt, dass die
türkische Demokratie eine starke islamische Bewegung aushalten
kann. „Es gibt genug Gegenkräfte in unserer Gesellschaft, andere
Elemente, die sich nicht ausschalten lassen. Westliche Lebensfor-

men sind fest verankert." Selber sieht sich die Refah auf dem Weg zur Volkspartei, einer Art islamischem Gegenstück zur deutschen CDU.

Von Fethullah Gülen besaßen die Zeitungsarchive bis vor wenigen Wochen kein Photo, obwohl er seit Jahrzehnten einer der einflussreichsten Männer des Landes ist. Der 67-jährige Gülen ist Scheich der weitverzweigten Nurdschu-Bruderschaft: Er gehörte zu den Gründungsmitgliedern der ersten Partei von Präsident Süleyman Demirel; er ist der Mentor der Tageszeitung Zaman, des privaten Fernsehkanals Samanyolu; er besitzt Hunderte von Heimen und Repetitorien, in denen sich Studenten auf ihr Examen vorbereiten. Während des Ramadan im Februar trat der Scheich aus dem Schatten in die Scheinwerfer, als die Türkische Journalisten- und Schriftstellerstiftung für ihn einen „Iftar", eine Abendmahlzeit zum Fastenbrechen organisierte: Mehr als 1000 Gäste aus den höchsten Rängen der Politik kamen in ein Fünfsternehotel, um den Scheich zu sehen, der plötzlich Aufsehen erregt mit seinen Thesen über einen liberalen Islam. Gülen nennt es „Nebensache", ob eine Frau sich verhüllt oder nicht. Er sagt: „Niemand darf einen anderen dafür kritisieren, dass er eine Religion bekennt oder dass er Atheist ist." Weder westliche noch islamische Kleidung sei ein Grund für Angriffe.

Denn nichts wäre irreführender, als den Einfluss des politischen Islam in der Türkei allein an den Stimmenprozenten für die Refah-Partei zu messen. Noch andere Orden, so die Nakschibendi, dem die Familie des verstorbenen Präsidenten Turgut Özal nahesteht, sind starke Instrumente zur Durchdringung des öffentlichen Lebens – auch ohne die Fundamentalisten. Nach ihrem Putsch 1980 förderten die Generäle zur ideologischen Bekämpfung des Marxismus an Universitäten und Schulen diskret den Islam. Özal, zuerst als Regierungschef, dann als Präsident, wurde zum Vollstrecker einer Politik, die nach der „Synthese von Türkentum und Islam" strebte. „Der Staat ist säkularisiert, ich bin es nicht", sagte Özal, der als erster türkischer Ministerpräsident nach Mekka pilgerte. Für saudisches Kapital öffnete er über Steuervorteile und andere Privilegien eine weite Tür. Islamische Holdinggesellschaften kontrollieren inzwischen nicht nur erhebliche Teile der Wirtschaft; sie unterstützen die Bruderschaften und andere islamische

Institutionen, vergeben Stipendien, verschaffen gesinnungstreuen Unternehmern Kredite zu günstigen Bedingungen, finanzieren fundamentalistische Propaganda, beschäftigen bevorzugt Islamisten. Das Erziehungsministerium und die Polizei wurden unter Özal zu Hochburgen islamistischer Sympathisanten.

PLÖTZLICH GILT DAS BALLETT ALS PORNOGRAFIE

„Ihlas" (Glaubenstreue) heißt die reichste islamische Holdinggesellschaft. Sie importiert japanische Autos, hat eine bunte Palette von Industriefirmen, betreibt Kaufhäuser, eine Lebensmittelkette und vorwiegend in der Provinz die Damenkonfektionsgeschäfte „Tesettür" (Bedecke dich). Über eine eigene Messegesellschaft veranstaltet Ihlas in diesem Jahr 19 Ausstellungen, meist mit internationaler Beteiligung. Ihr gehört die englischsprachige Wirtschaftszeitschrift *Turkey,* der Sender Huzur (Präsenz) und der islamisch ausgerichtete Fernsehkanal TGRT. „Ich werde dort professioneller bedient als beim Staatsfernsehen, wenn ich technische Hilfe brauche", bezeugt ein ausländischer TV-Korrespondent.

Wenn der stellvertretende Vorsitzende der Refah-Fraktion fordert, die byzantinische Stadtmauer von Istanbul zu schleifen, die kein Monument der islamischen Geschichte sei, so ist das ein peinlicher Ausrutscher, von dem die Partei sich distanziert. Dagegen kann es der Vorbote einer neuen Kulturpolitik sein, wenn Ankaras Bürgermeister Ballett als „Pornographie" bewertet, die im Staatstheater nichts zu suchen habe. Der Leiter des Cemal-Resit-Rey-Konzertsaals in Istanbul, Aydin Gün, trat zurück, als die Stadt von ihm die Halle für eine Serie von Veranstaltungen der Refah-Jugendorganisation verlangte. Noch treten dort das Stuttgarter Kammerorchester und Flamencotänzer auf. Aber was die kommende Saison bringt, ist noch offen.

Nichts hat sich geändert, fast nichts, oder noch nichts durch den Aufstieg der Islamisten – so der Meinungstenor bis vor wenigen Wochen. Dann kamen die blutigen Zusammenstöße mit der alewitischen Minderheit. Nun hebt das große Sinnieren an: Können nicht Extremisten und unkontrollierbare Ausbrüche von Gewalt den islamischen Pragmatikern die Entwicklung aus der Hand reißen? Denn es gibt fundamentalistische Terrorgruppen wie die geheimnisumwitterte IBDA-C, die sich mit Waffen rüstet für den

Heiligen Krieg gegen die Lauen im Lande. Jahrzehntelang war das Mausoleum Atatürks architektonisch die Dominante Ankaras. Auf einem Hügel jenseits des Tales, wo das Regierungsviertel liegt, steht dem laizistischen Tempel seit zehn Jahren die riesige Kocatepe-Moschee gegenüber. Oben lehnt sich das Bauwerk einer klassischen osmanischen Sultansmoschee an. Unter der Erde ist alles modern: Parketagen, Teehäuser,der am besten ausgestattete Supermarkt der Hauptstadt. Französische Parfums sind zu haben, Mode- und Sportkleidung westlicher Edelmarken, nur kein Alkohol.

Der Istanbuler Refah-Abgeordnete Hasan Mesarci, ein radikaler Islamist, hatte vor Jahren gefordert, Atatürks Mausoleum abzureißen. Noch im letzten Jahr beschimpfte er den Republikgründer als „Bankert", dessen Mutter als „Hure". Zwar warf ihn die Partei hinaus, weil sie ihn auf ihrem Weg zur Mitte als kompromittierend empfand, aber Mesarci blieb bis jetzt für ein Strafgericht nicht fassbar. Mustafa Kemal Atatürk nannte Mohammed in den Zwanzigerjahren „einen verlausten Beduinen" und den Islam „einen verwesenden Leichnam, der unser Leben vergiftet". Nach einem Gesetz von 1986, das den Islam (und andere Offenbarungsreligionen), Gott selber und seinen Propheten vor Beleidigung schützt, hätte Atatürk dafür Gefängnis zwischen sechs Monaten und zwei Jahren riskiert.

Erschienen am 27. März 1995

EIN SULTAN
FÜR ALLE FÄLLE

2005
Qabus bin Said baut im Oman Autobahnen, Häfen und
Moscheen, die alle seinen Namen tragen, doch das wahre
Geheimnis seines Erfolgs liegt in der Mäßigung

E s dürfte auf Erden nur noch einen Monarchen geben, der sich seine Hofkapelle hält, Sultan Qabus von Oman. Ihm spielt sogar ein komplettes Symphonieorchester auf mit 102 Musikern, darunter 30 Frauen. An der Schnellstraße am Flugplatz vorbei ragt als Monument inmitten eines Verkehrskreisels in seinem Reich einmal kein Koran auf, kein Krummdolch, keine arabische Kaffeekanne und kein Weihrauchbrenner, sondern eine Harfe, überzogen mit Blattgold. Sie markiert die Abzweigung zum Musikantendorf. Die Ensemblemitglieder leben dort in Pavillons auf einem weiten Gelände mit sorgfältig bewässertem Rasen und Palmengarten. Schüler sind in einem Internat untergebracht. Allen stehen Studios und ein Übungskonzertsaal zur Verfügung. Mit „Scheherezade" von Rimsky-Korsakow und Debussys „Nuages et fêtes" hat das Royal Oman Symphony Orchestra soeben die Saison beendet. „Es hat Weltniveau erreicht", urteilt der Brite Russell Keable, der mehrmals Gastdirigent war.

Die Liebe zur klassischen Musik des Westens ist dem Sultan während seiner langen Verbannung in England zugewachsen. Und in Deutschland, wo er als Absolvent der Militärakademie Sandhurst zeitweise bei der britischen Rheinarmee Dienst tat. In Deutschland, genauer bei Garmisch, kaufte er sich auch ein Hotel, um es zum Palast nach seinem Gusto umzubauen. Dabei bedeuteten ihm die Behörden, dass er an den Holzbalkonen mit Geranien nichts ändern dürfe. Das äußere Erscheinungsbild müsse landschaftskonform bleiben. Erst ärgerte sich der absolute König aus dem Morgenland über diesen Eingriff in seine Besitzerrechte. Dann entschied er, es daheim genauso zu machen. Seither sind in Oman nur halbhohe Bauten mit Bögen, Zinnen und Türmchen erlaubt, Hochhäuser nur in Ausnahmefällen. Alles muss regelmäßig weiß oder cremefarben getüncht werden. Sein bayerisches Domizil sucht Qabus nur selten auf. Aber ein zweites Dubai hat er der Welt erspart. Qabus hasst „visuelle Umweltverschmutzung".

Unter seinem Vater Said bin Teimur war Oman von der Welt abgeschlossen, doch kein Märchenland. Kaum ein Fremder kam hinein, schon gar kein Journalist – eine Art Tibet des Nahen Ostens. Es gab sechs Kilometer Asphaltstraße, keine Presse, ein einziges Spital, zwölf Telefone und drei Grundschulen, die der alte Sultan kurz vor seiner Absetzung als „Brutstätten des Kommunismus" schließen ließ. Radios, Brillen, Hosen, Zigaretten und selbstverständlich Bücher waren verboten.

Doch die Briten, ohne die der Despot keinen Schritt tun konnte, erkannten rechtzeitig, dass diese Form der Sicherung ihrer Hegemonie nicht länger haltbar war. Der Wind stand in der Region auf Veränderung. Im amerikanisch gelenkten Saudi-Arabien war der unbedarfte König Saud durch seinen geschmeidigen Bruder Faisal ersetzt worden. Im benachbarten Abu Dhabi, damals gleichfalls noch unter britischer Vormundschaft, wurde der bizarr altmodische Scheich Schakbut von seinem Sohn hinweggeputscht. Er war zum Entwicklungshindernis geworden, als er seine Öltantiemen in bar verlangte und unter dem Bett stapelte.

Für Qabus bin Said ließ London die Glocke 1970 schlagen. Aus der Haft heraus inszenierte er einen Staatsstreich, setzte seinen Vater ab und schickte ihn ins Exil nach England. Dem Land sind 35 Jahre „omanische Renaissance" unter dem jungen Sultan, der mittlerweile 65 Jahre alt ist, recht gut bekommen. Die Öleinnahmen, im vergangenen Jahr 10,8 Milliarden Dollar, werden zum großen Teil sinnvoll ausgegeben. Entsalzungsanlagen und ökonomische Nutzung der Quellen haben Städten und Dörfern sauberes Wasser verschafft. Vorzügliche Straßen erschließen Berge und Wüsten, die noch vor kurzem unerreichbar waren. Die Alphabetisierung ist von fünf auf nahe hundert Prozent gestiegen. An der Sultan-Qabus-Universität und mehreren privaten Hochschulen sind etwa

15 000 Studenten eingeschrieben. Es wird viel gebaut, zum Nutzen des Volkes und zu Ehren des Herrschers. Da ist die Große Sultan-Qabus-Moschee mit ihren fünf Minaretten, ein Sultan-Qabus-Hafen, ein Stadtviertel Medina Sultan, das Sultan-Qabus-Stadion oder die Sultan-Qabus-Stadtautobahn. Wer Herr im Haus ist, wird niemand so leicht übersehen. Der hinter Bäumen gelegene Kuppelbau des Parlaments an eben jener Autobahn zeigt dagegen zu Recht ein niedriges Profil. Es wurde im Oktober 2003 von 260 000 Omanern und Omanerinnen gewählt. 800 000 erwachsene Untertanen waren stimmberechtigt. Doch mehr als beratende Funktion hat die Madschlis asch-Schura nicht.

Seinen Verwandten, nur etwa 80 bis 100 Personen, nicht Tausende Prinzen wie im benachbarten Saudi-Arabien, gestattet der König keine Extravaganzen. Er liebt auf allen Gebieten Mäßigung, an erster Stelle in der Außenpolitik. Während nach dem Friedensschluss des Ägypters Anwar el-Sadat mit Israel die arabischen Staaten ihre Botschaften in Kairo schlossen, hielt Qabus als einziger die Beziehungen aufrecht. Israels Premierminister Jitzchak Rabin machte Oman zum Ziel einer ersten Golf-Reise, und die Israelis konnten danach in Maskat eine Handelsmission eröffnen. Doch als Ariel Scharon an die Macht kam und die zweite Intifada ausbrach, sperrten die Omaner sie wieder zu.

Flexibel zeigt sich das Land auch im Umgang mit Iran. „Nationen sollten miteinander reden", sagte der Sultan in einem seiner seltenen Interviews. „Iran ist mit 65 Millionen Einwohnern das größte Land am Golf. Man kann es nicht isolieren. Aber man kann offen sein und seine Klagen aussprechen, und ich bin es. Ich nehme kein Blatt vor den Mund." Tatsächlich gibt es kaum Differenzen. Qabus verstand sich glänzend mit dem Schah, der sogar Truppen schickte, um dem Sultan in den 1970er-Jahren bei der Niederschlagung eines marxistischen Aufstands in der Provinz Dhofar zu helfen. In der Gegenwart arrangiert sich der Sultan ebenso gut mit der Islamischen Republik.

In klaren Nächten sind von den Bergen im äußersten Norden Omans die Lichter auf der iranischen Seite der Straße von Hormus zu erkennen. Durch diese Meerenge am Ausgang des Persischen Golfs transportieren Tanker die Hälfte der amerikanischen Ölversorgung, 70 Prozent des Bedarfs der EU und 90 Prozent des für Japan bestimmten Petroleums. Sicherheit ist die Mutter der omanischen Renaissance. Als Iran und Irak im Kriege lagen, hielt Qabus seine Botschaften sowohl in Bagdad als auch in Teheran offen. Jenseits der Straße in Gwadar, das Oman vor einem halben Jahrhundert als vermeintlich wertlose Exklave an Pakistan verkaufte, bauen derzeit die Chinesen den Hafen und ihre strategische Stellung aus.

Klares, kühles Wasser sprudelt am Fuß des 3000 Meter hohen Dschebel Achdar aus den Bergen. In Birket-el-Maus, dem „Dattelbrunnen", seifen sich Männer in einem Badehaus direkt über dem rasch fließenden Quellkanal ab. Weiter unten waschen Frauen ihre Kleider, bevor die Flüssigkeit bis auf den letzten Tropfen über die Gärten der Oase verteilt wird. Der Quellkanal kommt aus einer Burg, die einst von der britischen Luftwaffe zerbombt wurde. „Shame, shame" (Schande) riefen linke Labour-Abgeordnete im Unterhaus, um ihrer Empörung darüber Luft zu machen, dass London die historische Rivalität zwischen dem Sultan und dem Imam von Oman mit militärischer Übermacht zugunsten des Monarchen entschied. Jetzt ist die kleine Festung restauriert. Der Imam war gewähltes Oberhaupt der frühislamischen Ibaditen-Sekte, die außer im Inneren Omans nur in einigen Oasen Nordafrikas überlebt hat. Er beherrschte die Stämme des Hinterlandes, der Sultan die Küste. So lange nirgends unter der Wüste Öl vermutet wurde, kümmerte der Zwist keinen Außenstehenden.

Seitdem die Royal Air Force vor bald vier Jahrzehnten die Stammeskrieger mit ihren Vorderladern besiegt hatte, konnte die Ibaditen-Frage als erledigt gelten. Bis zum Beginn dieses Jahres: Im Januar verhafteten die äußerst wirksamen Sicherheitsorgane des Sultans hundert Extremismus-Verdächtige. Professoren der Sultan-Qabus-Universität waren darunter, Lehrer an einem theologischen Seminar, Persönlichkeiten von zivilem Rang und Militärs. Bei einem Verkehrsunfall waren in einem Lastwagen zufällig Sprengstoff und Kalaschnikows gefunden worden, die zu Anschlägen dienen sollten. Anfang Mai wurden 31 Verdächtige zu Haftstrafen bis zu 20 Jahren verurteilt. Die Ankläger warfen ihnen vor, sie hätten den Sultan stürzen und einen islamischen Staat errichten wollen.

„Islamisten" wurden die Verurteilten vorschnell in kargen Agentur-Meldungen genannt. Doch die Wirklichkeit ist komplizierter. Nach Bekundung von Freigelassenen handelt es sich eindeutig um

*Herrscher am Golf: Abdullah ibn Abd al-Aziz, König von Saudi-Arabien
(links), mit Qabus ibn Said, dem Sultan von Oman*

Ibaditen, die über die Wiederbelebung des Imamats sinnierten.
Ob ihre zur Verschwörung erklärten Treffen jedoch mehr als Ge-
sprächszirkel unter Gleichgesinnten waren, ist ungewiss. Anders als
Saudi-Arabien und andere Golf-Staaten hatte Oman nie unter Terrorismus zu leiden. Kein Omaner kämpfte mit den Freischärlern in
Afghanistan, keiner ist in Guantanamo interniert. Aber der Schleier
der Harmonie, der Schönheitsfehler im politischen Antlitz des Königreichs verhüllte, hat sich etwas abgenutzt.

Wenn die Sonne sinkt, werden die zerklüfteten Berge über Maskat schwarz. Am Mittag waren sie zementgrau, am Morgen violett.
Einige der Männer, die eben noch neben der Autobahn Kricket
spielten, werden ausschwärmen, um unter den grellen Lampen des
Sultan-Qabus-Schnellwegs und überall in der Stadt die spärlichen
Abfälle einzusammeln. Jeder von ihnen hat seinen Abschnitt von
fünf Kilometern und einen großen Sack. Am Morgen liegt kein Zi-
garettenstummel und kein Stückchen Papier mehr herum. Oman ist

sauber wie Singapur. Nur selten verschandelt eine Plastiktüte das freie Land.

Araber spielen Fußball. Die Kricket-Spieler kommen aus Pakistan und Indien. Mit Vorliebe stellt Oman christliche Gastarbeiter aus Kerala und aus den Philippinen ein. Sie sind fügsamer als Muslime und weniger anfällig für Einflüsterungen aus der arabischen Welt im Norden. Von den 2,5 Millionen Einwohnern Omans sind mindestens 700 000 Ausländer. In der Privatwirtschaft besetzen sie 85 Prozent der Arbeitsplätze, und selbst beim Staat trotz aller Kampagnen für die „Omanisierung" immer noch ein Fünftel der Stellen. Chronisch arbeitslos sind mehr als 100 000 Kamele. Sie werden kaum mehr gebraucht und wandern als Selbstversorger durch Steppe und Halbwüste. An den Landstraßen warnen Schilder vor Kamelwechsel. Wer die Tiere langsam passiert, den schauen sie hochmütig an, wiederkäuend wie mit schlecht sitzenden Gebissen.

Nur zwei große Fragen kann oder mag niemand beantworten im Reich des Sultans: Was wird aus Oman nach dem Erdöl? Denn die relativ geringen Vorräte werden in 15 bis 20 Jahren erschöpft sein. Und was kommt nach Qabus? Denn der Autokrat war nur einmal kurz verheiratet und hat keinen Erben.

Erschienen am 8. Juni 2005

KÖNIG AUS
1001 FINSTEREN NACHT

2005

Saudi-Arabiens Monarch liebte den prallen Luxus,
er klammerte sich an die Macht – nun hinterlässt Fahd ein von
Korruption und islamistischem Terror geplagtes Reich

Sein Gesicht war nicht mehr von gesunder Bräune, sondern gelblich. Nach dem schweren Schlaganfall, den König Fahd von Saudi-Arabien 1995 erlitt, war seine Haut wie Pergament geworden. Aber der Kinnbart war immer sorgfältig gestutzt und dunkel gefärbt. Am kleinen Finger seiner rechten Hand trug Fahd einen silbernen Ring, denn wertvoller Schmuck ist frommen Muslimen nicht erlaubt, und die ostentative Befolgung der äußeren Glaubensregeln war Teil seiner Staatspolitik. Dass er sich nur noch im Rollstuhl bewegte, suchte der Hof zu kaschieren, solange es ging. Der König konnte lächeln, kurze Gespräche führen und dabei den ungebrannten, mit Kardamom gewürzten arabischen Kaffee schlürfen, den ein Diener aus einer Messingkanne in kleine Tassen schenkte.

So sahen ihn die seltenen Besucher, meist Staatschefs arabischer Länder, die Fahd noch zu kurzen protokollarischen Begegnungen empfing. Das Saudi-Fernsehen suchte ihn für die Untertanen präsent zu erhalten, indem es fast täglich kurze Archivaufnahmen von früheren Auftritten des Monarchen ausstrahlte. Dass ihn die Familie mit allen technischen Raffinessen moderner Medizin noch zehn Jahre am Leben hielt, war indessen nicht reine Verwandtenliebe.

Fahd war ein „Sudeiri", das heißt einer der sieben Söhne von Hassa Bint Sudeiri, der Lieblingsfrau seines Vaters und Staatsgründers Abdelasis Ibn Saud. Zu dieser mächtigen Brüdergruppe zählen auch der neue Kronprinz, Verteidigungsminister Prinz Sultan, sowie Innenminister Prinz Naif und der Gouverneur der Hauptstadt-Provinz Riad, Prinz Salman. Der Sudeiri-Clan hält eng zusammen. So lange die Mutter lebte, versammelten sich die Brüder mindestens einmal in der Woche bei ihr zum Essen und hörten ihre Mahnungen, stets einig zu bleiben. Sofort nach dem Schlaganfall waren alarmierte Sudeiris von allen Seiten ans Krankenbett geeilt. Fahd sollte leben – und möglichst seinen nur ein oder zwei Jahre jüngeren Halbbruder Abdullah überleben. Das verlangte nicht die Staatsräson, sondern die Familienräson.

Denn die Sudeiris befürchteten, was jetzt eintritt: Der neue König ist keiner von ihnen. Abdullah hat eine andere Mutter aus dem Stamm der Schammar, die im Norden Arabiens bis nach Syrien und in den Irak nomadisieren. Er hat andere Interessen und andere Loyalitäten. Mit der syrischen Präsidentendynastie Assad ist Abdullah verschwägert. Schon bisher Regent, kann er nun seinen Sparkurs und seine Wirtschaftsreformen freier verfolgen.

Der mutmaßlich 84-jährige Fahd lag seit Mai im Krankenhaus. Chronisch litt er an Herzschwäche und Diabetes, aber der akute Grund war eine Lungenentzündung, deren Komplikationen er jetzt erlegen ist. Er hatte 1982 als fünfter König des Reiches den Thron bestiegen. Doch bereits unter seinem Vorgänger König Chaled war er als Innenminister und stellvertretender Regierungschef der starke Mann. Chaled, als Monarch gleichzeitig Regierungschef wie später Fahd, hatte keinen Hang zur Politik. Er liebte die Falkenjagd, Kamelrennen, Schwertertanz und alle beduinischen Lebensformen.

Mit Fahd kam neuer Schwung nach Saudi-Arabien, das zwei Jahrzehnte zuvor unter dem 1975 ermordeten König Faisal einen ersten Modernisierungsschub erlebt hatte. Leicht hatte es der „Leopard" – so die Bedeutung seines Namens – nicht immer. Schon in seinem ersten Regierungsjahr fiel der Preis des Erdöls, von dem das Land lebt, um 20 Prozent. Fast während der ganzen 1980er-Jahre sanken die Ölerlöse weiter. Die islamische Revolution in Iran und dessen achtjähriger Krieg gegen den Irak strapazierten sowohl die Umwelt als auch die Loyalität der schiitischen Minderheit in der saudischen Erdölprovinz am Golf.

Den folgenreichsten Einschnitt aber brachte die Invasion Kuwaits durch den irakischen Diktator Saddam Hussein im Jahre

1990. Nun hatte Saudi-Arabien Grund, sich bedroht zu fühlen. Obwohl die Herrscher Berge von Waffen gekauft hatten – bis heute für 100 Milliarden Dollar –, war das Land militärisch ein Zwerg. Fahd entschied sich, gegen die Bedenken Abdullahs, die Amerikaner zu Hilfe zu rufen. Er hatte sich den Titel „Hüter der beiden heiligen Stätten" (Mekka und Medina) zugelegt, doch das Bündnis mit den Ungläubigen führte zum inneren Bruch vieler Saudis mit dem Königshaus. Osama bin Laden, der bis dahin äußerst wohlgelittene Anführer afghanischer Freischärler gegen die Russen, bot dem König die Bildung einer islamischen Legion an, um Kuwait zu befreien. Doch der lehnte ab. Tausende amerikanischer Soldaten und Soldatinnen wurden so zu Geburtshelfern von al-Qaida.

Um dem radikalen Islamismus Wind aus den Segeln zu nehmen, entschloss sich Fahd zu Reformen. Zugleich wollte er damit der wachsenden Mittelschicht mit ihrer Forderung nach Liberalisierung Konzessionen machen, die nicht an die Substanz der Monarchie gingen. Im Jahre 1992 setzte der König ein „Regierungsstatut" in Kraft. Es sollte auf der Grundlage von Koran und Scharia eine Art Verfassungsersatz werden. Ein Jahr danach richtete Fahd die „Schura" ein, eine beratende Versammlung. Die ursprünglich 60 Mitglieder, inzwischen 150, werden nicht gewählt, sondern vom König ernannt. „Das demokratische System, das in der Welt vorherrscht, passt nicht in diese Region", sagte er in einem Interview. Die Kritiker und militanten Gegner waren – und sind – damit nicht zufrieden. Unter Fahds Herrschaft erwuchs Saudi-Arabien ein Terrorismus-Problem.

Dem Rat seines Vaters – „lass dich nicht mit Kaufleuten ein, sie werden uns sonst zu Rivalen" – folgte Fahd nicht. Den politischen Konsequenzen konnte er ausweichen, nicht aber der Korruption und Verschwendung, die das öffentliche Leben Saudi-Arabiens bestimmen. Die Bereicherung einer Minderheit machte das Königreich zu einem Land mit sinkendem Lebensstandard, Arbeitslosen und Auslandsschulden. Das persönliche Vermögen Fahds wird auf 20 bis 40 Milliarden Euro geschätzt. Er war einer der letzten Märchenkönige.

Eine Prachtvilla an der Côte d'Azur besuchte er nie mehr, seitdem die Franzosen es ablehnten, eine benachbarte, lärmige Eisenbahnstrecke zu verlegen. Er kaufte sich eine Schlossruine bei

Im prunkvollen Arbeitszimmer des Regenten: Der neue König von Saudi-Arabien, Abdallah bin Abdelaziz al Saud, 2006

Versailles, baute sie auf und ließ sie liegen, weil ihm die Anwohner eine Autobahnabfahrt verweigerten. Wenn er seinen Sommersitz in Marbella bezog, kaufte sein Tross für täglich fünf Millionen Euro in der Stadt ein. Der spanische Ort erwog, eine Straße nach ihm zu benennen. Ferner besaß er ein Seegrundstück von 33 Hektar mit Villa am Genfer See. Sowohl in Riad als auch in Dschidda ließ er voll klimatisierte Palast-Komplexe mit eigenen Spitälern, Atombunkern, Moscheen, Gärten, Residenzen, Büros, Liften, Rolltreppen und Elektromobilen für die langen Distanzen erbauen. Fahd schlief tags und arbeitete nachts. „Nach der Sitte der beduinischen Vorfahren", sagten Höflinge. Spötter meinten, er richte sich nach der Ortszeit Washingtons.

Riad mochte der König nicht. Angeblich, weil er nach einer Weissagung dort sterben sollte. Auch im letzten Lebensjahrzehnt, als ihn die Krankheit lähmte, war er nicht völlig durch den Regenten Abdullah entmachtet, wie viele glaubten. Nur Fahds Frau Dschauhara und sein Lieblingssohn Abdullah („Asusi") hatten unbegrenzt Zugang zu ihm. Dschauhara entschied de facto, wer zum König kam und wer nicht, welche Dokumente unterzeichnet wurden und welche nicht. Beim Tod seines ältesten Sohns war Fahd nicht aus Marbella zur Beerdigung heimgekehrt. Asusi jedoch durfte mit seiner Harley Davidson in den Palasträumen an die Möbel rumpeln. Inzwischen 33 Jahre alt, ist Asusi ein steinreicher Geschäftsmann und Sekretär des Kabinetts im Ministerrang.

Auch Fahd war in seiner Jugend kein Freund von Traurigkeit. Wenn er in Europa Casinos und käufliche Mädchen frequentierte, waren die Paparazzi hinter ihm her. Schon als Neunjähriger war Fahd dabei gewesen, als sein Vater 1932 den Vertrag von Dschidda unterzeichnete, der die Feldzüge zur Eroberung des größten Teils der Arabischen Halbinsel beendete und das Königreich Saudi-Arabien begründete. Erzogen wurde Fahd auf der Prinzenschule in Riad und in einem religiösen Institut in Mekka. Auf einer seiner ersten großen Auslandsreisen nahm er an der Seite seines Bruders, des damaligen Außenministers Prinz Faisal, an der Gründungssitzung der Vereinten Nationen teil. Bei der Krönung der britischen Königin Elisabeth vertrat Fahd das Haus Saud. Im selben Jahr 1953 erhielt er als Erziehungsminister sein erstes Regierungsamt. Lange Zeit war er der Chefdelegierte seines Landes bei der Arabischen Liga.

Der tote König wird kein Mausoleum erhalten und kein Monument. Niemand in Saudi-Arabien weiß, wo Abdelasis Ibn Saud oder der ermordete Faisal liegen. Die puritanischen Wahhabiten erlauben keinen Personenkult um Toten. Wie es die beduinische Sitte und der fundamentalistische Islam vorsehen, bekommt auch Fahd ein Grab, das man mit der Hand wegwischen kann.

Erschienen am 2. August 2005

DIE NEUE MILDE
IM WÜSTENKLIMA

2006

Von einigen saudischen Bräuchen löst sich Fahds Nachfolger,
doch von den Machtverhältnissen keineswegs –
dass die Petrodollars nur so fließen, hilft durchaus

D ie Saudis staunen über ihren König Abdallah. Bei einem offiziellen Besuch in China ist er mit einem Minibus durch
Schanghai gefahren statt in der üblichen Staatskarosse.
Alle sahen im Fernsehen auch, dass der Monarch nicht das vertraute rot-weiß gemusterte Kopftuch aufhatte. Barhäuptig saß er
im Wagen und trug auch nicht die weiße Thoba, die Nationaltracht
mit der Goldborte eines Arabers von Rang, sondern ein hellblaues
Gewand, das als „wenig kleidsam" beschrieben wird. Einige wollen darunter sogar Blue Jeans bemerkt haben.

Seitdem der 82-jährige Abdallah seinem Halbbruder Fahd am
1. August des letzten Jahres auf den Thron folgte, hat er sich mehrmals mit Frauen vor den Kameras gezeigt – was bei allen seinen Vorgängern undenkbar gewesen wäre. Erst empfing er einige Dutzend
Beamtinnen des Erziehungsministeriums, dann eine Gruppe von
Intellektuellen. In sittsamen schwarzen Verhüllungen, aber öffentlich, brachten sie ihm ihre Huldigung, die Baja, dar.

Schon in seiner ersten Rede hatte der neue König gesagt, er wolle „allen Bürgern ohne Unterschied dienen". Ein neuer Ton auch
das. Dennoch wird es als Sensation empfunden, dass er sich nicht
nur mit Frauen, sondern auch mit Würdenträgern der schiitischen
Minderheit zeigt. Für orthodoxe Wahhabiten, deren puritanische
Auslegung des sunnitischen Islam seit Gründung des Königreichs
Saudi-Arabien das öffentliche Leben bestimmt, waren die Schiiten
verachtete Ketzer. Sie leben im Osten der Halbinsel, wo das Erd-

263

Mit dem Straßenkreuzer in die Wüste, in diesem Land kein ungewöhnlicher Anblick: Junge Saudis bei einem Picknick, 1990

öl liegt, und in der Südwest-Provinz Nadschran nahe dem Jemen. Lange waren sie unterdrückt, benachteiligt sind sie noch.

Noch als Kronprinz und Regent an Stelle des durch Krankheit gelähmten Fahd, hatte Abdallah die Schiiten bereits 2003 in die Gründungsversammlung seines „Nationalen Dialogs" einbezogen. Bis Ende 2005 fand dieses institutionalisierte Gespräch gesellschaftlicher Gruppen fünf Mal statt. Die Reformbestrebungen erhielten erstmals ein anerkanntes Forum. Auch Frauen diskutieren mit – über Mikrofone in einem getrennten Saal. Sie werden gehört, nicht gesehen. In die Madschlis, die beratende Versammlung, wurden Schiiten sowie ein Vertreter der ismaelitischen Minderheit aufgenommen. Die Madschlis mit ihren 150 ernannten Mitgliedern funktioniert als eine Art Parlamentsersatz. Für die nächste Versammlung, voraussichtlich 2009 zu bestellen, könnte es Teilwahlen geben wie letztes Jahr für die Gemeindevertretungen. „Aber diese Madschlis würde dann wohl konservativer als die jetzige", befürchten Reformer: „Die jetzige Madschlis besteht aus hochwertigen Fachleuten."

Den Handkuss für seine Person hat Abdallah abgeschafft. Er entsprach ohnehin nicht der beduinischen Tradition der Saudis, in der sich der König am wohlsten fühlt. Wahrscheinlich war diese Devotion von Höflingen in Nachahmung marokkanischer Gepflogenheiten eingeschleppt worden. Mit „Majestät" will der Monarch auch nicht angeredet werden. Und erstmals erhielt Saudi-Arabien durch ihn ein nichtreligiöses Fest, den „Nationaltag". Wichtiger ist, dass Abdallah die letzten drei mehrerer Dutzend inhaftierter Unterzeichner einer Denkschrift für die Umwandlung der absoluten in eine konstitutionelle Monarchie freigelassen hat: einen national-arabischen Professor, einen islamistischen Akademiker und einen einst kommunistischen Poeten. Als eine Gruppe von Reformanhängern sich 2002 sammelte, hatten sie das stillschweigende Einverständnis des Kronprinzen. Gegen ihre Verhaftung tat er jedoch nichts oder konnte nichts tun. Jetzt nenne er sie „gute Bürger, seine Brüder, seine Söhne", sagt Ali al-Dumaini, der Ex-Kommunist. Auch die Freigelassenen loben den König. Aber Pässe für Auslandsreisen haben sie noch keine. Das Klima hat sich geändert, die Machtverhältnisse nicht.

Seitdem er König ist, war Abdallah noch nicht in den USA, dem wichtigsten Partner des Königreichs, und nicht in Europa. Seine erste große Auslandsreise führte ihn nach China, Indien, Pakistan und Malaysia. „Auf der Suche nach Wissen bis nach China gehen", so hatte der Prophet einst die Gläubigen angewiesen. Und Abdallah ist ein frommer Mann. „Aber das ist keine Frage von Prioritäten", beteuert Außenminister Prinz Saud Bin Feisal. „Die Hälfte der Menschheit lebt in den beiden erstgenannten Ländern! Wir sind ein kleines Land. Wir haben keine globale Politik. Wir haben Interessen." Im Zeichen der erstrebten Öffnung ist Saudi-Arabien im Dezember in die Welthandelsorganisation eingetreten.

Die Beziehungen zu Amerika seien „sehr stark", und daran ändere sich nichts, versichert der Außenminister. Dennoch erholt sich das Verhältnis nur allmählich vom Schock des 11. September 2001, an dem die Mehrheit der beteiligten Terroristen Saudis waren. Die Zahl der Studenten aus dem Königreich an US-Hochschulen war auf zuletzt 500 geschrumpft. Viele junge Saudis wichen auf Großbritannien aus, auf Kanada, auf Australien, sogar Osteuropa. Doch die in einem halben Jahrhundert bewährte Partnerschaft Washingtons mit Riad auf der Basis Sicherheit gegen Öl ist nicht lösbar. Heuer erhalten wieder 5000 junge Saudis Staatsstipendien für die USA. Weitere 2000 reisen mit privaten Mitteln zum Studium nach Amerika. Nach Deutschland oder Frankreich gehen nur je 50 bis 100.

Über die palästinensische Hamas-Bewegung denkt der Prinz freilich nicht wie die Amerikaner. „Nicht was vor der Wahl war, ist wichtig, sondern was danach geschieht", sagt er. Entschieden wenden sich die Saudis dagegen, die palästinensische Verwaltung unter der Hamas zu boykottieren. Mit 150 Millionen Dollar im Jahr gehörte Saudi-Arabien zu den wichtigsten Helfern dieser Verwaltung. Daran ändert sich nichts. Eine Hamas-Delegation wurde vom Außenminister und vom König in allen Ehren empfangen.

Wenn er auf den Irak zu sprechen kommt, wird das Gesicht des Prinzen sorgenvoll. „Gott möge verhüten, dass dieser Staat zerfällt", warnt er. Er beschreibt den Irak als „3000-jähriges Land, das niemals Vasall von irgendjemand sein wird". Allen Nachbarn, vor allem Iran, empfiehlt Saud Bin Feisal „Unterstützung des Irak durch Nichteinmischung". Wenn Iran je Atomwaffen hätte und sie gegen Israel anwendete, würden sie Palästinenser töten. Wenn sie Israel verfehlten, träfen sie arabische Länder. „Also?" – fragt der Minister nach dem Sinn. Die Saudis wollen den Nahen Osten atomwaffenfrei sehen, ohne iranische, und vor allem ohne israelische Sprengköpfe.

DER BESTELLER: „MEMOIREN EINES FRÜHEREN FETTWANSTES"

Herrenmode gibt es auch im Land der Thoba, der weißen Nationaltracht. Der König trägt seine mit kragenlosem Bund, der Außenminister mit konventionellem Hemdkragen, die jungen Stutzer in den Kaffeehäusern bevorzugen Stehkragen nach Art der europäischen Vatermörder von ehedem. Überall in der Hauptstadt öffnen Cafés, amerikanische, vermeintlich französische oder italienische. Sie servieren alles, was keinen Alkohol enthält, auch „Saudi Champagne", eine Fruchtsaftmischung mit Mineralwasser, oder „Ginger Shot", heißen Ingwersud. Die Kunden sitzen stundenlang, diskutieren, lesen, arbeiten am Laptop, halten Hof.

Höchstkonjunktur haben auch Fast-Food-Ketten. Das Resultat ist Übergewicht bei den einst zierlichen Beduinen: 51 Prozent der Frauen und 45 Prozent der Männer, 29 Prozent der Schülerinnen und 36 Prozent der Schüler sind dick. „Memoiren eines früheren Fettwanstes" sind ein Bestseller. Der Fernseh-Präsentator Turki al-Dachil, der 185 Kilo wog und im Flugzeug zwei Plätze buchen musste, erzählt von seinem Sieg über die Körper-Masse: Er ist herunter auf 100 Kilo.

Ende der 1990er-Jahre war das Pro-Kopf-Einkommen im Jahr auf 8000 Dollar im Jahr gesunken. Durch rasches Bevölkerungswachstum, relativ niedrige Ölpreise, Misswirtschaft und Korruption näherte es sich Drittwelt-Niveau. Nun hat es wieder 14 000 Dollar erreicht. Schon als Regent nutzte Abdallah die Petro-Dollars, die reicher fließen denn je, um zu vollbringen, was für europäische Finanzminister wie ein Märchen aus dem Morgenland klingt. In nur sechs Jahren senkte er die Staatsschulden von 119 auf 40 Prozent des Sozialprodukts. An jedem Tag des letzten Jahres hat Saudi-Arabien durch sein Öl eine halbe Milliarde Dollar verdient.

Für die nahe Zukunft ist Großes geplant. Zwischen Dschidda und Mekka soll am Roten Meer eine neue Metropole entstehen, die „König Abdallah Wirtschafts-Stadt". Unter Leitung der staatlichen Investitionsgesellschaft Sagia, aber durchgehend offen für private Anleger, soll ein Finanz-Quartier mit Bürotürmen von 100 Etagen entstehen, ein Wissenschaftszentrum für Professoren und Studenten aus aller Welt, Gartenviertel für die Bewohner, Villen mit eigenem Landungssteg für Yacht-Besitzer, 60 Hotels, ein 18-Loch-Golfplatz. Pilger sollen in einem eigenen Hafen anlanden und per Eisenbahn nach Mekka, Dschidda und Medina weiterreisen. Nichts Geringeres als „ein anderer Lebensstil" wird versprochen. Ganz nebenbei ist die Rede von einer U-Bahn für Riad.

Es ist 19.32 Uhr. In den Einkaufszentren an der King-Abdallah-Straße herrscht Hochbetrieb. Plötzlich rufen die Lautsprecher zum Gebet, auch im Supermarkt. Letzte Einkäufe werden in die Wagen gerafft. Kassen fertigen die Kunden mit erhöhtem Tempo ab. Scherengitter rasseln herunter. Alle Lichter gehen aus. Vorübergehend ist die große Aufschrift „24 Stunden geöffnet" außer Kraft. In einem Geschäft für Thobas nutzen Gastarbeiter die Zeit, um die Fenster zu putzen. Vor dem dunklen „Hot Dog Express" warten Filipinos lachend darauf, dass sie wieder ausfahren dürfen. Benzin gibt es, aber nur am Automaten.

Langsam rollt ein Geländewagen mit Lautsprecher die Straße entlang, besetzt von zwei Religionswächtern und einem Polizisten in Uniform. In einem Blumengeschäft brennt noch Licht, die Angestellten räumen. Sofort rennt der Uniformierte los und holt den

Besitzer an den Wagen. Er wird ermahnt. Hoch am Himmel liegt waagrecht wie eine silberne Barke der Halbmond. Die Wegweiser über der Stadtautobahn zeigen rechts nach Medina, fast tausend Kilometer durch die Wüste, links in die Moderne von Riad.

Auf der Buchmesse, die der König eröffnete, war die Zensur gelockert, und es wurde verkauft wie noch nie. Während der zwei Wochen eines begleitenden Kulturprogramms wurde mit neuer Freiheit diskutiert. Ein Redner war Scheich Salman al-Auda, den in Saudi-Arabien jeder kennt. Er war nach 1990 mit islamischer Fundamentalkritik am verlotterten Prinzenklüngel und am Bündnis mit den USA hervorgetreten. Als ein Wortführer der intellektuellen Opposition verbrachte er fünf Jahre im Gefängnis. Auf seinen theologischen Rat hörte Osama bin Laden.

Realistisch geworden und offenbar mit der vorsichtigen Reformpolitik des Herrschers versöhnt, sprach al-Auda auf der Messe zum brisanten Thema „Horizonte der gesellschaftlichen Veränderung". Dass er eben diese Veränderung zum islamischen Prinzip erklärte, gedeckt durch die Tradition des Propheten, entfesselte Tumulte organisierter Gruppen von Fundamentalisten. Aber sie durften den Scheich nicht zum Schweigen bringen. Einfluss und Lautstärke haben sie weiter, wie Muezzine und Religionspolizisten. Die Stimme der Staatsgewalt und des Königs sind sie nicht.

Erschienen am 22. Mai 2006

SWAT –
IM TAL DES TODES

2009
Wo Pakistans Armee gegen die Taliban kämpft,
tobte 1897 ein ganz ähnlicher Konflikt –
Augenzeuge war Winston Churchill

Im Westen nichts Neues. Oder präziser: nichts Neues im Nordwesten von Pakistan, in den Stammesgebieten nahe der afghanischen Grenze. Die Kämpfe der pakistanischen Armee mit Islamisten im Tal von Swat wirken wie ein Replay der kolonialen Auseinandersetzungen, welche die Briten im 19. und 20. Jahrhundert an denselben Orten und gegen Feinde mit den gleichen religiös-ideologischen Motiven führten. Hintergrund war „The Great Game", das Großmachtspiel zwischen Großbritannien und Russland um die Hegemonie in der Region.

Als die Truppen des Zaren ein zentralasiatisches Chanat nach dem anderen eroberten (das Gebiet der heutigen Republiken Usbekistan, Turkmenistan, Kirgistan, Tadschikistan), setzte in London die große Furcht um Indien ein, das Kronjuwel des Empire. Zwei Feldzüge mit der Absicht, sich Afghanistan gefügig zu machen, das nächste Ziel möglicher russischer Expansion, endeten für die Briten mit militärischen Katastrophen. Mit der Durand-Linie, welche die jetzige Grenze zwischen Pakistan und Afghanistan zog, schufen sie 1893 eine Pufferzone. Sie trägt den Namen von Sir Mortimer Durand, dem Außenminister der britisch-indischen Regierung, und wurde widerstrebend auch vom afghanischen Emir Abdur-Rahman Chan unterzeichnet.

Bei der betroffenen Bevölkerung war sie äußerst unbeliebt, denn sie teilte den Lebensraum der Paschtunen-Stämme zwischen zwei Staaten auf. Bei ihren parallelen Versuchen, in die Hochtäler des Hindukusch und des Himalaya vorzudringen, waren die Briten schon vorher auf erbitterten Widerstand gestoßen. Nachdem sie 1849 Peschawar eingenommen hatten, rief in dem jetzt wieder umkämpften Swat-Tal ein Mystiker und Asket namens Abdul Ghafur zum Heiligen Krieg auf. Als „Achund von Swat" (etwa: Prediger, Mullah) wurde er in weiten Teilen der islamischen Welt bekannt. Sein Ansehen reichte bis in das bereits russisch besetzte Zentralasien und nach Istanbul, der Hauptstadt des Osmanischen Reiches.

Er konnte Zehntausende Stammeskrieger mobilisieren, die der Kolonialmacht schwere Niederlagen beibrachten. Nach dem Verlust von mehr als tausend Mann zogen sich die britischen Truppen 1864 nach Peschawar zurück. Das Wort „Islamist" gab es noch nicht. Doch Abdul Ghafur erfüllte in wesentlichen Teilen bereits dessen Inhalt. Er forderte die strikte Einhaltung koranischer Gebote und sprach nie mit einem Ungläubigen. Anders als heute versuchte niemand im Westen, die obskure und unverständliche Welt islamischer Randvölker zu begreifen.

Der englische Nonsense-Meister Edward Lear dichtete auf Abdul Ghafur, den unverstandenen Glaubenskrieger, der um 1870 im Bett starb, den mutmaßlich längsten Limerick aller Zeiten. Der erste von 21 Versen lautet:

> *Who, or why, or which or what*
> *Is the Akhund of Swat?*
> *Is he tall or short, or dark or fair?*
> *Does he sit on a stool, or a sofa, or a chair,*
> *Or squat?/The Akhund of Swat.*

Auch der nächste Aufstand im Tal von Swat wurde 1897 durch einen Prediger entfacht, Saadullah Chan, bekannt als „Fakir" (Mystiker, Asket) oder als „Mullah von Malakand". Ohne weiter nach seinen Motiven zu forschen, wurde er für die Briten zum „Mad Mullah": Denn verrückt musste er sein, wenn er sich ihrer Herrschaft widersetzte. Denselben Ehrentitel teilten sie fast gleichzeitig dem „Mad Mullah of Somalia" zu, Mohammed Abdille Hasan, der sich mit seinen Anhängern von 1899 bis 1905 der Durchdringung seiner Heimat durch Äthiopier, Briten und Italiener erwehrte. Saadullahs Krieger, wieder mehr als zehntausend

Mann, stürmten im Juli 1897 aus dem Hochtal und schlossen die britische Garnison von Malakand, dem letzten größeren Ort vor der nordindischen Tiefebene, ein. Ähnlich wie Ende April dieses Jahres Gruppen von Paschtunen mit Motorrädern und kleinen Lieferwagen aus Malakand aufbrachen und den Ort Buner besetzten, kaum hundert Kilometer von der Hauptstadt Islamabad entfernt – was alle Welt zu dem Aufschrei veranlasste: „Die Taliban kommen!"

„SCHNELL SAMMELTEN SICH SCHWÄRME VON GEIERN"

Zur britischen Streitmacht, die im Sommer 1897 die Eingeschlossenen von Malakand befreite, gehörte der junge Winston Churchill. Als Leutnant und gleichzeitig Reporter für den *Daily Telegraph* war er eine Art embedded journalist vor seiner Zeit, ein Begriff, der erst im Irak-Krieg aufkam. Die Kriegsberichte aus dem Swat-Tal fasste er später in seinem ersten Buch „The Malakand Field Force" zusammen. Er beschreibt darin das grüne, fruchtbare Tal, die zerklüfteten Berge, die Spuren einer blühenden buddhistischen Kultur der vorislamischen Zeit. „Nur noch Ruinen", sah Churchill an deren Stelle: „Wilde haben die zivilisierten sanften Buddhisten ersetzt."

Statt der von den Briten erwarteten 3000 Stammesleute hatte der Mullah nach Churchills Urteil 12 000 Krieger mobilisiert: „Die am weitesten entfernten und einsamsten Täler, die abgelegensten Dörfer hatten ihre bewaffneten Männer ausgesandt, um an der Vernichtung der Ungläubigen teilzunehmen." Von der Außenwelt und der Macht des Empire hatten Saadullah und seine Paschtunen keine Vorstellung: „Sie sahen nur das Fort am Malakand-Pass und die nahe Hängebrücke über den Fluss." Dass Schiffe mit Verstärkungen aus England unterwegs waren, dass Züge auf der nordindischen Eisenbahn modernes Material und Munition heranrollten, ahnten sie nicht. Umso schlimmer waren ihre Verluste.

Bei der Belagerung von Malakand waren 700 Stammeskrieger gefallen. Churchill: „Bei Chakdara, wo das offene Gelände den Einsatz von Maschinengewehren erlaubte, wurden 2000 getötet." Ihre Leichen lagen in den Feldern, in den zerstörten Dörfern, zwischen Felsen und erfüllten das Tal mit Pestgeruch. „Schnell sammelten sich große Schwärme von Geiern und stritten sich mit abscheulichen Echsen um die reiche Beute", so Churchill. Für jeden seiner Berichte zahlte ihm die Londoner Zeitung fünf Pfund. „Nur Hohlköpfe schreiben umsonst", meldete der 22-Jährige seiner Mutter in einem Brief.

Die Briten sahen am Ende ein, dass die Hochtäler nicht zu pazifizieren waren. Sie schlossen Verträge mit örtlichen Herrschern, zahlten Subsidien und begnügten sich damit, dass ihre Souveränität formell anerkannt wurde. Zum „Wali" (Herrscher) von Swat setzten sie schließlich einen Enkel des „Achund" ein. Seine Nachfahren regierten das formell unabhängige Ländchen noch bis 1969, als Pakistan die Teilfürstentümer abschaffte.

Eine Ururenkelin des Achund heiratete General Ayub Chan, der sich 1958 durch einen Staatsstreich zum Präsidenten von Pakistan machte. Mit der Unabhängigkeit übernahmen die Pakistaner 1947 das von den Briten geerbte System der scheinunabhängigen Stammesgebiete. Swat liegt in einer der „Federal Administrated Tribal Areas" (Fata, Stammesgebiete unter Bundesverwaltung). Sie werden von einem „Politischen Agenten" beraten, den die Regierung in Islamabad ernennt. Die pakistanischen Gesetze gelten in den Tälern und Bergen nur mit Einschränkungen. Nach der Verfassung darf die Armee in Stammesgebieten nicht operieren. Ihr Einsatz gegen die Talibansympathisanten von Swat, den die Regierung auf amerikanischen Druck anordnete, wird nach den historischen Erfahrungen selbst bei zeitweiligem Erfolg nur aufreizend auf die Paschtunen überall in Pakistan wirken.

Zu den Fata-Territorien gehören Nord- und Süd-Waziristan, die immer schon unruhigsten Gebiete der Grenze. Von Ausländern dürfen sie – bereits zu britischen Zeiten und immer noch – nur mit Ausnahmegenehmigung betreten werden. In Waziristan begann Mirsa Ali Chan, genannt der „Fakir von Ipi", bis dahin ein friedlicher Prediger im Ruf der Heiligkeit, im Jahre 1936 seine große Revolte der Paschtu-Stämme gegen die Briten. Sie konnten ihn nicht fangen, obwohl sie zeitweilig 40 000 Mann aufboten – so wie die Amerikaner im selben Gebiet bisher erfolglos nach Osama bin Laden suchen. Der Aufstand des Fakirs, der umgekehrt einmal sogar Peschawar bedrohte, dauerte bis zur Unabhängigkeit. Er selbst starb erst lange danach an Asthma.

Weder das koloniale Großbritannien noch Pakistan noch Afghanistan haben je die Stammesgebiete dauerhaft kontrolliert. Kluge

Regierungen versuchten es gar nicht. Die Paschtunen fühlen sich, unabhängig von Grenzen, als eine Nation. Überall wo Paschtunen leben, ist für sie „Paschtunistan", ihr Land. Die Stämme, die sich seit Menschengedenken selbst regieren, haben sich nie an eine zentrale Obrigkeit gewöhnt. Nach wie vor verteidigen sie ihre Lebensart gegen die Moderne. Nationale Gesetze bedeuten ihnen wenig. Sie halten sich an den „Paschtun-Wali", einen ungeschriebenen Kodex von Verhaltensregeln. Gastfreundschaft und Asylrecht stehen an oberster Stelle. Wer sich zu einem Stamm geflüchtet hat, und sei es der schlimmste Feind, wird niemals ausgeliefert, nicht an unmittelbar Geschädigte, nicht an die pakistanischen Behörden, schon gar nicht an eine ausländische Macht.

Da die afghanischen Taliban überwiegend Paschtunen sind, gilt dies auch für sie. Ehre, Familie, Rache und völlige Unterwerfung von Besiegten sind die anderen Kernpunkte des Kodex. Ein Machtorgan der Regierung ist – theoretisch – das Frontier Corps FT, eine Miliz von 80 000 Mann. Sie soll für die Sicherheit der Grenze und für die Wahrung der Gesetze sorgen. Zunehmend wird das Grenzkorps auch gegen Unruhen eingesetzt. Fast alle FT-Männer sind Paschtunen. Sie sprechen die Sprache, kennen das Gelände und verstehen die Menschen viel besser als die reguläre pakistanische Armee oder gar US-Truppen.

Aber diese Stärke ist zugleich ihre Schwäche, denn Paschtu gehen ungern gegen andere Paschtu vor, schon gar nicht wenn Fremde dies befehlen wollen. Und Fremde sind für sie nicht nur Westler, sondern auch Pakistaner aus Sind oder dem Punjab. Diese Affinität, die auch die Taliban einschließt, erklärt den notorischen Misserfolg militärischer Unternehmen in den Stammesgebieten.

Am Ende seines Feldzugs nach Swat hatte auch Churchill dies erkannt, denn die britischen Offiziere hatten Respekt vor den Paschtunen. „Tapfere Feinde, schwierige Gegner", nannte er sie. Man dürfe den Feind nie unterschätzen: „Jede Nation, die in den Krieg zieht, muss diese Erfahrung aufs Neue machen."

Erschienen am 30. Mai 2009

Zug, beladen mit Eisenerz, in der lybischen Wüste, 2011

ESSAYS

Es gibt nicht einen Islamismus,
sondern viele. Nicht einmal
die islamische Welt gibt es.
Vieles hält die Muslime der Erde
zusammen, noch mehr trennt sie.

Bildnis von Omans Sultan Qabus, 2011

DER GEKRÄNKTE ISLAM

2002
Muslimische Länder träumen einen Traum
von historisch verdienter Größe,
aus dem sie nicht erwachen können

Wenn im alten Konstantinopel ein neues Jahr begann, ließ der Sultan seine Feldzeichen aufpflanzen. Je nachdem, ob die Halbmonde mit den Pferdeschweifen am asiatischen oder am europäischen Ufer des Bosporus standen, wussten die Untertanen, in welche Richtung der nächste Feldzug gehen würde. Eines war für sie so gut wie sicher, auch dieses Jahr – islamischer, nicht westlicher Zeitrechnung – würde Siege bringen, territoriale Ausdehnung, materiellen Gewinn, erhöhtes Selbstbewusstsein.

Das Jahr 2003 fängt für die islamische Welt dagegen mit Erwartungen ganz anderer Art an. Es wird Kämpfe geben, wahrscheinlich wieder Rückschläge, kaum Erfolge. Seinen einzigen Sieg über einen ungläubigen Feind und Eindringling hatte der kämpferische Islam in jüngerer Zeit gegen die Russen in Afghanistan errungen. Dort erlitt er auch seine jüngste Niederlage, gegen die Amerikaner, die die Extremisten doch für so verweichlicht und kriegsuntauglich gehalten hatten. Das schmerzende Gefühl der Unterlegenheit ist die tiefste Veränderung, welche die islamische Welt in den beiden vergangenen Jahrhunderten erfasste. Bis dahin war die Identität der Muslime ein goldenes Jahrtausend lang nicht zuletzt davon geprägt, dass sie ihre Wissenschaft, ihre Zivilisation und ganz besonders ihre Kriegskunst überlegen wussten. Sich mit den Techniken und den Gedanken der anderen abzugeben, war für sie überflüssig. Dann aber kamen die kolonialen Beherrscher aus England, Frankreich, Spanien, den Niederlanden, Russland – und sie kamen mit Rüstzeug, das sowohl materiell als auch geistig besser war.

Palästinensische Jugendliche verbrennen US-amerikanische und isra-elische Fahnen vor der Universität in Hebron, 1997.

Alles verwandelte sich, auch wenn es die traditionell gesinnte Mehrheit der Muslime lange nicht wahrnehmen wollte. Erst der Sieg der Israelis im Sechstagekrieg von 1967 erhob die Ausein-andersetzung mit der Moderne zu einem Problem, von dem je-der betroffen ist. An vielen Nahtstellen der islamischen Welt zu einer Umgebung, die als feindlich empfunden wird, brennt oder schwelt es: auf dem Balkan, im Kaukasus, in Palästina, Afgha-nistan, Kaschmir und Singkiang. Im rabiaten Manifest des selbst ernannten Führers im Glaubenskrieg, Osama bin Laden, werden „Juden und Kreuzzügler" ausdrücklich zu todeswürdigen Feinden erklärt. Doch auch gemäßigten Muslimen fällt auf, dass sich die westliche Zivilisation ihrerseits seit einigen Jahrzehnten als jü-disch-christlich definiert, nicht mehr, wie früher, als Erbin Roms und Griechenlands. Die religiös-ideologischen Fronten verhär-ten sich, eine Vorstufe zu einem Zusammenstoß der Kulturen, den kein Vernünftiger will.

Auf der einen Seite stehen die Westler, ob Christen oder Atheisten, Israelis und Hindus, Russen, Chinesen und die Supermacht Amerika. Auf der anderen Seite träumen die Muslime allein einen Traum von historisch verdienter Größe, aus dem sie nicht erwachen können. Sympathien in der Dritten Welt oder bei progressiv gesinnten Intellektuellen Europas und der amerikanischen Ostküste helfen ihnen nicht in einem Ringen, das durch Wirtschaftspotenzial, militärische Macht und die suggestiven Bilder entschieden wird, welche Unterhaltungsmedien wie das Fernsehen vermitteln. Dabei sollte es mehr als eine Fußnote sein, dass streng gläubige Muslime nicht das Arsenal der Vereinigten Staaten am meisten fürchten. Der iranische Revolutionsführer Ayatollah Khomeini hat einst den Begriff „Großer Satan" populär gemacht. Seine Gesinnungsgenossen denken dabei nicht so sehr an die Flugzeugträger und Raketen, über die der Mann im Weißen Haus gebietet, sondern vielmehr an den Scheitan des Korans, den Verführer zu unfrommer Lebensart, der in die Herzen der Menschen flüstert. Erfolgreich verlockt der alt-böse Feind in seiner modernen Verkleidung des American Way of Life auch muslimische Völker zu Materialismus, Promiskuität und zur Forderung nach demokratischer Mehrheitsentscheidung über gottgegebene Wahrheiten.

Der Katalysator im aktuellen Konflikt ist der Irak. Wenn in den kommenden Wochen keine Wunder geschehen – durch Selbstkastration in Bagdad, durch Verzicht auf imperiale Strategien in Washington – wird im Zweistromland im neuen Jahr schon bald die nächste Runde ausgetragen werden. Es gibt nicht den geringsten Zweifel daran, wo in dieser Auseinandersetzung die emotionalen Fronten verlaufen werden. Niemand im islamischen Nahen Osten fürchtet heute den Irak, der militärisch viel schwächer ist als vor dem Krieg um Kuwait. Nicht Amerikas Freunde wie Ägypten oder die Türkei, nicht die Iraner, die mit Saddam Hussein üble Erfahrung gemacht haben, schon gar nicht die Saudis und die Emire am Golfs. Ihnen bereitet die mögliche Destabilisierung der Region durch einen amerikanischen Militärschlag weitaus mehr Sorgen als verrottende Massenvernichtungswaffen in mesopotamischen Kellern.

Die Reaktion der Straße muss den Vereinigten Staaten wahrscheinlich keinen Kummer machen. Doch die antiamerikanische Polarisierung in der gesamten islamischen Welt wird sich als sichere Folge jedes Militärunternehmens fortsetzen. Dass es der Regierung in Washington um den Bau eines friedlich-freiheitlichen Nahen Ostens mit gesicherten Menschenrechten geht, wollen nur wenige Muslime glauben. Die bedingungslose Unterstützung Israels spricht in ihren Augen sehr dagegen. Hingegen sind für sie die wahren Motive eines Vorgehens gegen den Irak deutlich erkennbar: Diversifizierung von Amerikas Energiequellen am Persischen Golf und in dessen Umfeld durch Beseitigung der letzten Regime, die sich dem Einfluss der USA noch verweigern. Nach dem nächsten Krieg werden sich die Völker der Region, die primär Ruhe wollen, mit islamischen Fundamentalisten abermals besser verstehen. Das Reservoir des Terrorismus wird größer und langfristig gefährlicher, nicht kleiner.

Über Islamismus wird oft geredet und geschrieben. Gleichwohl verschließen sich viele der Erkenntnis, dass der politische Islam ein breites Segment der Überzeugungen zwischen Atlantik und Südasien zum Ausdruck bringt. Die Wahlen in der Türkei, in Pakistan und in Marokko haben Spekulationen einen Stoß versetzt, dieser politische Islam habe seinen Zenith überschritten. Weder wird sich das Problem in absehbarer Zeit von selber erledigen, noch werden die Geheimdienste der infizierten Staaten dazu in der Lage sein. Das ist, wenn man so will, die schlechte Nachricht. Die gute Nachricht aber ist, dass sich die Mehrheiten in den islamischen Völkern, darunter auch die Anhänger islamistischer Parteien, nach wie vor nicht gewaltbereit zeigen. Sie in die Solidarisierung mit Extremisten zu bomben, ist das Dümmste, was westliche Regierungen tun könnten. Stattdessen sind pragmatische Umgangsformen zu entwickeln. Es gibt nicht einen Islamismus, sondern viele. Nicht einmal die islamische Welt gibt es. Vieles hält die Muslime der Erde zusammen, noch mehr trennt sie.

Erschienen am 28. Dezember 2002

EIN HUNDERTJÄHRIGER KAMPF

2006

*Die Auseinandersetzung der Islamisten mit
dem Westen wird lange dauern*

Ahnungsvoll sprach der britische Außenminister Edward Grey beim Ausbruch des Ersten Weltkrieges: „Die Lichter gehen aus, überall in Europa. (...) Wir werden nicht erleben, dass sie wieder angezündet werden." Er sollte recht behalten, denn selbst wenn danach zeitweilig die Waffen schwiegen, trat der alte Zustand von Frieden, Stabilität und bürgerlicher Ordnung nie mehr ein. Die „Belle Epoque" war unwiederbringlich vorbei.

Was die Schüsse von Sarajewo für das 20. Jahrhundert bedeuteten, brachte der 11. September 2001 für das neue Jahrhundert, kaum dass es begonnen hatte: das Ende einer Periode des Friedens für die Erste Welt, die ihre Kriege von Stellvertretern in der Dritten Welt hatte führen lassen. Mehr Macht für den Großen Bruder Staat, der seine Überwachungsnetze zum Schutz vor Terroristen enger knüpft. Wirtschaftliche Unsicherheit und Zukunftsängste. Die internationale Ordnung, die auf Konsens im Sicherheitsrat und auf Mehrheiten in der öffentlichen Meinung beruhte, bestand die Probe nicht. Selbst die Abschaffung der Folter, eine Ruhmestat der Aufklärung, bleibt nicht unantastbar. Nichts ist mehr wie vorher, nichts wird mehr so sein.

Was in seinen Anfängen nur als vorübergehend, als Ausnahmezustand empfunden wurde, ist neue Normalität. Man hatte sich seit 1945 daran gewöhnt, dass Bilder von Zerstörung, Elend und weinenden Menschen immer aus der Ferne kamen: aus Vietnam, aus Afrika, aus dem Nahen Osten, aus Afghanistan, vom indischen Subkontinent. Mit dem Einsturz des World Trade Centers brach der Schrecken über Amerika herein, mit den Attentaten von Madrid und London auch über Europa. Die Globalisierung war so nicht gedacht.

Aber auch das ist eine ihrer Seiten, wie im Westen nur widerstrebend begriffen wird. Denn wo eine regierungsamtliche Laserbombe einschlägt, sieht es genau so aus wie dort, wo die primitive Sprengladung eines Terroristen explodiert. Auf der Empfängerseite wird es so und nicht anders empfunden. Noch kann dies im Westen nicht jeder so gelassen nehmen wie Peter Ustinov, der einmal sagte: „Terrorismus ist der Krieg der Armen, und Krieg der Terrorismus der Reichen."

So weitblickend wie der Brite Edward Grey sind die Regierenden von heute offensichtlich nicht. Sonst hätten sie Hintergründe und Motive besser ausgelotet, bevor sie „dem Terrorismus" den Krieg erklärten. Ein klassischer Waffengang hatte territoriale oder politische Ziele, die erreichbar waren. Sie konnten durch einen Vertrag mit dem besiegten Gegner legalisiert werden. Selbst die Forderung nach bedingungsloser Kapitulation, mit der die Alliierten den Zweiten Weltkrieg führten, war realisierbar, weil auf der anderen Seite völkerrechtlich vertragsfähige Staaten wie Deutschland und Japan standen. Weltweiter Krieg gegen einen territorial nicht fassbaren Feind ist dagegen auch zeitlich nicht eingrenzbar. Ein fünfjähriger Krieg ist daraus geworden. Er kann zum dreißig- oder sogar zum hundertjährigen Krieg werden.

Die Aussichten, die der 11. September eröffnete, sind für die Welt nicht erfreulich. Feldzüge nach Afghanistan oder in den Irak bewirken gar nichts, wie inzwischen alle wissen. Es nützt auch nichts, dem Feind ein Gesicht wie das des Osama bin Laden zu geben. Sein Einfluss auf die terroristische Weltbewegung ist so unwägbar, wie es der Erfolg seiner eventuellen Ausschaltung wäre. Wenn die Nato-Streitkräfte nach ihrer jüngsten Offensive im Süden Afghanistans in einem triumphierenden Kommuniqué erklären, sie hätten zweihundert Taliban getötet – denkt irgendjemand an politisch verantwortlicher Stelle daran, dass jeder dieser zweihundert Kämpfer Brüder, Söhne, Vettern hat, die von nun an nichts als Rache wollen? Ein britischer Botschafter (Ivor Roberts in Rom) hat den amerikanischen Präsidenten George W. Bush schon vor dessen Wiederwahl „den besten Rekrutierungs-Sergeanten für al-Qaida" genannt.

Vom „Kreuzzug", den Bush zu Beginn proklamiert hatte, rückte er rasch wieder ab. Weil der „globale Krieg gegen Terrorismus" gleichfalls zu negativ klang, machten die PR-Strategen daraus den

Hilfe vom Himmel: Kämpfer der Nordallianz im Norden Afghanistans beobachten US-Luftschläge gegen die Taliban, 2001.

positiven „Großen Krieg für Demokratie". Aber auch dieses Schlagwort erwies sich als untauglich. Denn die Guten in diesem Krieg, die mit den USA verbündeten Herrscher der islamischen Welt, sind nicht demokratisch legitimiert. Die demokratisch gewählten Kräfte wie die palästinensische Hamas oder die libanesische Hisbollah gelten hingegen nicht als gut. Als jüngstes Feindbild wurde der „islamische Faschismus" kreiert – unbestimmt, unscharf, sachlich nicht begründbar, wahrscheinlich nicht auszurotten, aber wenigstens deutlich in der moralischen Abwertung. Faschismus ist wie die „Achse des Bösen", eine Teufelsmacht, mit deren Vertretern die ehrenwerten Leute nicht sprechen. Der verweigerte Dialog schließt freilich jede Problemlösung aus. Sogar über Waffenstillstand und zeitweiliges Arrangement lässt sich dann nur heimlich verhandeln. Wer Konflikte regeln will, muss mit der anderen Seite reden, nicht nur mit Gleichgesinnten: in Palästina mit der Hamas, über den Libanon mit der Hisbollah, über Iran mit Iran.

Ob aus den gegenwärtigen Konflikten mit niederer Intensität ein Weltkrieg der Werte wird, der von Samuel Huntington prophezeite Zusammenprall der Zivilisationen, ist trotz allem noch nicht sicher. Gleichwohl sieht es mindestens Aiman al-Sawahiri so, bin Ladens rechte Hand: „Der Westen unter Führung der USA versteht die Sprache der Ethik, der Moral, legitimer Rechte nicht", schreibt er. „Sie verstehen nur die Sprache nationaler Interessen, gestützt von roher militärischer Kraft. Wenn wir einen Dialog wollen, müssen wir deshalb mit ihnen in der Sprache reden, die sie verstehen." Spiegelbildlich dazu urteilt der britische Premier Tony Blair. Für ihn gibt es „nicht einen Zusammenstoß der Zivilisationen, sondern einen Zusammenstoß über Zivilisation, den uralten Kampf zwischen Fortschritt und Reaktion, ein Kampf, den wir gewinnen müssen".

Als das World Trade Center zusammenfiel, waren die USA die einzige Supermacht. Ihren neuen Status als Sieger nach dem Zusammenbruch der Sowjetunion hat der ehemalige französische Außenminister Hubert Védrine treffender als „Hypermacht" beschrieben. Für seine Rüstung gibt Amerika mehr aus als sämtliche anderen Länder der Erde zusammen, und dies obwohl es keinen weltpolitischen Rivalen Amerikas mehr gibt. Rund um die Welt unterhalten die USA offiziell 729 Militärbasen, geheime Anlagen nicht eingerechnet. Es gibt keinen Feind mehr, der mit dem großen Stock eingeschüchtert werden müsste. Die Besorgnis über iranische Fernraketen mit Atomsprengköpfen ist genauso synthetisch wie einst die Kriegshysterie wegen angeblicher Massenvernichtungswaffen des Irakers Saddam Hussein.

Nicht nur in den islamischen Ländern wächst das Missbehagen an der amerikanischen Übermacht, die beinahe nach Belieben handeln kann. In Europa sprechen die Franzosen am vernehmbarsten von einer „multipolaren" Welt, ohne die sie sich die Zukunft nicht vorstellen mögen. Auch bei anderen Europäern wird früher oder später die Erkenntnis reifen, dass sie seit eineinhalb Jahrzehnten auf einem befriedeten Kontinent leben, ohne Sowjetunion. Europa ist in dieser Lage für Amerika wichtiger geworden als Amerika für

Europa. Nicht oberlehrerhaftes Auftrumpfen ist gefragt, sondern höflicher, aber beharrlicher Widerstand gegen weitere militärische Unternehmen. Das internationale Gewicht Chinas und Indiens und ihr Wirtschaftspotenzial nehmen schnell zu, das nationale Selbstbewusstsein Russlands erholt sich wieder. Möglicherweise liegt das Jahrhundert Amerikas nicht vor uns, sondern hat schon von 1945 bis zum Jahr 2000 stattgefunden.

In der islamischen Welt leben nicht überwiegend irrationale Desperados, sondern normale Menschen, die in Sicherheit und Wohlstand leben wollen. In einer Reihe von Ländern sind es gerade die großen gemäßigt islamistischen Bewegungen, die für freie Wahlen und für eine Form von Pluralismus eintreten, der sich mit ihrer Kultur verträgt. Der Westen verliert bei jenen Völkern sein Ansehen und bringt sich um jede Chance einer haltbaren Lösung, wenn er weiter die Partei korrupter Autokraten ergreift. Wer konsequent das Gespräch verweigert, begibt sich zudem in die Gefahr, dass man ihm andere Absichten als den Frieden unterstellt.

Keine äußere Macht bedroht heute Amerika. Es hat sich aber am 11. September 2001 und danach gezeigt, dass sein Riesenarsenal gegen den einzigen wirklich gefährlichen Feind wirkungslos ist, der durch die Hintertür kommt: den Terrorismus. Moskitos lassen sich nicht mit dem Presslufthammer bekämpfen, Raketen nicht auf E-Mail-Adressen richten. Viele Attentatspläne können durch Geheimdienste entschärft werden. Gegen das Risiko, dass andere Anschläge gelingen, ist dennoch weder Amerika noch Europa gefeit.

Erschienen am 8. September 2006

WAHRHEIT IN DER WÜSTE

2006
*Wie sich die Regierungen im Nahen Osten zu Meistern
der Desinformation entwickelt haben*

A rabische Kollegen nannten ihn „Bad News Ali". Eigentlich hatte der saudi-arabische Informationsminister Ali al-Schaer diesen Namen nicht verdient. Denn wenn er den Journalisten überhaupt Nachrichten über sein Königreich anbot, dann waren es positive, die – gelinde gesagt – zur Realität in einem ungezwungenen Verhältnis standen. Den Spitznamen hatte der Minister, derselten lächelte, seiner Lektüre von Zeitungen aus den arabischen Bruderländern zu danken, die er eilig nach negativen Darstellungen Saudi-Arabiens durchsuchte – um entsprechend darauf zu reagieren.

Dann gab es „Comical Ali". So tauften Korrespondenten den irakischen Informationsminister Said al-Sahaf. Es war eine Anspielung auf den sinistren Ali Hassan al-Madschid, den jeder als skrupellosen Helfer von Saddam Hussein kannte und fürchtete. Er hatte 1987 im Norden des Irak die mörderische Giftgasoffensive gegen die Kurden geführt. Im Gegensatz zu dieser finsteren Figur tat Comical Ali niemandem weh. Er sorgte nur für Heiterkeit, wenn er während des US-Vormarsches im Irak auf seinen täglichen Pressekonferenzen skurrilen Blödsinn als Desinformation zu verkaufen suchte. So sagte er bei seinem letzten Auftritt, als die Panzer des Feindes schon auf der anderen Seite seines Ministeriums vorfuhren: „Es gibt keine amerikanischen Ungläubigen in Bagdad, niemals!" Comical Ali wurde von den Amerikanern gefangen genommen, aber bald freigelassen. Mit einem Lächeln zu lügen, ist für Regierungssprecher kein Verbrechen.

In einer Weltgegend, in der die Nachrichtenquellen so sparsam fließen wie Brunnen in der Wüste, können es sich Journalisten nicht leisten, auch nur auf einen einzigen Schluck zu verzichten, der Wahrheit, Halbwahrheit oder glatte Lüge enthalten kann. Für sie gilt das Sprichwort: „Sag nie, aus dieser Quelle werde ich nie trinken!" In den meisten Fällen ist Propaganda leicht zu durchschauen. Aber es ist ein Fluch dieses Gewerbes, dass die Medien die offizielle Version selbst dann weitergeben, wenn sie nicht die Mittel haben, diesen Inhalt zu hinterfragen. Um irreführende Darstellungen kritisch zu durchleuchten, fehlt oft die Zeit und noch öfter die Kenntnis des Hintergrunds.

Der Nahe Osten ist besonders reich an Beispielen für Desinformation. Als die Iraker 1991 Kuwait überfielen, sah die ganze Welt eine weinende Krankenschwester – sie schilderte vor den Kameras, wie die brutalen Soldaten Saddam Husseins kuwaitische Säuglinge aus den Brutkästen geworfen hätten, um die modernen Geräte nach Bagdad zu verfrachten. Erst viel später stellte sich heraus, dass die angebliche Schwester eine Tochter des kuwaitischen Botschafters in Washington war. Ihren Auftritt hatte eine PR-Firma in den USA produziert.

Nichts hat sich geändert. Das aktuelle Geschehen im Irak, in Palästina und im Libanon bringt täglich Meldungen hervor, die manipulationsverdächtig sind. Aber sie sind zu frisch, um auf ihren Gehalt abgeklopft zu werden. Besser illustrieren deshalb historische Fälle die regierungsamtliche Misshandlung der Wahrheit, zumal einige der Akteure – Israel und die Araber – noch dieselben sind. Wer arabische Sender eingeschaltet hatte, hörte am 5. Juni 1967 Triumphmärsche, unterbrochen von Bulletins, wonach sich die ägyptische Armee in raschem Vormarsch auf dem Sinai befand. Niemand sagte, dass Israels Kampfflugzeuge schon in der ersten Stunde des Sechstagekriegs die arabischen Luftwaffen am Boden zerstört hatten und der Konflikt damit entschieden war: Die Araber logen, um ihre Niederlage noch ein paar Tage zu verschleiern, die Israelis logen, weil sie nicht zugeben wollten, dass sie den Erstschlag geführt hatten.

Aber nicht nur in der Heimat der Erzählungen aus Tausendundeiner Nacht werden Fakten arrangiert oder frei erfunden. Die Sowjets waren Altmeister in diesen Disziplinen. In Afrika wird zwei Jahrzehnte danach immer noch fest an die KGB-Dichtung geglaubt, die CIA habe das Aids-Virus gezüchtet und verbreitet. Selbst renommierte Zeitungen sind nicht dagegen gefeit, zu glauben, was Sieger an Ort und Stelle erzählen. Das berüchtigtste Exempel: Als die Roten Khmer im April 1975 Phnom Penh besetzt hatten, meldete *Le Monde*: „Die Stadt ist befreit" oder „Kambodscha wird demokratisch sein, alle Freiheiten werden respektiert, der Buddhismus bleibt Staatsreligion". Über die Massendeportation der Bevölkerung schrieb die Zeitung, die Stadt werde geleert, „um eine Höchstzahl an Bürgern zur Feldarbeit zu bringen".

Das erste Opfer jedes Krieges ist bekanntlich die Wahrheit, dicht gefolgt an zweiter Stelle von der Sprache. Vielfach entrichten Medien dabei freiwillig ihre Quellensteuer. Der gegenwärtige Krieg im Libanon begann vor einem Monat, als die radikal-islamische Hisbollah zwei israelische Soldaten in ihre Gewalt brachte. Im Laufe ihrer Repressalien unternahmen die Israelis letzte Woche eine Luftlandeoperation im nordlibanesischen Baalbek, unter anderem – so die ZDF-Abendnachrichten – um sechs Terroristen zu „verhaften". Hisbollah und Hamas „entführen", die Israelis „verhaften" – ob ein Drittel des palästinensischen Kabinetts, Dutzende von Abgeordneten oder den Parlamentspräsidenten. Aus Luftangriffen werden „chirurgische Schläge", aus Todes-Schwadronen „Elite-Formationen", aus Mord „gezielte Tötung". Wären die Folgen nicht so furchtbar, könnte man sich darüber amüsieren, dass Manipulatoren gelegentlich auf ihre eigenen Tricks hereinfallen und aus vergifteten Quellen trinken. So hatte die Spitze der US-Regierung dem Exil-Iraker Ahmad Tschalabi geglaubt und seinen „Nationalrat" ab 1989 mit 100 Millionen Dollar subventioniert, erst für einen Kurden-Aufstand, aus dem nichts wurde, dann in der Hoffnung auf den begeisterten Empfang der US-Truppen im Irak, den Tschalabi versprach.

Auch die *New York Times* und die *Washington Post* nahmen gierig und ohne viele Gegenrecherchen erfundene Enthüllungen über Massenvernichtungswaffen auf, die Tschalabis falsche Deserteure aus Saddams Reich ihnen präsentierten. So wurden die berühmten Aluminiumröhren, angeblich für Zentrifugen zur Uran-Anreicherung bestimmt, zwar von Technikern sofort als ungeeignet für diesen Zweck erkannt. Dennoch wurden sie zu Argumenten, die Condoleezza Rice, damals Sicherheitsberaterin des Präsidenten, Außenminister Colin Powell und Vizepräsident Dick Cheney öffentlich gebrauchten. Als ruchbar wurde, dass sich Tschalabi, ebenso geschäftstüchtig wie kriegslustig, noch acht weiteren westlichen Geheimdiensten angeboten und Iran US-Geheimnisse verraten hatte, fiel er in Ungnade. Aber da hatten die Waffen längst gesprochen. Die Kriegsgründe waren falsch, der Krieg echt.

Lügen haben lange Beine. Laut einer Umfrage, welche die *New York Times* 2006 veröffentlichte, glauben 50 Prozent aller Amerikaner noch immer, Saddam habe bei Kriegsausbruch Massenvernichtungswaffen besessen. Zwei Drittel sind davon überzeugt, der irakische Diktator habe enge Beziehungen zu al-Qaida unterhalten – obwohl auch diese Propaganda-These längst widerlegt ist. Selbst in der Natur fließen viele Quellen nicht mehr frei. Sie werden eingefasst, ihr Wasser wird gespeichert, in Röhren gezwängt, verteilt, rationiert. Doch nur an den Ursprüngen des Nachrichtenflusses können Quellen die Substanz formen oder sogar synthetisch herstellen. „Menschen urteilen lieber mit den Augen als mit den Händen", schrieb Machiavelli vor 500 Jahren, „sehen kann jeder, abtasten dürfen nur wenige." Was das Publikum zu sehen oder zu lesen bekommt, hängt freilich von der Präsenz von Kameras und Reportern ab, unter den autoritären Regimen des Nahen Ostens von Visa, Akkreditierung, Reisegenehmigung, Dreherlaubnis, Arbeitshindernissen aller Art. Überall auf Erden thematisieren die Medien automatisch, was führende Staatsmänner mit echter oder vorgetäuschter Autorität offenbaren, urteilen und meinen – bis hin zur Übernahme des offiziellen Vokabulars durch Zeitungen und Fernsehen.

Ohne davon viel Aufhebens zu machen, subventioniert die Londoner Regierung Satelliten-Nachrichten und Features, welche die Firma British Satellite News fast 200 Fernsehsendern in aller Welt gratis zur Verfügung stellt. Wer gern kritischer Zuschauer wäre, hat davon keine Ahnung. Vietnam war der letzte Krieg, den die Medien weitgehend nach eigenen Erkenntnissen darstellen konnten. Die Vertreter des Militärs haben ihre Lektion gelernt: Heute berichten „eingebettete Journalisten" – ein neues Wort aus dem Irak-Feldzug – zwangsläufig mit militärischen Scheuklappen. Sie sehen das Geschehen durch das Visier des Schützen, nicht mit den Augen des Getroffenen.

Erschienen am 10. August 2006

Gesten der Versöhnung: Juden versammeln sich vor der nach langer Zeit wieder neu eröffneten Synagoge in Ägyptens Hauptstadt Kairo, 2005.

JUDEN IN ARABIEN

1969

*Die Politik macht aus einer tolerierten Minderheit
feindliche Ausländer*

S ie sind etwa achtzig. Vom Zuchthaus Turah am Nil können
sie die Steinbrüche in den Bergen am Rande der Östlichen
Wüste sehen, in denen nach der Legende ihre Vorfahren vor
Jahrtausenden den Pharaonen die Blöcke zum Bau der Pyramiden
brechen mussten. Sie sind ägyptische Juden, sämtlich Männer im
wehrpflichtigen Alter, die wie 400 andere ihrer Glaubensgenossen,
die Verwandte ersten Grades in Israel hatten, im Juni 1967 verhaftet wurden, als die feindlichen Truppen sich dem Niltal auf 120
Kilometer näherten. Die meisten wurden allmählich entlassen,
wanderten aus, soweit sie staatenlos waren oder neben der ägyptischen eine andere Staatsangehörigkeit nachweisen konnten, oder
kehrten zu ihren Familien zurück. Die letzten achtzig plagen sich
mit der Kargheit, der Härte und dem Stumpfsinn des orientalischen Gefängnislebens, das für Häftlinge aller Konfessionen das
gleiche ist, und haben, um sich zu trösten, nur den regelmäßigen
Besuch ihrer Familie, Lebensmittelpakete und Tischtennis. Gestorben ist von den jüdischen Internierten Ägyptens seit 1967 nur
einer: an Krankheit.

Die jüdische Gemeinde Ägyptens, einst wohlhabend und geach-
tet, ist von mehr als 100 000 Menschen in den Dreißigerjahren auf
etwa 1500 zusammengeschrumpft, die fast alle in Kairo und Alexandrien leben. Ausnahmegesetze gegen die ägyptischen Juden gibt
es nicht. Sie werden mit 18 Jahren zum Militär eingezogen, wenn sie
nicht als Risiko für die Sicherheit oder aus anderen Gründen befreit
sind. Ihr Glaube ist in der Kennkarte vermerkt, aber das ist — wie
überall im Orient – auch bei Moslems und Christen der Fall. Es gibt
noch eine jüdische Schule in Kairo und eine in Alexandrien, aber

mindestens die erstere nimmt auch koptische und muslimische Schüler auf, weil es nicht mehr genug Kinder israelitischen Glaubens gibt.

Kairos größte Synagoge liegt in der eleganten Adli-Pascha-Straße im Geschäfts- und Bankenviertel des Zentrums. An ihren verstaubten grauen Mauern kleben Plakate der „Asifa" und anderer arabischer Partisanenorganisationen, aber in den 20 Jahren des arabisch-israelischen Konflikts ist noch niemand auf den Gedanken gekommen, die Fenster einzuwerfen oder die deutlich sichtbaren Davidsterne zu demolieren. Am Vorabend jedes Sabbath gehen die Lichter zum Gottesdienst an, und bis zum Krieg ordnete Präsident Nasser zu hohen Festen einen Vertreter ab. Die berühmteste Synagoge der Stadt liegt in Alt-Kairo, benannt nach dem Oberrabbiner Abraham Ibn Esra, der sie im Jahre 1115 den Christen abkaufte, weil er an der Stelle der ehemaligen Kirche Kultstätten der Propheten Moses und Jeremias vermutete. Im Schatten von 29 Moscheen und 20 Kirchen leben um die Ibn-Esra-Synagoge noch immer einige Dutzend jüdischer Familien und in einer vorbildlichen Armensiedlung einige Alte, die von der Gemeinde unterhalten werden.

Über dem Schreibtisch von Oberrabbiner Chaim Douek, der gegenwärtig den jüdischen Gemeinden Ägyptens vorsteht, hängt ein Bild Gamal Abd el Nassers, an der Wand gegenüber eine Abbildung der Gesetzestafeln. „Wir können unsere Gottesdienste regelmäßig halten", sagt der Rabbiner. „Es gibt keine Einmischung der Behörden. Unsere Synagogen waren niemals geschlossen und niemand hat uns je gehindert, Gott nach unserem Glauben anzubeten, unsere Feste zu feiern oder Ehen zu schließen." Politischen Fragen weicht Douek, der in der prekären Lage seiner Gemeinden vor allem auf deren Wohl bedacht sein muss, aus. „Ich interessiere mich für geistliche und menschliche Fragen. Ich kann Ihnen nur sagen, dass die orientalischen Juden sich nicht für Politik, für den Zionismus oder für Israel interessiert haben. Gerade der politische Charakter des Zionismus hat Unglück und Leid über die Juden des Orients gebracht. Es gab in Ägypten nie eine Judenfrage, bis der Zionismus kam. Die Juden hatten seit 2000 Jahren in Ägypten gelebt. Es gab Juden in jeder Stadt und in jedem größeren Ort."

Das Bild offizieller Korrektheit, das der Oberrabbiner zeichnet, wird von den wenigen Juden, die heute in Kairo für Ausländer ansprechbar sind, durch düsterere Töne ergänzt: Sie sind zum großen Teil immer noch wohlhabend, sie sind in ihren Geschäften wenig behindert, es gibt keine Verfolgung. Aber fast alle sind durch die jahrelange Anspannung dauernder Hellhörigkeit, auf das was kommen mag, ermüdet; einige sind so eingeschüchtert, dass sie es vermeiden auszugehen, wenn es nicht sein muss, obwohl ihnen nichts passiert, wenn sie es tun; keiner sieht für sich in seiner ägyptischen Heimat noch eine Zukunft. Trotzdem wäre nichts falscher, als den Alltag der ägyptischen Juden in Begriffen osteuropäischer Pogrome oder gar Hitlerscher Ausrottungspolitik zu sehen.

Den 6000 libanesischen Juden geht es besser. Keiner von ihnen war je aus politischen Gründen in Haft, und die rot-weiß-rote Zedernfahne, die zu jedem Fest auf der Beiruter Synagoge gehisst wird, soll aller Welt demonstrieren, dass sie sich als libanesische Staatsbürger mosaischen Glaubens fühlen. Um die Synagoge gibt es einige Gassen von Handwerkern und kleinen Geschäftsleuten, deren Eingänge in jeder Krise von libanesischer Gendarmerie besetzt werden: um die jüdischen Mitbürger zu schützen, falls es zu Demonstrationen käme, nicht um sie zu behindern. Die Vorsichtsmaßnahme hat sich nie als notwendig erwiesen. Im Gemeindehaus neben der Synagoge hat sich seit dem Sechstagekrieg ein Kommissar einquartiert, der den Schutz koordiniert und nachlässig überwacht. Die Stellung der Juden im libanesischen Wirtschaftsleben ist stark. Kaum einer unter ihnen ist bedürftig. Hausmeister, Lastträger und Straßenkehrer in Beiruts jüdischem Viertel sind Kurden und Araber. Viele Beiruter Juden ziehen es vor, nicht im Umkreis der Synagoge zu leben, und es wäre kein muslimischer oder christlicher Hausbesitzer vorstellbar, der sich weigern würde, an Juden zu vermieten. Will ein libanesischer Jude ins Ausland reisen, so kann er auch das, so lange nicht die Vermutung besteht, dass er zeitweise oder für immer nach Israel möchte.

Schlechter als ihren ägyptischen Glaubensgenossen geht es den 2300 irakischen Juden, die von einer 2500 Jahre alten und bis zur Gründung Israels 125 000 Mitglieder zählenden Gemeinde übriggeblieben sind. Sie durften bis vor kurzem nicht über ihren Haus- und Grundbesitz verfügen und ohne besondere Genehmigung auch nicht über andere Vermögenseinkünfte von mehr als 100 Dinar (1120 Mark) im Monat. Entsprechende Gesetze wurden vor einigen

Wochen aufgehoben. Sie dürfen seit einigen Jahren kein Geschäft betreiben, keine gehobenen Stellungen ausfüllen und nicht beim Staat arbeiten. Das steht nicht im Gesetz, aber es ist so. Synagoge und jüdische Schule Bagdads sind weiter geöffnet, und der Hinrichtung von neun Juden wegen Spionage im Januar sind keine weiteren Exekutionen von Juden mehr gefolgt. Es erwies sich in der Folgezeit, dass die als Agentenkampagne geführte politische Einschüchterung gegen alle potentiellen Gegner des Baath-Regimes gerichtet war. Die Bagdader Juden, die in der Mehrzahl nichts mehr zu tun haben und für sich im Irak keine Chance mehr sehen, besuchen scharenweise die Sprachkurse ausländischer Kulturinstitute und hoffen auf Auswanderung: Kaum einer von ihnen will übrigens nach Israel. Wie neun Zehntel der 130 000 algerischen Juden, die nach der Unabhängigkeit ihre Heimat verließen, streben sie nach Westeuropa und nach Übersee.

Keine besonderen Probleme haben die syrischen Juden, deren Zahl noch auf einige Tausend geschätzt wird. Das Damaszener Baath-Regime, im Prinzip laizistisch, verordnet keine Diskriminierung und treibt gleich den anderen arabischen Regierungen keine antisemitische Propaganda, tut aber auch nichts, um die Juden aus ihrer Vereinsamung und dem Misstrauen, das sie auf vielen Seiten umgibt, zu befreien. Der jüdische Kultus ist in Damaskus unbehindert. Im Basar sind bestimmte Branchen der Metallbearbeitung wie seit Menschengedenken in den Händen jüdischer Handwerker.

In Jordanien, in Saudi-Arabien und in Kuweit gibt es keine Juden, in Aden höchstens noch einige Dutzend, am Persischen Golf, im Jemen und im Sudan nicht mehr als einige Hundert, in Libyen und Algerien wahrscheinlich noch mehrere Tausend. Größere jüdische Gemeinden haben in der arabischen Welt nur noch Marokko (85 000) und Tunesien (30 000). Von einer Dreiviertelmillion Juden, die einst in arabischen Ländern lebte, verließen rund 600 000 in den zwei Jahrzehnten sei der Gründung Israels ihre Heimat.

Sie wurden das Opfer einer Entwicklung, die ihre Wurzeln anderswo hat: Sowohl Antisemitismus als auch die Reaktion darauf, politischer Zionismus, sind Produkte Europas. Die islamisch-arabische Kultur kannte kein Nationalgefühl und der Gedanke von der Ungleichheit menschlicher Rassen war ihr fremd. An den maurischen Höfen Spaniens und im Bagdad der Kalifen erlebte die jüdische Zivilisation ihre erste Blüte seit dem Zerfall des Reiches Salomos. Vor den Scheiterhaufen des mittelalterlichen Europa flüchteten die Juden zu Zehntausenden unter den Schutz des türkischen Sultans, in dessen pluralistischer Gesellschaft ethnische und religiöse Volksgruppen jeder Herkunft zusammenleben konnten: Moslems und Orthodoxe, Kurden und Araber, Türken und Juden, Drusen und Lateiner, Kopten und Armenier. Die orientalischen Juden – hier stellt Oberrabbiner Douek eine historische Wahrheit fest, die sich hundertfach belegen lässt – hatten deshalb in ihrer überwiegenden Mehrheit mit dem Zionismus nichts im Sinn.

Der arabische Orient hat es, im Grunde genommen, bis heute nicht zu einem lupenreinen Nationalgefühl gebracht, und das Denken in völkischen Kategorien fällt selbst Patrioten noch schwer. Man kann noch immer jahrelang unter Arabern leben, ohne bei aller vordergründigen Animosität und Polemik gegen Israel eine einzige jener in der Substanz antisemitischen Äußerungen zu hören wie sie Europa aber auch Persien und Afghanistan geläufig sind. Es ist die Tragik der in Arabien zurückgebliebenen Juden, dass sie durch eine rein politische Entwicklung von einer religiösen Minderheit zu feindlichen Ausländern geworden sind.

Erschienen am 21. August 1969

CHRISTEN IM ORIENT

2014
Die einst große Gruppe erlebt einen
historischen Niedergang

An einem Frühlingstag des Jahres 578 brachen zwei orthodoxe Mönche, Johannes Moschos und sein Schüler Sophronius, vom Theodosius-Kloster bei Bethlehem zu einer langen Reise auf. Sie führte in Gebiete, die heute Türkei, Syrien, Libanon, Jordanien, Israel, Palästina und Ägypten heißen. Damals, ein halbes Jahrhundert vor der Verkündung des Islam, waren sie als Kernlande der östlichen Christenheit Teil des byzantinischen Reiches. Der schottische Essayist und Historiker William Dalrymple folgte vor 20 Jahren dieser Reiseroute, von Kloster zu Kloster, und fand fast überall noch lebendige oder bedrohte Bruchstücke des Erbes der orientalischen Christen.

Er täte sich heute viel schwerer. Durch Kriege und Bürgerkriege, den radikalen Islam und Nationalismus, durch konfessionelle Hetze sind die Orient-Christen fast überall bedroht. Die Zahlen sprechen für sich: Im Irak lebten vor dem ersten Golfkrieg 1,5 Millionen Christen. Eine Million sind seither ausgewandert. In Syrien waren die 2,5 Millionen Christen in ruhigen Zeiten zehn Prozent der Bevölkerung. Eine halbe Million ist ins Ausland geflohen. Sogar aus Ägypten, wo die Kopten mit zehn bis fünfzehn Prozent des Volkes als anerkannte Minderheit leben, sind 200 000 seit der Revolution von 2011 abgewandert. In Libanon, wo Christen einst in der Mehrheit waren, werden sie derzeit auf ein Drittel geschätzt. 1,8 Millionen Christen, vor allem katholische Maroniten, sind emigriert. Von den christlichen Palästinensern in Gaza sind nur 1400 Seelen geblieben. Ein französischer Kirchenmann, der jüngst die Region bereiste, befürchtet für die Zukunft einen „christenreinen Orient". Demografen rechnen aus, dass die Zahl der Christen im Nahen Osten von derzeit zwölf Millionen bis 2020 auf die Hälfte geschrumpft sein könnte.

Die Welt schreit auf, wenn die Fanatiker des Islamischen Staats Christen oder andere Minderheiten massakrieren und vertreiben. In Mossul, der zweitgrößten Stadt des Irak, haben sich nur vier christliche Familien dem Zwang gebeugt, zum Islam zu konvertieren. Sie waren zu alt, um wegzulaufen. Dort wie in der ganzen nordirakischen Provinz Ninive sind die Kirchen zerstört, die Gläubigen geflohen. Am Rand von Mossul haben die Banden des falschen Kalifen auch die Grabmoschee des Jonas in die Luft gesprengt. Sie wurde von allen Konfessionen verehrt, denn auch die Evangelisten Matthäus und Lukas berichten, dass Jonas die Stadt von allem Übel befreit habe. Von Eiferern, denen selbst das in der Moschee bewahrte Skelett des Walfischs von Jonas eine Verleitung zur Ketzerei bedeutet, konnten die Christen nichts Gutes erwarten. Doch nicht das Pogrom ist für ihre Glaubensgemeinschaften die große Gefahr, sondern die Auszehrung ihres Ansehens. Nicht mehr vorstellbar ist, dass unter dem Diktator Saddam Hussein der Christ Tarek Aziz zweiter Mann im Staat sein konnte. Ebenso wenig würde der Kopte Boutros Boutros-Ghali, langjähriger De-facto-Außenminister Ägyptens, in die Gegenwart passen. Dass die arabische Sprache Ende des 19. Jahrhunderts in Beirut und Damaskus von Christen erneuert wurde, dass sie die arabische Presse schufen, ist Nationalisten kaum mehr bewusst. Der Christ Michel Aflak als Gründer der panarabischen Baath-Partei – Vergangenheit.

Arabische Diktatoren waren gut für die Christen. Die Armee des Syrers Baschar al-Assad brauchte nicht erst die von Revolutionären drangsalierte christliche Bergstadt Maalula zu befreien, die stolz auf ihre aramäische Sprache aus der Zeit Christi ist, um Orthodoxe und Katholiken für sich zu gewinnen. Sein proklamierter Laizismus behagte ihnen von Anfang an besser als die widersprüchlichen Parolen der Opposition. Fast alle orientalischen Kirchenfürsten stehen an Assads Seite. In Kairo konnten die Kopten unter den Präsidenten Sadat und Mubarak eine neue Kathedrale bauen. Heute ist nicht einmal ein Zehntel der fünf Dutzend Kirchen repariert, die der Mob im vergangenen Jahr demolierte. Es war für die Kopten nicht günstig, dass ihr Papst Tawadros sich sofort an die Seite des Putsch-Generals al-Sisi stellte, der die Muslimbrüder verfolgt.

In der Zeit der kolonialen Durchdringung des Nahen Ostens durch westliche Mächte standen die einheimischen Christen im latenten Verdacht, eine fünfte Kolonne der abendländischen Glaubensbrüder zu sein. Doch das hat ihre Stellung in den meisten Ländern damals kaum beeinträchtigt. Denn auch Muslime, vor allem aus der Oberschicht, stellten sich den neuen Herren zur Verfügung. Dass der Orient schon christlich und zivilisiert war, als große Teile Westeuropas von der Kirche noch als Missionsland gesehen wurde, war allen Gebildeten klar. Wenn Christen heute von Nationalisten, Revolutionären und vor allem Islamisten als Stützen autoritärer Regime gesehen werden, ist dieser populistische Verdacht gefährlicher als die Altlasten.

In der Türkei, wo in der Antike die ersten Konzile tagten, trifft Papst Franziskus bei seinem Besuch noch auf 100 000 Christen. Vor genau einem Jahrhundert, bei der letzten Volkszählung, war ein Viertel der Untertanen des Sultans christlich. Die Armenier im Osten des Reiches wurden vom Sultan gern „seine treuesten Untertanen" genannt. Doch das schützte sie nicht vor Massakern und Drangsalierung. Wenn der Besuch des Papstes in der Hagia Sophia verhindert, dass aus dem Museum wieder eine Moschee wird, ist schon viel gewonnen. Das Abendrot für ein Jahrtausend der selbstverständlichen Toleranz, der Symbiose zwischen Muslimen und Christen will nicht weichen.

Es gibt gleichwohl einen katholischen Priester, der es nicht gern hat, wenn man ihn „Bischof von Mekka" nennt: Monsignore Ballin vertritt den Papst auf der Arabischen Halbinsel, wo allein in Saudi-Arabien 1,5 Millionen Katholiken leben, vorwiegend Gastarbeiter aus Asien. An Gottesdienste oder Christbäume ist im Königreich der Wahhabiten allenfalls im Inneren westlicher Botschaften zu denken. In der Islamischen Republik Iran bleiben die etwa 100 000 Armenier und Assyro-Chaldäer hingegen unbehelligt. Ihnen stehen sogar drei Abgeordnete im Parlament zu. Das Requiem für die Orient-Christen wird noch nicht überall gespielt.

Erschienen am 29. November 2014

MENSCHENRECHTE, MENSCHENPFLICHTEN

1999

*Auf dem Weg zu einer ethisch und politisch verpflichtenden
Weltordnung im 21. Jahrhundert*

Es steht geschrieben:„Du sollst, du sollst nicht"; die Bibel, der
Koran, die anderen heiligen Bücher der Menschheit sind voll
von Geboten, Verboten und Drohungen mit Verdammnis,
schlechter Reinkarnation oder anderen Strafen. Nur selten, falls
überhaupt je, heißt es „du darfst". Wenn dem Menschen etwas
zugestanden wird, dann ist es Gnade oder der Lohn für den steilen Anstieg auf dem dornigen Pfad der Tugend. „Wer einen Brah-
manen an seinem Vermögen schädigt, wird 80 000 Jahre lang als
Wurm wiedergeboren" lautet eine Spruchweisheit südindischer
Hindus, die den Schreckensbildern von Hölle und Fegefeuer in
nichts nachsteht.

Welche Pflichten dem Menschen auferlegt waren, wurde ihm
schon im Morgengrauen der Geschichte und ihrer Legenden gesagt. Dass er auch natürliche Rechte haben könnte im irdischen
Dasein, allein aufgrund seiner Geburt, hier und jetzt, darauf kam
man erst viel später. Zum Teil mit Elementen, die Renaissance und
Humanismus geliefert hatten, errichtete die Aufklärung daraus ein
Gedankengebäude, das sich in der amerikanischen Bill of Rights
und in der Menschenrechtserklärung der Präambel zur französischen Verfassung von 1791 niederschlug: damals klar, verständlich, mit sauberem Pathos, ohne den verbalen Schwulst, auf den die
Verfasser späterer Deklarationen nicht verzichten können.

Gleichzeitig mit der Formulierung dieser Rechte sanken die
Pflichten im Kurs. Mindestens sind chronologische Zusammenhän-
ge nicht zu übersehen. „Ich brauche ehrliche Leute, die den Mut ha-

ben, mich an meine Pflicht zu erinnern", sprach ahnungsvoll Ludwig XVI. am Vorabend der Revolution. Montesquieu hatte schon früher gemerkt, weshalb es abwärts ging. „Wenn es in einem Reich mehr Vorteile bringt, zu hofieren, als seine Pflicht zu tun, ist alles verloren", kann man in seinen nachgelassenen Gedanken lesen. Für Richelieu war die heraufsteigende Gefahr, dass die Pflicht eines Tages vom Anspruchsdenken unterspült werden könnte, sogar so groß, dass er die Warnung in sein Politisches Testament aufnahm: „Wenn es den Völkern zu gut ginge, dann würde es unmöglich, sie in den Regeln ihrer Pflicht zu halten."

STAATLICHE SOUVERÄNITÄT

Die Blüte der Menschenrechte inspirierte Dichter und Komponisten seit dem ausgehenden 18. Jahrhundert zu überschwänglichen Gesängen, die sich gut als Nationalhymnen eigneten. Aber noch während sie die ersten Strophen sangen, hätte den Berechtigten auffallen müssen, dass es für sie mit den Pflichten nicht vorbei war. Im Gegenteil. Eigentlich wurden es immer mehr. Die neuen Gesellschaften verlangten von ihren Bürgern Dinge, an welche die gerade gestürzten oder in ihrer Selbstherrlichkeit gestutzten Monarchen nie gedacht hätten. So war man plötzlich dank allgemeiner Wehrpflicht dazu gehalten, sich für das Vaterland erschießen zu lassen, wozu sich früher ein Söldner nur verpflichtet hatte, wenn er betrunken war oder wenn er das Handgeld unbedingt brauchte, vor allem jedoch, wenn er sich vor Gläubigern, der Polizei, beziehungsweise einem nicht ausreichend geliebten Frauenzimmer nur noch retten konnte, indem er rasch den bunten Rock anlegte.

Während die Unverletzlichkeit des Hauses und die Sicherheit des Eigentums von Anfang an zu den Menschenrechten gehörten, verordnen die Garanten solcher Rechte den Schutzbefohlenen konfiskatorische Steuern. Es macht modernen Demokratien gar nichts mehr aus, zwischen einem Drittel und der Hälfte des Bruttosozialprodukts zu kassieren oder den persönlichen Einkommensteuersatz über die Schmerzgrenze von 50 Prozent zu heben. Noch erstaunlicher ist, dass ihre Bürger dagegen nicht auf die Barrikaden gehen: Nirgendwo treten Generalstände zusammen, kein Bauernaufstand bricht los, allenfalls zünden schlecht gelaunte französische Landwirte irgendwo tief in der Provinz ein Finanzamt an.

Natürlich ist die Pflicht ein politisches Instrument, das sich in jede Richtung biegen lässt. „Ruhe ist die erste Bürgerpflicht", ließ der preußische Minister Wilhelm Graf von der Schulenburg an die Mauern Berlins plakatieren. Es war nach der verlorenen Schlacht von Jena 1806. Unruhe durch Infektion mit revolutionären Ideen aus Frankreich wäre in seinen Augen freilich noch schlimmer gewesen. „Der Hass ist eine nationale Pflicht", postulierte 1945 die *Humanité,* das Parteiblatt der französischen Kommunisten. Gemeint waren diesmal nicht speziell die Deutschen, sondern in erster Linie Kollaborateure oder alle, welche die KP zu solchen erklärte.

Der qualvolle Konflikt zwischen Pflichten, die einander ausschließen, hatte schon nach der Pariser Kommune Offenbachs Librettisten Ludovic Halévy zu dem Aufschrei veranlasst: „Ich kenne mich nicht mehr aus zwischen Aufständen, die eine Pflicht sind, und Aufständen, die ein Verbrechen sind." Er nahm eine Zwangslage vorweg, in die unser Jahrhundert viele Millionen brachte: Spanische Republikaner und Nationalisten, Kurden dreier Länder, Kolonisierte, denen nur die Wahl zwischen Massakern durch die Truppen ihrer Herren oder durch die jeweilige Befreiungsbewegung blieb, unfreiwillige Statisten bei der Entflechtung Jugoslawiens. Die Liste ist unvollständig. Nicht einmal die Groteske lassen die Erfinder kategorischer Imperative aus. Nach stalinistischem Vorbild erhob einmal der Kommunistenchef Frankreichs, Maurice Thorez, „die Pflicht zur Produktion zur höchsten Form des Klassenkampfes". Doch erst Jean-Paul Sartre fand die Synthese, als er an Präsident Valéry Giscard d'Estaing schrieb: „Das erste Menschenrecht ist die Pflicht bestimmter Leute, anderen dabei zu helfen, anständig zu leben."

Nachdem die UNO-Vollversammlung 1948 die Allgemeine Erklärung der Menschenrechte gebilligt hatte, bekundeten die meisten Staatsmänner ihren guten Vorsatz, wenigstens aus der zweiten Hälfte des Jahrhunderts noch etwas zu machen. Ehrlicher war der sowjetische Delegierte Andrej Wischinski, der die Deklaration „eine Sammlung frommer Sprüche" nannte. Dass er sich vom gefürchteten Ankläger der Moskauer Schauprozesse binnen eines Jahrzehnts in einen Humanisten verwandeln könnte, dafür gab es ohnehin keine Anzeichen. Doch auch die andere Seite hatte ihre Realpolitiker. Als man dem amerikanischen Präsidenten Franklin Roosevelt die übliche Unterstützung rechter Diktatoren durch die USA vorhielt, sagte er über einen lateinamerikanischen Protégé: „Er ist ein Hundesohn. Aber er ist unser Hundesohn." Seit 1948 wurden nicht weniger als 18 Resolutionen zum Menschenrechtskomplex gefasst, die jeweils von mehr oder weniger vielen Staaten unterzeichnet wurden. Die Europäische Menschenrechtskonvention ist darunter, zwei Konventionen für Frauenrechte, Dokumente über die Abschaffung der Sklaverei, zugunsten von Staatenlosen, Kindern, Flüchtlingen, gegen Folter, Rassendiskriminierung, zur Aufstellung der Kriegsverbrecher-Gerichtshöfe für Ruanda und Ex-Jugoslawien.

Wurde dadurch etwas erreicht? Die Antwort ist von verschiedenen Kriterien abhängig. Den Opfern des Gulag, der chinesischen Kulturrevolution, des Genozids in den Reisfeldern Kambodschas und vielen anderen, die in den namenlosen Gräbern der Erde verschwanden, halfen hochmögende Worte gar nichts. Schändlicherweise blieb die internationale Missbilligung, aus politischen Motiven, in der Regel selektiv. Über Jahrzehnte hinweg waren Israel, Südafrika und allenfalls Chile die bevorzugten Prügelknaben der Völkergemeinschaft. Dem kam der Umstand entgegen, dass schon die Charta von 1948 umfassend bis zur Unverbindlichkeit formuliert war. So enthält ihr Artikel 24 den bezahlten Urlaub als menschliches Grundrecht. Dass die Kriegführung durch die Verabschiedung der diversen Konventionen humaner wurde, wird gleichfalls niemand behaupten. In den Konflikten der neueren Geschichte war die Zahl ziviler Opfer, verglichen mit militärischen Verlusten, marginal. In den zahlreichen Kriegen seit 1950 kamen immer weit mehr Zivilisten als Soldaten ums Leben.

Aber etwas anderes hat sich geändert. Einst intervenierten Großmächte in anderen Staaten nur, um eigene Bürger zu schützen. Davon abgesehen galt die Regel, dass Staaten mit ihren Bürgern umgehen konnten wie sie wollten, solange sie ihr Territorium unter Kontrolle hatten. Nun zeichnet sich so etwas wie ein Recht der Einmischung aus humanitären Gründen ab, eine moralische Interventionspflicht. Auch diese war bereits auf dem besten Weg, zum Ritual zu verblassen. Zum Programm eines westlichen Staatsgastes in China – entsprechendes gilt für andere Länder mit zweifelhafter

Menschenrechtsbilanz – gehörte ein Bankett, der Spaziergang auf der Großen Mauer, ein Besuch der Pekinger Oper und eine Ermahnung an die Gastgeber, ihre Dissidenten pfleglicher zu behandeln. Erst danach wurden Verträge unterzeichnet.

„WAHRHAFTIG ZU REDEN UND ZU HANDELN"

Somalia, Irak, Bosnien, Kosovo sind die Stationen, auf denen der qualitative Sprung von Litaneien hohler Proteste oder allenfalls halbherziger Sanktionen zur Tat vollzogen wurde. All diesen Fällen ist ein Schönheitsfehler gemeinsam: Die Menschenrechtsverletzer, gegen welche die internationale Gemeinschaft oder eine Gruppe westlicher Staaten vorging, waren sämtlich schwach, isoliert, ohne die Protektion durch eine Großmacht. Dass dies so ist, macht ein Blick auf vergleichbare Krisenherde deutlich: Tschetschenien, Tibet, das türkische Kurdistan, Algerien. Niemand bei gesundem Verstand möchte dort mittels Bomben und Raketen Menschenrechte einfordern. Die eigene Sicherheit, der Weltfrieden, oder beides hielten es nicht aus. Sogar am moralischen Wert regionaler Einmischung sind wieder Zweifel erlaubt, seitdem der Patient an der Operation zur Rettung des Kosovo zu sterben droht. Gerade während seiner letzten Monate erhöht sich für unser Jahrhundert auf dramatische Weise die Gefahr, als Ära der Unmenschlichkeit in die Geschichte einzugehen. Umso mehr Respekt verdienen Versuche, die Menschenrechte nochmals neu zu fassen und ihnen diesmal mehr Bedeutung zu geben, indem man sie mit „Menschenpflichten" verbindet. Wenigstens möchten die Urheber, nach allem, was geschehen ist, das kommende Jahrtausend mit reiner Seele betreten – gleichsam wie nach einer Beichte.

Gleich zwei solcher Appelle sind unternommen worden. Erst schlug im vergangenen Jahr ein „Internationaler Aktionsrat" den Vereinten Nationen eine „Allgemeine Erklärung der Menschenpflichten" vor. Ehrenvorsitzender des Rates ist Ex-Bundeskanzler Helmut Schmidt. Mitglieder sind neben vielen anderen der ehemalige französische Präsident Valéry Giscard d'Estaing, der einstige amerikanische Präsident Jimmy Carter, die früheren Regierungschefs Felipe Gonzales (Spanien), Franz Vranitzky (Österreich), Pierre Elliott Trudeau (Kanada), Schimon Peres (Israel) und Kiichi Miayazawa (Japan). Sie gehen in ihrem Text davon aus, dass „alleiniges

Bestehen auf Rechten" Konflikte, Spaltung und endlosen Streit zur Folge haben müsse, und dass „die Vernachlässigung der Menschenpflichten zu Gesetzlosigkeit und Chaos führen kann". Jedem einzelnen soll durch Annahme des Textes durch die Vollversammlung die Pflicht auferlegt werden, „alle Menschen menschlich zu behandeln". Die 19 Artikel der vorgeschlagenen Erklärung verlangen Achtung vor dem Leben, Ächtung des Völkermordes und des Terrorismus, Schutz auch für die Tiere und die Umwelt, speziell für Luft, Wasser und Boden im Interesse künftiger Generationen. Neu ist eine Pflicht, „wahrhaftig zu reden und zu handeln. Niemand, wie hoch oder mächtig auch immer, darf lügen".

PFLICHT ZUR INTERVENTION

Parallel dazu hat Anfang Mai ein Gremium von mehr als 70 Politikern, Diplomaten, Professoren, Intellektuellen, Journalisten und Künstlern Unesco-Generalsekretär Federico Mayor Zaragoza den Entwurf einer „Erklärung von Menschenpflichten und Verantwortlichkeiten" vorgelegt. Vorsitzender der Gruppe ist der frühere Oberste Richter Südafrikas, Richard Goldstone. Zu den bekannteren Mitgliedern zählten der Nigerianer Wole Soyinka, Nobelpreisträger für Literatur, der ehemalige niederländische Premierminister Ruud Lubbers, der vormalige norwegische Außen- und Verteidigungsminister Thorvald Stoltenberg. An den Diskussionen, die über ein Jahr hinweg bei der spanischen Stiftung Valencia Tercer Milenio geführt wurden, nahmen nochmals Dutzende von Fachleuten und Denkern teil, unter ihnen der italienische Literatur-Nobelpreisträger Dario Fo und der spanische Staatsanwalt Baltasar Garzon, der in der Welt am besten durch sein Verfahren zur Auslieferung Augusto Pinochets bekannt wurde.

Das Dokument von Valencia ist viel ausführlicher, viel gründlicher, viel konkreter – und damit viel anfechtbarer als der unverbindliche Text des Aktionsrats. Der für die Unesco bestimmte Katalog hat 41 Artikel und ist 39 Seiten lang. Auch er beruht auf der Präambel, dass „der tatsächliche Genuss von Menschenrechten und die Verwirklichung von Grundrechten unauflöslich mit der Übernahme der Pflichten und Verantwortlichkeiten verbunden ist, die in diesen Rechten liegen". Ob die Verfasser Sartres Mahnung an Giscard d'Estaing vor Augen hatten, ist nicht bekannt.

Mit einem Sitzstreik auf dem Kasbah-Platz in Tunis verlangen Bürger im Januar 2011 den Rücktritt der Übergangsregierung.

Sinngemäß geht es im Text von Valencia mindestens so sehr um soziale Verpflichtung wie um die persönliche Pflicht von Menschen. Er legt Pflichten regelmäßig nicht nur Einzelpersonen auf, sondern der „Weltgemeinschaft". Wer zu ihr gehört, ist genau definiert: Regierungen, gesetzgebende Körperschaften und die Justiz aller Länder; internationale, regionale und subregionale Organisationen, soweit deren Träger Staaten sind; nicht regierungsabhängige Organisationen, Unternehmen der öffentlichen und privaten Wirtschaft, einschließlich multinationaler Gesellschaften; andere Einheiten der zivilen Gesellschaft, Völker, Gemeinschaften und Individuen als Teil eines Kollektivs. Alle Mitglieder dieser Weltgemeinschaft müssen das Leben achten, Völkerfreundschaft ermutigen, besonders unter jungen Leuten, und die völlige Abschaffung der Atomwaffen anstreben. Der Katalog der Pflichten ist in doppeltem Sinne erschöpfend – sowohl was die Zahl der erfassten Lebensbereiche angeht, als auch was die Mittel betrifft, welche die Mitglieder aufzuwenden hätten. Ziel ist eine „gerechte internationale Ordnung", in der sämtliche Staaten, Völker und Einzelpersonen eine „erträgliche menschliche, ökonomische, soziale, kulturelle, politische, wissenschaftliche und technische Entwicklung" genießen, die ihnen ermöglicht, an internationalen Entscheidungsprozessen teilzunehmen.

Eine „kollektive Pflicht zur Intervention" wird ausdrücklich festgelegt, wo einzelne Staaten schwere Menschenrechtsverletzungen zulassen. Die Weltgemeinschaft muss auch sicherstellen, dass die Verschuldung von Drittweltstaaten kein „wucherartiges Ausmaß" annimmt. Sie hat die freie Weitergabe von Forschungsergebnissen zu fördern oder auch dafür zu sorgen, dass Eingeborenenvölker die Länder zurückerhalten, die ihnen abgenommen wurden. Die Endfassung ging von Formulierungen ab, die eine gewisse Ähnlichkeit mit der einstigen umstrittenen „Welt-Informationsordnung" der Unesco hatten. Zur Menschenpflicht gehört indessen, dass die Medien angehalten werden, Darstellung von Gewalt zur Unterhaltung zu unterlassen. Sehr drastisch wurde in privaten Äußerungen der Autoren über die Motive für den Vorstoß gesprochen. Dabei war die Sorge ein Leitmotiv, das dritte Jahrtausend werde so beginnen, wie das zweite endet, falls der Mensch nicht schnell wieder in seine lange vernachlässigte Pflicht genommen werde. Einige Zitate:

„Wir haben Helden und Heilige zu komischen Figuren gemacht. Jetzt wundern wir uns, wenn in einem vollbesetzten Zug ein Wehrloser ausgeraubt oder eine junge Frau vergewaltigt wird, während alle untätig zuschauen. "

„Dienen und Selbstlosigkeit sind zu anstößigen Wörtern geworden. "

„Es ist heute viel strafbarer, mit einer brennenden Zigarette durch eine amerikanische Stadt zu gehen, als mit einer Maschinenpistole. "

Erschienen am 19. Juni 1999

ANALYSE IST OUT

1996

Eine wehmütige, persönliche Erinnerung
an die Steinzeit des Journalismus

In der Steinzeit des Journalismus, sie liegt etwa 30 Jahre zurück, lebte im Kairoer Villenvorort Maadi eine ältere sephardische Dame, Frau Calderon, zusammen mit ihrem Hund, einem Spitz, der gewöhnlich im Garten seinen Geschäften nachging. Als Nachbar jenseits des Zaunes wohnte und arbeitete ein deutscher Korrespondent. Er hing noch nicht an der kurzen Leine stets verfügbarer Kommunikationsmöglichkeiten. Man telefonierte nicht täglich zwischen den Erdteilen. Anrufen bedeutete Voranmeldung beim Fernamt, oft lange Wartezeiten, schlechte Verbindungen. Wenn aktuelle Kommentare und Meldungen zu übermitteln waren, fuhr der Korrespondent zum Telegraphenamt, um sie als „Kabel" aufzugeben. Er konnte auch eine Nachrichtenagentur aufsuchen, mit der seine Redaktion einen Vertrag hatte, um deren Standleitung zu benutzen, oder lange, eilige Berichte, die unverstümmelt ankommen sollten, nachts am Flugplatz per Luftfracht absetzen.

REICHLICH HEISSE LUFT

Dennoch kam es vor, dass der Korrespondent in seiner Villa – er arbeitete für den Rundfunk – von einer der Redaktionen aus Deutschland angerufen wurde: Nationalarabische Offiziere hatten den Imam des Jemen gestürzt, oder die Briten landeten Truppen in Kuwait, um den Emir (schon damals) vor irakischer Annexion zu schützen, oder in Persien demonstrierten Anhänger des noch unbekannten Khomeini. „Kairo ist nicht Sanaa (oder Teheran, oder Bagdad)", rief der Korrespondent in den Hörer, „ich weiß darüber nicht mehr als Sie, wahrscheinlich weniger". Objektiv hatte er recht. Was im Nahen Osten geschah, erreichte die unter der

Fuchtel des Diktators Abdel Nasser stehenden örtlichen Medien spät und in kleinen Dosen. Den Leuten in Hamburg oder Köln war das jedoch egal, sie bewerteten das subjektive Element höher. „Sie sitzen doch näher dran, haben ganz andere Einblicke. Was Sie von dort berichten, hat einfach mehr Autorität", wurde dekretiert.

Resigniert setzte sich der Korrespondent hin und schrieb. Wenn er seinen Bericht dann ins Telefon brüllte, um Leitungsschwächen auszugleichen, geschah es, dass der Spitz nebenan Laut gab, aufgeschreckt durch das Geschrei oder durch unbefugtes Vorbeigehen anderer Hunde. Die Fenster standen offen, einen klimatisierten, schalldichten Raum gab es nicht. Das Hintergrundgebell ging mit über den Draht und gab der Sendung Lokalkolorit. „Sie wollten wieder den Hund von Frau Calderon aus Kairo bellen hören", sagte anklagend der Korrespondent zu einem Kollegen. Um Berichte einer Art zu charakterisieren, die außer der Datumszeile und der im Nahen Osten stets reichlich verfügbaren heißen Luft wenig Substanz enthielten, wurde der Calderonsche Hund zum festen Begriff in der Journalistengemeinde, ja er ging sogar in den englischen und französischen Reporter-Sprachschatz ein.

Keiner der Beteiligten ahnte, dass jener Hund (sein Name ist nicht übermittelt) zum Pionier einer durch die Technik begründeten Revolution werden sollte: der Gleichzeitigkeit eines Ereignisses und seiner Wahrnehmung durch Nachrichtenkonsumenten. Die eigentliche Stunde Null der neuen Informationsära schlug am 17. Januar 1991 um 2.40 Uhr Ortszeit, als amerikanische und verbündete Luftstreitkräfte mit ihrem Angriff auf Bagdad den Golfkrieg eröffneten. CNN war dabei, konnte die Spuren der Leuchtmunition am nächtlichen Himmel und den Widerschein der Explosionen vom Al-Mansour-Hotel aus aufnehmen, Antennen und Satelliten taten das ihre, und wer immer den Fernseher eingeschaltet hatte, erlebte zum ersten Mal Krieg live.

„Was hätte ich meiner Zeitung während der ersten Minuten des Krieges von Saudi- Arabien aus sagen können", fragte später Robert Fisk vom Londoner *Independent*. „Ich erinnere mich, wie es mich beinahe körperlich anrührte, als ich merkte, dass die gute alte Zeit der geschriebenen Presse vorbei war. Die Direktübermittlung durch das Fernsehen hat unsere frühere Arbeit ersetzt. Aber die Information ist dadurch manipulierbarer als je zuvor geworden." Es war noch nicht lange her, dass die Hauptnachrichten des Fernsehens dem Muster der Zeitungen folgten. Sie stützten sich auf die selben Informationen, am selben Tag, hielten etwa die gleiche Rangfolge der Wichtigkeit ein, bauten das Material ähnlich auf. Jetzt wurde es umgekehrt. Das Fernsehen gibt für die anderen Medien nicht nur das Tempo an, sondern setzt beim Publikum Maßstäbe für die Bedeutung der Meldungen. Mehr noch, der Zwang zur Eile, der Konkurrenzdruck zusammen mit den Kommunikationsmöglichkeiten verändern den Inhalt und die Gewichte der Nachrichten.

RELATIVIERUNG UND REFLEXION

Der Journalist ist Zeuge geworden. Dass er am Ort des Geschehens ist und über eine Übermittlungsmöglichkeit verfügt, legitimiert seine Aussage. Er kann vor einer Stunde angekommen sein, sieht das Land zum ersten Mal, beherrscht die Sprache nicht und hat nur eine vage Ahnung vom sozialen und politischen Hintergrund. Er beschreibt, was vorgeht – beziehungsweise was er davon sieht oder erfährt. Wenn er mit Glück sofort die richtigen Leute trifft, ein gutes Urteil hat plus ein Sensorium für Stimmungen und Impressionen, können dabei dennoch gute Reportagen herauskommen. Aber Zustände sind schwerer zu beschreiben als Ereignisse. Zustände sind auch wichtiger, besonders dann, wenn sie die Ursache von Umwälzungen sind, aus denen zähe Konflikte entstehen. Bis die Zustände ausgeforscht werden, sind die schnellen Bilder verblasst, welche die neue Technik liefert. Das Interesse ist erloschen.

Aktualitäten sind launisch. Anders als vor dem Golfkrieg, der sich in einer halbjährigen politischen Krise zuspitzte, fehlt in vielen Fällen die Ouvertüre. Wenn kein journalistischer Profi am Schauplatz ist, wird der zufällige Zeuge zum Journalisten: zum Beispiel ein Ladenbesitzer in der Nähe der Stelle, wo der Anschlag erfolgte, hat die Explosion gehört, ist vor sein Geschäft gelaufen und erzählt am Telefon, wie zwei Bärtige in ein Auto springen; sie können die Terroristen gewesen sein. Der Rashomon-Effekt ist vergessen, die künstlerische Verdichtung der Erfahrungstatsache, dass fünf Zeugen und Beteiligte eines Verbrechens den Hergang verschieden sehen. Vergessen ist auch das harmlose Kinderspiel, bei dem ein in der Runde geflüsterter Satz völlig verändert zum Urheber zurückkehrt.

Unmittelbarkeit wertet den Inhalt einer Aussage auf, Relativierung und Reflexion haben die gegenteilige Wirkung. Was ein Journalist als Zeuge auf Englisch, Französisch, Deutsch und in den Begriffskategorien des Medienpublikums sagen kann, ist eindrucksvoller und glaubwürdiger als Stammeln in einer Exotensprache. Letzteres kann zwar relevanter sein, immer aber ist Aktualität Trumpf. Das Medium, das sich an die unerlässlichen Methoden journalistischer Recherche und Kontrolle zu halten sucht, gerät in Atemnot.

Dies ist kein Lamento eines schreibenden Journalisten, der sich von der Elektronik überrollt fühlt. Was geschieht, lässt sich nicht aufhalten. Aber die Frage, ob alles, was technisch machbar ist, auch wünschenswert ist und gemacht werden muss, ist keine Ketzerei. Sie wurde sogar manchmal negativ beantwortet. So fand der amerikanische Kongress nach der Entwicklung des Überschall-Passagierflugzeuges, die Verkürzung der Reisezeit von New York nach Los Angeles von sechs auf drei Stunden nutze nur relativ wenigen Leuten, sei deshalb die enormen Kosten und die Belästigung für die Unbeteiligten nicht wert. Die französisch-britische Concorde durfte auf der Strecke nicht fliegen. Ein amerikanisches Gegenstück zur Concorde wurde nicht gebaut.

„Im allgemeinen", so schrieb vor fast 500 Jahren Niccolo Machiavelli, „urteilen die Menschen lieber nach den Augen als mit den Händen. Denn Gelegenheit zu sehen, hat jeder, aber abtasten dürfen nur wenige." Was sich abbilden lässt, ist bevorzugter Gegenstand der Information. Vorgänge, von denen es keine Bilder gibt, geraten umgekehrt auch auf den grauen Seiten seriöser Zeitungen ins Hintertreffen. Es gibt den Krieg in Tschetschenien, aber wenig Neues aus Ost-Timor. Ost-Timor? Ehemals portugiesischer Teil der Insel, gegen den Willen der Bewohner von Indonesien annektiert. Es gab die Panzer auf dem Pekinger Platz des Himmlischen Friedens, aber bei den Napalm-Angriffen auf islamistische Guerrilleros in den algerischen Bergen sind keine Kameras dabei. Geschickte Regierungen und Militärs kennen das Phänomen spätestens seit Vietnam und wissen es zu nutzen. Je aufwendiger die Technik, um so besser ist sie zu steuern.

So kann man den Journalisten überhaupt keinen Augenschein gewähren wie zum Beispiel bei der Wiedereroberung der Falkland-Inseln durch die Briten, oder bei der amerikanischen Operation gegen Grenada, oder als die USA mit 26 000 Soldaten den panamaischen Staatschef Noriega verhaften gingen. Die panamaische Armee verlor dabei 200 Mann, die Bevölkerung beklagte mindestens tausend Tote, ohne dass die Weltöffentlichkeit davon viel Notiz nahm. Nichts gesehen, nichts gewusst. Greenpeace konnte sich in der Nordsee mit Shell anlegen. Vor Mururoa schaltete die französische Marine schnell die Antennen der Protestflotte ab.

NOCH NIE SAHEN SO VIELE JOURNALISTEN SO WENIG

Oder man kann die von der Realität abgeschotteten, aber um so mehr nach Bildern gierenden Medien mit Falsifikaten abspeisen. Die zeitliche Distanz zum Golfkrieg ist mittlerweile groß genug, um aus ihm wieder ohne Aufgeregtheit die saftigsten Beispiele zu zitieren. Ein angeblich aus der Stadt geschmuggelter Amateurfilm zeigt Kuwaiter beim Widerstand gegen irakische Panzer: eine Montage, im Auftrag des Emirs hergestellt von der PR- Agentur Mike Deavers, eines ehemaligen Beraters von Präsident Ronald Reagan. Im befreiten Kuwait setzen Kampfhubschrauber Spezialisten auf dem Dach der von den Irakern verminten amerikanischen Botschaft ab: Die Botschaft war schon zwei Tage zuvor von Landtruppen durchsucht worden, die keine Sprengladungen gefunden hatten. Aber man brauchte eindrucksvolle Siegesbilder – noch dazu, wenn sie ein optisches Gegenstück zur schmachvollen Evakuierung der Saigoner US-Botschaft durch Hubschrauber darstellten. In Vietnam waren Journalisten noch bei Niederlagen und dubiosen Erfolgen zugelassen. In keinem Konflikt vor dem Golfkrieg sahen offenbar so viele Journalisten, mit so reichen Mitteln ausgestattet, so wenig – nachdem die Eröffnung durch CNN erst einmal das Gegenteil suggeriert hatte.

Noch besser ist es, man überfüttert die Presse. Wenn der Berg zum Propheten kommt, braucht der Prophet sich nicht anzustrengen. Journalisten sind faul. Ein gut ausgestattetes Pressezentrum ist nötig, in dem es Kommuniqués regnet, Stapel von Hintergrundmaterial aufliegen, Statistiken und Schaubilder nach Wunsch geliefert werden, Pressekonferenzen in dichter Folge ein Staccato von Worthülsen liefern. Schon schwillt der Strom der Berichte an. Hemingway schrieb selten mehr als hundert Wörter am Tag, auch als Kriegsberichterstatter.

Aber Hemingway brauchte nur Block und Bleistift. Der moderne Krisenreporter arbeitet mit einer Ausrüstung, die in Extremsituationen zum Verhinderungsgerät werden kann. Nach den Massakern in Ruanda, aus denen am Ende die Tutsi als Sieger hervorgingen, flohen Hunderttausende von Hutus nach Zaire. Gleich hinter der Grenze ließen sie sich in Elendslagern nieder. Ihr Leiden und Sterben war für einige Tage und Wochen das Weltereignis. Spiegelbildlich zu den Flüchtlingen errichteten die Schwärme von Journalisten, die mit den Hilfsflügen einfielen, ein Presse-camp. Es lag unmittelbar neben der Flugplatzpiste, wo sich schon die als erste eingetroffenen französischen Soldaten eingerichtet und einen Stacheldraht gezogen hatten, um sich vor Plünderungen zu schützen.

Logistisch hatte Goma wenig zu bieten. Kein Trinkwasser, nichts zu essen, kein Strom, keine Telefonleitungen, keine Unterkunft, nur wenige überfüllte Hotels. Der routinierte Krisenreporter reist in solchen Fällen autark, weswegen er alles mitbrachte: Konserven, Wasserflaschen, ein Zelt, ein Satellitentelefon, das mit Sonnenbatterien lief. Sein Zelt – wenn er allein war, das kleinste Campingmodell – schlug er hinter dem Stacheldraht und möglichst nahe am Pressezelt der französischen Armee auf. Groß war das Gelände nicht. Mehr als 60 Meter konnte er vom Brennpunkt des Geschehens nicht entfernt sein. Denn ständig gab es Presse-Unterrichtungen, die man besser nicht versäumte. Die französische Armee gab ihren Halbtagesbericht: soundsoviele Tonnen Lebensmittel verteilt, soundsoviele Gestorbene eingesammelt, soundsoviele Leichen verbrannt. Dann verlas eine Stunde lang der PR-Offizier der US-Army seinen Body Count. Schließlich hatten das Rote Kreuz, die UNO-Flüchtlingshilfe sowie die privaten Hilfsorganisationen täglich ihre Informationstermine. Jedes Mal hasteten Hemingways Erben zurück zu ihren Zelten, klappten den tragbaren Computer auf, richteten die Antenne in den Weltraum und übermittelten Routine.

Diesmal allerdings waren die Fernsehleute besser. Sie flogen mit großen Teams ein, oft in eigenen Chartermaschinen, schwärmten aus, fanden die grausige Realität, ließen die Öffentlichkeit an ihr teilnehmen. Die Zeitungsleute, besonders die Mehrheit der Einzelkämpfer, waren schlecht dran. Sie konnten nicht weggehen, schon weil sie ihre kostbare Ausrüstung davor schützen mussten, umgeworfen oder gestohlen zu werden. Eine organisierte Rundfahrt durch die Flüchtlingslager war für viele der engste Kontakt mit einer Wirklichkeit, die zu beschreiben sie aus vier Erdteilen herbeigeeilt waren. Sonst sahen und erlebten sie unmittelbar nichts. Eine groteske Situation: ringsum Inferno, in der Mitte eine High-Tech-Insel. Dass auch Dante nicht in der Hölle war, aber sie dennoch beschrieb, war für sie nur ein schwacher Trost.

„SEID STINKLANGWEILIG"

Zu mehr als einer Todsünde verführt die moderne Technik den Journalisten. Die Präzision in der Nebensache ist eine von ihnen. Nach einem heimlichen Interview mit einem Scheich der Islamisten-Organisation Hamas in den von Israel besetzten Gebieten wird dessen Alter über Internet durch den Vergleich mehrerer computerisierter Archive ausgeforscht, bevor es mit 62 angegeben wird. Genau weiß er es selber nicht, weil Muslime seiner Generation auf das Geburtsdatum wenig Wert legen. Dass sein Bart rötlich ist, dass er sechs Kinder hat, dass an der Wand seines Zimmers ein buntes Foto der großen Moschee von Mekka hängt, ist unbestreitbar und spricht für den soliden Tatsachensinn des Berichterstatters. Die für die Probleme Israels und der Palästinenser viel elementarere Tatsache, dass die Genfer Konvention es verbietet, eigene Staatsbürger in besetzten Gebieten anzusiedeln, entgeht ihm; seinem Medium in vielen Fällen schon seit 30 Jahren.

Seid stinklangweilig – „Soyez emmerdant", hatte der Begründer von *Le Monde*, Hubert Beuve-Méry, seinen Journalisten eingeschärft. Sarkastisch überspitzt mahnte er sie, dem Wesentlichen den Vorzug vor dem Gefälligen zu geben. Man kann auch in der Gegenrichtung irren, dem Plausch den Vorrang vor der Information einräumen, eine andere Todsünde des Unterhaltungsjournalismus. Dan Rather von der amerikanischen CBS nennt es die „Hollywoodisierung" der Nachrichten. Sie gefällt ihm nicht wirklich, aber er beherrscht sie. „Gedankenreich geschriebene Analyse ist out", sagte er auf einer Versammlung von Radio- und TV-Nachrichtendirektoren, „live pops sind in". Wenn ein Moderator im Studio, nachdem er ein Thema angerissen hat, Mikrophon und Bild an einen Reporter weitergibt, der irgendwo im Regen steht und seine Eindrücke erzählt, dann ist das ein Live pop. „Sehleute müsst ihr einstellen, nicht Schreiber", insistierte Dan Rather. „Macht Interviews mit der Puderquaste, nicht mit hinterfragen. Und um Himmels Willen, macht niemanden ärgerlich. Make nice, not news!'"

PLANETARISCHE HUNDE

So kann es geschehen, dass eine Reportermeute rund um die Uhr alle Zugänge zum Haus eines amerikanischen Präsidentschaftsaspiranten belagert, nur um herauszubringen, ob er dort ein Wochenende mit einer Frau verbracht hat, die ihm nicht angetraut ist. Dieselben Spezialisten für investigativen Journalismus haben es nie geschafft, in Washington mit April Glaspie zu sprechen, der letzten Botschafterin der USA in Bagdad. Was sie in der entscheidenden Unterredung mit Saddam Hussein vor dessen Überfall auf Kuwait sagte und was den irakischen Herrscher zu dem Irrtum verleiten mochte, Washington werde die Annexion hinnehmen, wäre für Interessierte am Zeitgeschehen durchaus ein Thema gewesen.

Die neue Oberflächlichkeit, der Unwillen des Publikums, sich mit komplizierten Sachverhalten auseinanderzusetzen, ist eine Sünde, bei der die Journalisten zugleich Täter und Opfer sind. „Können Sie uns in einer Minute erklären, was auf West-Timor geschieht und worin Ihrer Meinung nach die Versäumnisse der westlichen Welt bestehen?", fragte eine große Fernsehkette den amerikanischen Wissenschaftler und Querkopf Noam Chomski. „Nein, das kann ich nicht", lautete die Antwort. Das Interview war zu Ende, bevor es begonnen hatte.

Durch elektronische Mittel und weltweite Kommunikation hat sich sowohl die Zahl der Produzenten als auch der Konsumenten von Information vervielfacht. Der gemeinsame Nenner ist dadurch kleiner geworden, das Vokabular weniger differenziert, das Niveau flacher. Griffige Formeln wie „chirurgische Schläge" oder „die größte Ölpest des Jahrzehnts" ersparen langwierige Erklärungen darüber, wie es dort aussieht, wo die Bomben einschlagen oder weshalb Tanker auflaufen. Wer sich einem diktatorischen Regime widersetzt, wird Teil einer „Demokratiebewegung" und erhält damit einen Sympathievorschuss. Warum? War nicht auch Pol Pot einmal in der Opposition?

Schwere Krisen werden zu Eintagsfliegen. Somalia war vor drei Jahren interessant, nicht jetzt, obwohl sich nichts geändert hat. Bangladesch wird nach jedem Monsun überschwemmt, aber es gibt keine Konzerte und keinen Medienrummel mehr. Ein Weltereignis ist immer gefragt, aber es muss jede Woche ein neues sein. Selbst tüchtige und ehrliche Leute können so viel nicht liefern, ohne dass Flüchtigkeitsfehler und profunde Irrtümer mit einer Häufigkeit wie nie zuvor in die Information einsickern. Die Toleranz dafür ist größer geworden, viel größer. „Das gute Funktionieren eines Informationssystems wird nicht an der Verbreitung falscher oder ungenauer Nachrichten gemessen", sagt Etienne Mougeotte, Vizepräsident des privaten französischen Fernsehsenders TF 1. „Es wird in seinem Wert bestätigt, wenn ein Irrtum rasch und vollständig repariert wird." Planetarische Hunde bellen zweimal: einmal wenn sie ihren Scoop melden, dann mit dem Dementi.

Erschienen am 30. März 1996

Eine Ansicht, die biblisch anmutet: Der Nil bei der Stadt Minya, Ägypten 2010

Die besten Seiten der **Streitkultur**

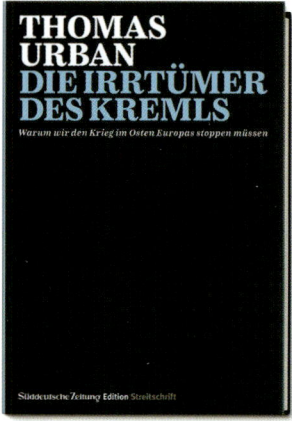

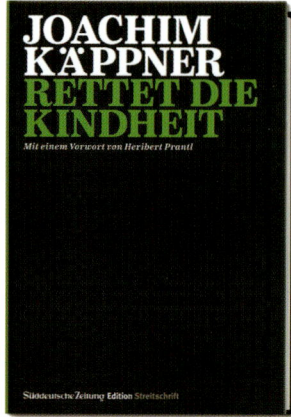

Die Irrtümer des Kremls
ISBN: 978-3-86497-300-0
64 Seiten | 4,90 €

Rettet die Kindheit
ISBN: 978-3-86497-294-2
40 Seiten | 4,90 €

Bedeutet der Anschluss der Krim an Russland die Wiederherstellung der historischen Gerechtigkeit? Kämpfen im Industriegebiet Donbass Russen für die Befreiung von ukrainischer Repression? Hat die Nato den blutigen Konflikt geschürt? Diese Fragen werden auch in der Bundesrepublik heftig diskutiert, sie bestimmen die Linien der Außenpolitik.
Thomas Urban, 24 Jahre lang Osteuropa-Korrespondent der SZ, sieht besonders die Deutschen in der Pflicht, zu einer Lösung des Konfliktes beizutragen.

Nichts gegen die Kindheit, so lässt sich das neue Credo zusammenfassen, aber muss sie so lange dauern? Der Leistungsgesellschaft – oder jenen, die sich als deren Träger verstehen – dauern Kindheit und Jugend viel zu lange. So wird das Kind zum Objekt, überfrachtet mit den Anforderungen, Hoffnungen und Wünschen der Eltern, der Gesellschaft und der Politik. Aber eine Kita ist kein Assessment Center und die Schule kein Trainingsgelände für spätere Eliten. Lasst die Kinder in Ruhe! Ein Plädoyer.

Europa **neu denken**

Das Ende einer Illusion
Europa zwischen Anspruch,
Wunsch und Wirklichkeit
ISBN 978-3-86497-297-3
296 Seiten | 19,90 €

Europa droht unter den Schlägen der Euro-Krise zu zerbrechen. Warum ist aus dem historischen Hoffnungsprojekt ein schwerer Pflegefall geworden? Krisengipfel sind in der EU inzwischen zur Regel geworden. Der Zustand der öffentlichen Finanzen, mangelnde globale Wettbewerbsfähigkeit, die Wiedergeburt des russischen Imperialismus, der Vormarsch der Islamisten, der anschwellende Flüchtlingsdruck, das alles zwingt Europa von einer Notoperation in die nächste.

Martin Winter, viele Jahre Korrespondent der Süddeutschen Zeitung in Brüssel, gibt Antworten, die vielschichtig und einfach zugleich sind: Die EU hat sich mit dem Euro und mit der gemeinsamen Außenpolitik übernommen. Die Politik hat ihre Kraft zur Einigung des Kontinents überschätzt, und den Widerstand der Völker dagegen unterschätzt. Europa muss neu gedacht werden, nüchterner und realistischer. Und es muss Ballast abwerfen.

Bildnachweis

action press: S. 142; AFP Image Forum: S. 168; ddp: S. 70; dpa picture alliance:
S. 85, 86, 92, 102, 118, 120, 122, 138, 202, 217, 222, 224, 243, 256, 261, 264, 274, 276,
278, 283, 290, 305, 312/313; Getty Images: S. 192; Marka/Alamy: S. 98; Privat:
S. 114; Reuters: S. 26; Süddeutsche Zeitung Photo: S. 4/5 (Czychowski/Timeline
Images), 6/7 (Czychowski/Timeline Images), 8/9 (ap/dpa/picture alliance), 16 (Hans
Dieter Kley), 19 (Roslavlev Sabine), 20 (Rue des Archives/Tallandier), 28 (ap/dpa/pic-
ture alliance), 32 (Rue des Archives), 36 (Rue des Archives/RDA), 50 (ap/dpa/picture
alliance), 57 (ap/dpa/picture alliance/), 65 (dpa), 66 (UPI), 72 (Andreas Fischer), 96
(ap/dpa/picture alliance), 112 (ap/dpa/picture alliance), 115 (Rue des Archives/AGIP),
134 (Gerald Bloncourt/Rue des Archives), 144 (Czychowski/Timeline Images), 152,
159 (Rue des Archives/AGIP), 164 (Foto Ferdi Hartung), 170 (Rue des Archives/AGIP),
184 (ap/dpa/picture alliance), 187 (ap/dpa/picture alliance), 199 (Hans Dieter Kley)